Hanna-Barbara Gerl-Falkovitz | Verzeihung des Unverzeihlichen?

13. November 2008
Hanna-Barbara
     Gerl-Falkovitz

S. 104 Freiheit, Subjekt. Überantwortlich

1 S. 67/68 Dü ; Erbsünde

Hanna-Barbara Gerl-Falkovitz

VERZEIHUNG DES UNVERZEIHLICHEN?

*Ausflüge in Landschaften
der Schuld und der Vergebung*

BIBLIOTHEK DER UNRUHE UND DES BEWAHRENS · BAND 14

:STYRIA

© 2008 by Styria Verlag in der Verlagsgruppe Styria GmbH & Co KG,
Wien – Graz – Klagenfurt
www.styriaverlag.at
Alle Rechte vorbehalten.
Kein Teil des Werkes darf in irgendeiner Form
(durch Fotografie, Mikrofilm oder ein anderes Verfahren)
ohne schriftliche Genehmigung des Verlages reproduziert
oder unter Verwendung elektronischer Systeme verarbeitet,
vervielfältigt oder verbreitet werden.
Umschlaggestaltung und Layout: Stefan Fuhrer
Logo-Entwurf: Peter Strasser
Lektorat: Astrid Graf
Produktion: Helmut Lenhart
Druck und Bindung: Druckerei Theiss GmbH, A-9431 St. Stefan im Lavanttal
ISBN 978-3-222-13225-4

Inhaltsverzeichnis

I Währende Schuld? Einleitung
1. Zum Drama von Opfer und Täter im 20. Jahrhundert — 9
2. Rückkehr der Schuld in das Gespräch — 12
3. Methodisches Vorantasten: Über Mythen, Religionen, philosophische Reflexion — 15

II Landschaften? Zu einem ungewöhnlichen Topos
4. Landschaft und Seelenraum in Philosophie und Dichtung — 17
5. Mythische Landschaften: Von den Inseln der Verfehlung zu den Bergen des Heils — 22
6. Die neuzeitliche Entdeckung von Landschaft: Petrarca gegenüber Dante — 24
7. Landschaft und Zeit-Raum — 27
8. Wüste, Landschaft des Adieu: Jacques Derrida — 29

III Landschaften der Schuld
9. «Große Erzählungen» — 31
10. Der Garten: Selbstüberhebung zur Gottgleichheit — 34
11. Der Acker: Selbstdurchsetzung im Brudermord — 40
12. Die Stadt: Selbstherrlichkeit des Kollektivs — 43

IV Vertiefungen: Spielraum zwischen Schuld und Sünde
13. Schuld als tödliche Beziehungslosigkeit: Der jüdische Schuldmythos — 47
14. Exkurs: Was der Fall ist. Eine klassisch-theologische Auslegung: Hildegard von Bingen — 49
15. Die Bergpredigt Jesu: Neuer Horizont der Schuld und Schuldfreiheit — 53

16. Befleckung der Schöpfung: Kosmisches Schuld-
    verhängnis durch den menschlichen Fall 58
17. Leidwesen gleich Schuldwesen? 60
18. Dasein selbst als Schuld: ontisch 62
19. Vormoralische Schuldigkeit gegenüber der Herkunft:
    «Erbschuld» des Lebens 68
20. Individuelle moralische Täterschuld: Sünde 72
21. Dasein als Habe oder als Gabe? Das Auftauchen
    der Sünde aus der Schuld 73

V Gegenreden gegen die Schuld
22. Erste Gegenrede: Nur eingebildete Schuld? 79
23. Zweite Gegenrede: «Notwendigkeit» der Erbsünde
    für die Entwicklung? 84
24. Dritte Gegenrede: Schuld Gottes? 87
25. Vierte Gegenrede: Schuld als Ausdruck menschlicher
    Verkümmerung? Friedrich Nietzsche 91
    Moral selbst als Quelle von Schuld 92
    Die Rückholung des Göttlichen auf die schuldlose Erde 95

VI Gegenfragen, weitergedacht
26. Kein Verschuldetsein, keine Gabe: Vom Stillstand des
    Lebendigen 99
27. Schuld und Freiheit 102
28. Schuld als Selbstverschließung ins Nichts:
    Romano Guardini 107
29. Die Schuld Babels, oder: Sakralisierung von Politik.
    Simone Weil 116
    Die Versuchung des «Großen Tieres»: Kollektive
    Selbstanbetung 117
    Gemeinschaft aus dem Übernatürlichen 121

VII Rache und Reue im Widerstreit um die Gerechtigkeit?
- 30. Rache als triebhafte Gerechtigkeit 127
- 31. Reue: Mittlerin zur Gerechtigkeit? 129
  - Erste Einkreisung 129
  - Reue: Ausdruck von Freiheit 132
- 32. Gewissen: Kognitives Werkzeug der Reue 135
  - Frühe Schritte zum Gewissen: Griechenland 135
  - Genealogie des «Herzens» aus der Vergebung: Altes Testament 139
  - Entlarvung des Gewissens, Sinnlosigkeit der Reue? Nietzsche und Freud 143
  - Wandlung der Reue in Sorge: Heidegger 146
  - Gegenrede: Guardini 148
  - Herzraum Personalität 151
- 33. Reue und Gerechtigkeit 155

VIII Vor der Vergebung: Die Unvordenklichkeit der Gabe
- 34. Freilegungen 161
- 35. Von der Urgabe des Daseins: Michel Henry 162
  - Leben als Sich-Gegebensein 163
  - Leben als Selbstand 165
  - Nächtiger Kern des Lebens: Sprung aus dem Ursprung 165
  - Der Unterschied zwischen Henrys Leben und Nietzsches Selbstbehauptung 167
  - Simulation: das besessene Leben 169

IX Das Umsonst der Vergebung
- 36. Nachlaß, Vergebung und Verzeihung: Unterscheidungen 173
- 37. Die Gabe von oben und das Umsonst der Gabe: Sören Kierkegaard 175
- 38. Der anklagende und feststellende Blick 180
- 39. Der übersehende und vergebende Blick 184

X Verzeihung des Unverzeihlichen?
40. Die reine Gabe: Jacques Derrida ... 189
    Die Grenzen der Tauschlogik von Geben und
    Wiedergeben ... 189
    Gabe ohne Rückgabe ... 191
41. Die reine Vergebung ... 192
42. Exkurs: Gerechtigkeit für die Opfer? Jürgen Habermas 197

XI Von der Gabe zum Geber
43. Kontrastbeziehung zwischen Philosophie und Theologie 199
    «Vernünftigkeit» der Offenbarung: Pro und Kontra ... 200
    Transrationalität des Glaubens ... 202
44. Aufklärung über den Mangel der Aufklärung ... 205
45. Von der Gabe zum Geber ... 207
46. Auch Nehmen ist Geben: Meister Eckhart ... 209
    Einheit von Armut und Reichtum ... 209
    Wechsel von Mein zu Dein ... 211
    Einheit von Handeln und Erleiden ... 213

XII Nur im Absoluten gibt es Absolution
47. Ungültigkeit der Geschichte? ... 216
48. Die Rücksendung der Schuld ... 220

XIII Landschaften der Vergebung: Große Erzählungen
49. Wüste: Von der Landschaft des Abfalls zur Landschaft
    der Verwandlung ... 226
50. Entsühnung des Kosmos und Antwort auf Babel:
    Vom Garten zur Stadt ... 230
51. Der Fluß: Das Abwaschen der Schuld am Schuldlosen 233
52. Nochmals der Garten: Ostermorgen ... 236

XIV Vergebung: Größer als die Schöpfung
53. Vom ersten zum achten Tag ... 239
54. Schuld gibt es nur, wo es Vergebung gibt, oder: *Felix culpa* 241

I
WÄHRENDE SCHULD?
EINLEITUNG

«Weh uns,
wir haben gesündigt.»
Klgl 5, 16

1. Zum Drama von Opfer und Täter im 20. Jahrhundert

1971 veröffentlichte der französische Philosoph Vladimir Jankélévitch (1903–1985) einen Aufsatz *Pardonner?*[1], in dessen erstem Teil «Das Unverjährbare» er sich leidenschaftlich gegen die im Frankreich der sechziger Jahre diskutierte Verjährung von Kriegsverbrechen aussprach. Die Begründung lautete: Verbrechen in der Größenordnung von Auschwitz hätten eine gleichsam ontologische Enthumanisierung bedeutet – sie könne nicht mit Versöhnung zugedeckt werden.[2] Verbrechen gegen die Menschlichkeit kennen keine Entschuldung. «Es ist das Sein des Menschen selbst, ESSE, das der rassistische Genozid im schmerzenden Fleisch dieser Millionen von Märtyrern zu vernichten versuchte. [...] Jedesmal, wenn ein Akt das Wesen des Menschen als Mensch leugnet, widerspricht die Verjährung, die darauf hinauslaufen würde, ihm im Namen der Moral zu vergeben, ihrerseits der Moral.»[3] Vergebung sei mit den Toten in den Lagern gestorben. Die einzig moralische Haltung gegenüber den Tätern bleibe das Ressentiment.

Im zweiten Teil, überschrieben «Hat man uns um Verzeihung gebeten?», fragt Jankélévitch nach den Bedingungen der

---

[1] Vladimir Jankélévitch, Pardonner?, in: ders., Das Verzeihen. Essays zur Moral und Kulturphilosophie, mit einem Vorwort von Jürg Altwegg, hg. v. Ralph Konersmann, Frankfurt 2003, 243–282.
[2] Ebd., 268f.
[3] Ebd.

Versöhnung. Es könne sie schon deshalb nicht (mehr) geben, da Opfer und Täter als unmittelbar Beteiligte tot sind – welche Adressaten hätte dann das Verzeihen? Denn: Kann der Staat «verzeihen»? Sicher im Sinn von Begnadigung, nämlich einer Aussetzung von Strafe, nicht aber im Sinn wirklicher, wirksamer Tilgung von Schuld. Welche Stelle in der Kultur wäre zu solch umfassender, überschießender Verzeihung aber in der Lage?

Im Verständnis des Alltags – wie bei Jankélévitch vorausgesetzt – gibt es grundsätzlich nur eine *persönliche* Vergebung, von Angesicht zu Angesicht zwischen Henker und Opfer, in einer *solitude à deux* ohne jede Einschaltung Dritter. Das schließt aber das Überleben des Opfers ein, was ja gerade nicht stattfand – die Tür zur Vergebung ist ein für allemal zugeschlagen, die Zeitachse ist nicht umkehrbar, die Tat versteinert. Selbst die Reue des Henkers bleibt folgenlos; sie kommt asymmetrisch zu spät in der Geschichte. Reue und Vergebung werden entkoppelt; sie sind allein durch die unüberbrückbare Zeit geschieden, denn sie wird im Tod des Opfers unhintergehbar. Das Gewesene bleibt als Verwesendes erhalten.

Die Nachgeborenen dürften sich nicht eine Rolle anmaßen, die ihnen schon wegen der Monstrosität der Schuld nicht zusteht. Rituale öffentlicher Entschuldigung wie Vergebung dienen nach Jankélévitch einer symbolischen Selbstübersteigung der Politik, sie unterstehen einer durchschaubaren Strategie des Nutzens, sie werden der Masse medial als halb-sakrale Ereignisse vorgeführt. Die Versöhnungsrhetorik über den Gräbern ist unrein, verrät sie doch die Interessen aller Beteiligten, auch der Enkel der Getöteten. «Heute ist die Verzeihung seit langem *fait accompli*, begünstigt durch Gleichgültigkeit, moralische Amnesie und allgemeine Oberflächlichkeit. Längst ist alles vergeben und vergessen.»[4] Aber: Ontologisch bestehe die Schuld weiter, denn auch die Agonie der Opfer «daure bis ans Ende der Tage». Kein Harmoniebedürfnis, kein gönnerhaftes Händeschütteln der unbetroffenen Späteren

---

4 Ebd., 268.

könne über das Unverzeihliche hinwegretten. Deutsche (und Österreicher) bleiben gebrandmarkt ebenfalls bis ans Ende der Tage.

Im übrigen kam die Amnestie der französischen Kriegsverbrecher aufgrund dieses Aufsatzes von Jankélévitch nicht zustande.

Ein Gegenbild: Die Jüdin Eva Mozes Kor war mit ihrer Zwillingsschwester durch den SS-Arzt Joseph Mengele zu Menschenversuchen herangezogen worden.[5] Auch sie war in ihrer Erinnerung als Opfer festgeschrieben, schlimmer noch: als Doppelopfer. Aus dieser seelisch gelähmten Existenz vollzog sie einen Schritt der Lösung, ausdrücklich geleitet durch den Blick auf ihre tote Schwester. Bei einem Treffen mit einem anderen SS-Arzt, Hans Münch, bat dieser sie um Verzeihung; blitzartig erkannte sie in seiner Bitte eine Möglichkeit, aus ihrer Zerstörung herauszutreten. Das «hilflose, kleine Mengele-Kaninchen» verfügte über etwas, das ihr nicht bewußt gewesen war, über die Macht: zu vergeben. Mit dieser unbekannten, sie gewaltig ergreifenden Macht löste sie sich offenbar aus dem Schatten der Opferrolle, in die fremder Wille sie hineingedrängt und die sie selbst übernommen hatte, und gerade diese Übernahme blieb das Gespenstische, Unvergangene. Aber die Vergebung erhob sie und die Schwester über das Geschehene, machte sie frei – frei auch gegenüber den Vorwürfen, die auf sie als eine «Verräterin» der Toten eindrangen. Für Mozes Kor war Vergeben vielmehr eine Ehrung der Toten (vielleicht die einzig angemessene Ehrung?) – weit über alle Forderungen einer «gerechten Strafe» hinaus. Die Logik der Vergeltung verblaßte vor der Erfahrung, über ein «anderes» und «mehr» als Aufrechnung zu verfügen, offenbar einen Weg des Freiwerdens für Opfer *und* Henker.

Denken läßt sich das Undenkbare also selbst dann, wenn der Name Auschwitz fällt. Dort starb, im übrigen in dieser Botschaft

---

[5] Interview mit Harald Welzer in: Frankfurter Rundschau vom 13. Juni 2003; Dank für den Hinweis an Claudius Pobbig, Dresden.

unbemerkt, eine Frau «für die Rettung Deutschlands», in einer bewußten Übernahme des Furchtbaren, auf deren Grund ebenfalls Vergebung steht. Es handelt sich um die Husserl-Schülerin und spätere Karmelitin Edith Stein (1891–1942), die in ihrem Testament vom Juni 1939 unter fünf Motiven ihrer Hingabe im Tod auch dieses «Sterben für» aufzählt.[6] Dank ihrer gewollten Proexistenz war schon vor dem Grauen der Ermordung die Vergebung vorweggenommen. Dennoch sind die Nachgeborenen ohne Zweifel zur dauernden Antwort auf die Schuld der Vorfahren gezwungen; es muß wohl jede neue Generation dieses Erbe auf ihre eigene Art durchleiden – aber sie ist auch zur dauernden Antwort auf die Macht der Vergebung aufgerufen, denn die seinerzeit befleckte Generation steht Schulter an Schulter mit vielen Märtyrern, deren Signatur das Vergeben war und die damit aus Opfern wieder zu selbstbestimmten Menschen wurden. Mehr noch: die ihren Henkern damit grundsätzlich die Rückkehr in die menschliche Gemeinschaft ermöglichten.

2. Rückkehr der Schuld in das Gespräch

Die seit langem ungewohnten Worte Jankélévitchs von einer ontologischen, untilgbaren Schuld bringen in die heutige «Aufarbeitung der Vergangenheit» jenen düsteren Ton, der in vieler Hinsicht erledigt schien. Schuld – war man nicht seit Nietzsche und Freud gewohnt, ihre Entstehung einem bloßen undurchschauten Schuld-«Gefühl» zuzuordnen, das therapierbar war? Seine Genese und andere Kausalitäten verdankten sich nach diesen Autoren einem Gebilde, das spätestens mit der Aufklärung und der Religionskritik des 19. Jahrhunderts in seinen psychologischen Mechanismen als durchschaut galt: einer religiös unterlegten Metaphysik. Sie

---

6 Edith Stein, Testament, in: dies., Aus dem Leben einer jüdischen Familie und andere autobiographische Schriften, ESGA 1, Freiburg (Herder) 2002, 374.

nannte das Dasein gegenüber seinem «ursprünglichen» Entwurf entfremdet, abgefallen, verderbt, spaltete die Wirklichkeit also in ein schuldhaftes «Hier» und ein unverdorbenes «Früher, am Anfang». War nicht das eingeredete Bewußtsein von Schuld selbst die Schuld, um die es ging? Die es in jenes Nichts aufzulösen galt, aus dem sie stammte?

Aber dieses Wegerklären versagt seit einigen Jahrzehnten in seiner Entschuldungskraft. Am Ende des 20. Jahrhunderts mehren sich die Rückblicke auf ein verbrecherisches und im Namen des menschlichen Menschen mörderisches Jahrhundert. Seine beiden großen Ideologien, ob rot oder braun, hatten nicht im Namen eines Gottes, sondern im Namen fortschreitender «Humanisierung» vielen Millionen das Menschsein aberkannt – so vielen wie nie zuvor, sei es aufgrund ihrer Klasse oder aufgrund ihrer Rasse. Die neue Humanisierung zielte entweder auf den klassenlosen Gesellschaftsmenschen – Gleicher unter Gleichen – oder den «Übermenschen» – die «blonde Bestie», die anderen «rassisch» überlegen war.

Schuld ist damit zu einem ungeheuren, schwer lastenden Erbe heutiger Generationen aufgelaufen. Und das *ad aeternum*? Auschwitz ist dafür nur eine einzige Chiffre, und sie ist keineswegs die einzige geblieben, neben Archipel Gulag, Pol Pot, chinesischer Kulturrevolution. Die Schwierigkeit, Auschwitz neben anderen KZ-Erfahrungen nicht unzulässig einzuebnen, bleibt in dieser Reihung bewußt. Imre Kertész, Literatur-Nobelpreisträger von 2002 und ungarischer Jude, betont in einem Essay über die Unterschiede der östlichen und westlichen Lagerwelten, «daß es zwei Nova gab im 20. Jahrhundert: nämlich den totalitären Staat und Auschwitz. Auschwitz ist ein traumatischer Zivilisationsbruch. Wo in Europa der Holocaust verschwiegen wurde, wo der Holocaust die Sprache nicht verletzt hat, ist die demokratische Entwicklung schwieriger als dort, wo über den Holocaust frei gesprochen wurde, wo seine Erforschung eine Art geistiger Welt geschaffen hat. [...] Denn die östlichen Länder lebten unter sowjetischem Druck, und dieser

Druck hat die Solidarität ausgelöscht, die der Mensch braucht, um Auschwitz zu verstehen. [...] Das menschliche Leiden ist überall dasselbe. Aber das eigentliche Trauma ist Auschwitz. [...] Wir können den Gulag mit Auschwitz erklären, aber Auschwitz nicht mit dem Gulag. [...] Zum europäischen Mythos, zur europäischen Legende gehören beide.»[7]

Was nach dem Zweiten Weltkrieg «vorbei» schien, gewinnt heute Ausmaße an Last, die gänzlich neue Stellungnahmen erzwingen – gegenüber einem naiv aufklärerischen Optimismus, der sein eigenes Trugbild war und auch von daher gerade nicht un-schuldig an der Katastrophe ist.[8] Seither mehren sich die Untersuchungen, die die Tatsache von Schuld ins Gespräch zurückbringen, jenseits aller Therapie-Ansätze, aller psychologischen Ent-Schuldungen, jenseits allen bereitwilligen kausalen «Verstehens». Schuld ist ungeschminkt zurückgekehrt in die Sprache der Politik, des Glaubens, der Philosophie.

Die Zeitmarkierung des Millenniums hat eine Reihe von Ent-Schuldungen hervorgebracht, deren Grundlage auf eine – vielfach nicht wirklich geklärte – Möglichkeit der Vergebung hindeutete, diese aber selten klar benannte.[9] Und wie könnte dies auch sein, wo in einer nicht-religiösen Welt nicht mehr deutlich wird, von wem Vergebung zu erwarten wäre? Jankélévitch hatte ausdrücklich das Wunschbild abgewiesen, die Enkel der Ermordeten könnten (und dürften) den Enkeln der Mörder vergeben. Beide sind unbetroffen, wenn auch in das Netz der Folgen eingesponnen – wie aber

---

[7] Interview mit Imre Kertész, Stunde der Wahrheit, in: NZZ 7./8. 7. 2007, 25.

[8] «Klassisch» wurde der Umschlag von Aufklärung in Barbarei analysiert noch während des Krieges 1943 bei: Th. Adorno/M. Horkheimer, Die Dialektik der Aufklärung. Philosophische Fragmente, Amsterdam 1947.

[9] Eine Ausnahme machte Johannes Paul II.: Seine Bitte um Vergebung 1999 im Blick auf das Millennium für die geschichtliche Schuld der Christen richtete sich nicht rhetorisch an die Toten, sondern zeitfrei an Gott.

erreicht man die toten Henker und ihre toten Opfer? Die Zeitachse ist unumkehrbar. Was bewirkt dann Vergebung – wenn es sie gibt und sie nicht nur ein unbedarftes Bedürfnis nach Harmonie darstellt? Vor allem: Wer bewirkt Vergebung? Was verändert sie am Verbrechen und am Verbrecher – in Wirklichkeit, nicht nur mit Wunsches Gewalt?

3. Methodisches Vorantasten:
Über Mythen, Religionen, philosophische Reflexion

Diesen verknäuelten Fragen wird mit einem Rückgriff auf religiöse Kulturen und ihre philosophische Tiefendimension nachgegangen; ebenso lassen sich die Mythen auf ihre Vernunfthaltigkeit hin freilegen.

Religiöse Kulturen beruhen zunächst durchgängig auf Mythen, auf den «großen Erzählungen» vom Anfang: des Gesamten, das Welt heißt, und des Menschen inmitten anderer lebendiger, sichtbarer und unsichtbarer Wesen. Dabei ist bereits festzuhalten: Ein solcher Anfang ist keineswegs zeitlich zu denken, als verflossene Urgeschichte etwa. Über die Entwicklung von Kosmos und Mensch können Astrophysik und Paläoanthropologie genauere Auskunft geben, und sie geben ja auch eine gänzlich andere, die evolutionäre Auskunft (ihrerseits bekanntlich kein Beweis, sondern eine Hypothesenbildung mit nicht unerheblichen Erklärungslücken). Es ist dieses Mißverständnis von «Anfang», das die aitiologischen Mythen, die Erzählungen vom Ursprung, entweder zu Märchen herunterstuft oder umgekehrt zu einer Art von blindem Glauben in Absetzung von naturkundlichem Wissen verleitet.

Wenn das Alte Testament beispielhaft beginnt mit dem Wort *bereshit*, «im Anfang», so ist eben nicht der zeitliche Anfang, lateinisch *initium*, der Startpunkt oder Beginn gemeint, der im Laufe der Entwicklungsgeschichte ins Vergangene zurückfällt. *bereshit* enthält das semitische Wort *rosh*, das Haupt, im Sinne von leitendem, herrscherlichem Konzept: Der Anfang *behauptet* sich durch alle Entwicklung. Daher übersetzt die lateinische Vulgata das erste Wort der Genesis richtig: *in principio* und nicht *ab initio*; denn im Prinzip, *im* Anfang und nicht *am* Anfang, wird Schöpfung als *Hauptsache* entworfen und durchstrukturiert, bevor sie sich – was hier nicht im Blickpunkt steht – in Jahrmillionen entfaltet.

Wie genau in der Bibel *zeitfreier* Ursprung und *zeitlicher* Beginn unterschieden werden, zeigt überraschend noch einmal der Johannes-Prolog: Auch er spricht vom Anfang, diesmal der Erlösung, in logisch kühner Parallele zum Anfang der Schöpfung. Bevor das Evangelium vom *zeitlichen* Leben Jesu einsetzt (*initium! Sancti Evangelii*), heißt es: En arche egenesthai ho logos, *in principio erat verbum*, im Anfang war das Wort. Wieder ist es währender Anfang, sich bewahrheitender Anfang, prinzipieller Anfang: *Haupt* des Ganzen und Ursprünglichen. Sich in endliche Geburt und sogar Tod auf der Zeitachse einfügend, bleibt DAS Wort doch immer, was es war. «Ehe denn Abraham ward, bin ich.»[10]

Natur wird von einem *initium* her verstanden, Schöpfung (und Erlösung) von einem *principium* her.

---

10 Joh 8, 58.

II
Landschaften?
Zu einem ungewöhnlichen Topos

4. Landschaft und Seelenraum
in Philosophie und Dichtung

Um Schuld in den Blick zu nehmen, sind die symbolischen Erzählungen, Mythen, Rituale in ihrer kulturellen Fülle augenöffnend. Thematisieren sie doch, quer durch die Weltbilder, vielfältige Verschuldungen des Daseins, die anerkannt werden wollen. Sie verankern in Ort und Zeit, in Anschaulichkeit, was sonst ungeklärt und für das eigene Tun undurchschaubar bleibt. Mehr noch: Sie öffnen die geschichtlichen Räume menschlicher Erfahrung, sie gewähren Eintritt in ein symbolisches Leben, in welchem anderes Leben nachvollzogen und das eigene spielerisch eingeübt werden kann.

So gibt es mythische Landschaften der Schuld als Orte der Gefährdung, aber auch Orte der Reue und Stätten der Vergebung – gleichsam äußere Ansichten, Kürzel der inneren Vorgänge, in welche man eintreten kann.

Der Einwand könnte lauten: Landschaft sei hier ein bildlicher, kein *philosophischer* Gegenstand. Oder doch? Gibt es nicht eine Topologie, eine Orts-Kunde der Argumente, wo eine vertraute, bestimmte Umgebung die «Heimat» eines Gedankens bietet?[11] Ist bei den Griechen nicht sogar *horismos*, der Ackerrain oder die

---

[11] In der Renaissancephilosophie wurden auf der Grundlage von Aristoteles' *Topik* weitere Topologien entworfen, welche die «Orte» oder «Nester» von Argumentationen zusammenhalten, die, benachbart und vernetzt, Einwände gemeinsam einkreisen; vgl. Rudolf Agricola, De inventione dialectica (1480).

Definition, hilfreiche Grenze für das Begreifen geworden? In der antiken Lehre der «Umstände», *circumstantiae,* der treffenden Rede, sei sie juristisch, politisch oder philosophisch wie bei Sokrates, muß sie erstrangig das Wo? eines Geschehens oder Gedankens «erörtern». Wie der *Grund* im Deutschen den festen Boden eines sicheren Ansatzes unter eine Gedankenkette zieht, so bezeugen die Denker der mediterranen Welt, erst am Flusse sitzend gebe den Gedanken Gelegenheit zu strömen. Im Schatten einer breiten Platane erwacht die innere Schau, während sie sonst, in der Mittagshitze schlafend, vertrocknet.[12]

Aber es gibt auch den Ort, der die Klarheit verdunkelt und selbst zum Ort des Abfalls geworden ist. Plotin und Augustinus sprechen von einer *regio dissimilitudinis,* einer Landschaft der Unähnlichkeit, und beziehen sie auf den Zustand der Schuld, die den Menschen aus dem Garten der Gott-Nähe entfernt und in die Unähnlichkeit der Tiere gebracht habe.[13] Seitdem sei Dasein weit weg von seinem Ursprung in ein «Jenseits von Eden» verwiesen.

Was bedeutet «Landschaft», wörtlich oder als Bild genommen?

Zunächst bedeutet sie den geographischen Raum, der mit den Augen noch überblickt werden kann. Er stellt aber nicht einfache Natur vor, sondern den Raum des Menschen, seiner Geschichte, seiner Kultivierung. Urwald ist nicht eigentlich Landschaft; diese bedarf der Form, der Gestaltetheit (und sei es auch die Wüste, die durch den Wind gestaltet wird). Auf sie antwortet das Auge mit Wahrnehmung, Schätzung, ja Bezauberung – oder auch mit Lähmung und Widerwillen. Landschaft ist Zusammenspiel von Außen und Innen, von Ort und Mensch, tragende, verstärkende

---

12 So wird auf der Insel Kos die riesenhafte Platane gezeigt, unter deren Schatten Hippokrates gelehrt haben soll. Platons Dialoge werden in der Regel mit Ortsangaben eingeführt.

13 Vgl. Petrus Lombardus, Kommentar zu Psalm 1: *Beatus vir qui non abiit a deo in regionem dissimilitudinis* – «Selig der Mann, der nicht fortging von Gott in die Gegend der Unähnlichkeit.»

Umwelt und Spiegelung für seine seelischen Empfindungen. Gerard Manley Hopkins[14] spricht in einer glücklichen Wendung von der «Inkraft», *instress*, der Landschaft – immer noch überhaucht von der Erinnerung an den einen ursprünglichen Garten:

«What is all this juice and all this joy?
A strain of the earth's sweet being in the beginning
In Eden garden.»[15]

«Earth, sweet earth, sweet landscape, with leavés throng
And louchéd low grass, heaven that dost appeal
To, with no tongue to plead, no heart to feel;
That canst but only be, but dost that long –
Thou canst but only be, but that thou well dost [...]»[16]

Ortega y Gasset schreibt in einem Aufsatz über Don Juan und Sevilla, jede Landschaft gebe Hinweise auf einen nur hier möglichen Lebenstyp. Wie sich die Sterne beim Betrachten zu Gestalten mit irrealen Umrißlinien zusammenschließen, so sei in jeder Örtlichkeit eine Art «atmosphärischer Imperativ» als

---

14 Hopkins (1844–1889), einer der größten englischen Lyriker des 19. Jahrhunderts, hinterließ nur rund neunzig Gedichte, in denen die Transparenz der Erde auf den Menschen und auf ihren göttlichen Ursprung in unerhörtem sprachlichen Klang dargestellt wird. Seine Tagebücher enthalten weithin Schilderungen des Zusammenspiels von Landschaft, Wolken und Wetter, auch im Sinn ihrer anthropologischen Wirkung.

15 Gerard Manley Hopkins, Spring, in: ders., Gedichte, Schriften, Briefe, übers. v. Ursula Clemen / Friedhelm Kemp, München (Kösel) 1954, 58f: «Was ist all dieser Saft und all dieser Jubel? / Eine Spur vom süßen Sein der Erde im Anfang / In Edens Garten.»

16 Hopkins, Ribblesdale, ebd., 122f: «Erde, süße Erde, süße Landschaft, mit Laubwerk dicht / Und niederhangendem Gras, die du den Himmel anrufst, / Und hast doch Zunge nicht zu bitten, Herz nicht zu fühlen; / Die du sonst nichts, nur sein kannst, das aber lange tust – / Du kannst nur sein, das aber tust du gut [...]»

mögliche Bestimmung für die Bewohner verborgen; andererseits gehe von jeder typischen Form menschlichen Lebens die Spiegelung einer ihr verwandten Landschaft aus – eine «innere geographische Möglichkeit».

Das Zusammenspiel von Landschaft und gestaltendem Blick, von Landschaft als Expression der Seele findet sich auch bei Rilke betont, der die Landschaft unmittelbar mit dem Kunstwerk vergleicht. Denn auch Landschaft wird zur objektiven Gestalt, hervorgegangen aus der absichtslos-absichtsvollen Prägung durch den Menschen. «Kunst-Werke, als Dinge, die nicht der Zeit gehören, sind am verwandtesten den Bäumen und Bergen, den großen Strömen und den weiten Ebenen, die die Zeit auch nur umgibt, ohne ihnen wohl oder wehe zu tun, und an die mit einem Urteil heranzutreten, das zu- oder abspricht, mit einem gut oder schlecht, ebenso nutzlos wie albern wäre. Das einzig richtige Verhältnis zu ihnen, das einzige, das wirklich eine gewisse Verbindung mit ihnen herstellt, ist das gesammelter, kritikloser Anschauung, der Blick eines ruhigen weiten Auges, der ruht, indem er schaut und schauend reift. Und so müssen auch Kunst-Werke gesehen werden: wie weite einsame Landschaften mit hoch-gewölbten Himmeln, wie große dunkle Bäume, wie Meere ruhig im Abend liegend.»[17]

In der *Zweiten Duineser Elegie* webt Rilke Räume aus Höhen, Tiefen, die selbst schon Gestalten vorstellen; seine Engel verzweigen sich in geistige Dimensionen: «Gelenke des Lichtes, Gänge, Treppen, Throne / Räume aus Wesen [...]»

Aber Landschaft als anschaulicher, betretbarer Raum für das Denken hat neuerdings einen Schub erfahren in die bloße Virtualität jener Zweitwelt, welche die moderne Medientechnologie hervorzaubert. Darin hat eine Entmaterialisierung stattgefunden, eine Einebnung von Zeit und Raum: Theoretisch muß kein wirklicher Ort mehr besucht werden – Informationen holt man

---

17 Rainer Maria Rilke, Ausgewählte Kostbarkeiten, zusammengestellt v. Gottfried Berron, Lahr [8]1991, 19–22.

sich zu Hause auf dem «Schirm» ab. Gespräche werden nicht mehr unter Bäumen, in Halle und Aula oder an Flußufern geführt; der Chatroom verhüllt und schwächt die eigene Identität und Leiblichkeit ... Welt gerinnt zur Welt auf dem Schirm; dieser – die ungeheure Genauigkeit der Sprache! – schirmt sie zugleich ab. Die Begegnung mit der Quasi-Lebendigkeit des Netzes bedarf des tatsächlichen Lebens in tatsächlichen Landschaften kaum mehr. Ohne Autismus und Isolation aufzugeben, kann man sich einklicken in die anschaulich gewordene *Maya*, den bunten, flüchtigen, wesenlosen Schleier unwirklich gestaffelter Räume gemäß der alten indischen Lehre.

Diese technische Zweitwelt wird durch die Theorie einer nur konzeptualisierten Welt, einer vom Subjekt «entworfenen» Wirklichkeit gestützt. Auf der Ebene des naiven Nutzers ergibt sich aus der Idee des «Konstrukts» die Überzeugung, es gebe *die* Wirklichkeit gar nicht. Entsprechend läßt sich «Wirklichkeit» jeweils dekonstruieren, bis zur Illusion eines von allen jederzeit ohne Fremdheit betretbaren «unwirklichen» Globus, eines universalen Zugangs ohne sich entziehende Räume: Alles ist erschlossen, alles ist offen, geheimnislos, widerstandslos, unterschiedslos. Kultur aber lebt von Unterschieden, von Hierarchien, von oben und unten, von Betretbarem und Verschlossenem, von der Andersheit der Dinge und Menschen, vom widerständigen Nichtverstandenen. Wie holt man das verblassende Außen in die Anschauung, ins Erschrecken, ins Wahrnehmen zurück? Wie zeigt man das aufdringlich Pulsierende der vermittelten Welt als Trug? Wie gewinnt man Landschaft als Echo der Reflexion wieder, als etwas, das sich im Gehen öffnet und im Fortgehen wieder schwindet?

5. Mythische Landschaften:
Von den Inseln der Verfehlung zu den Bergen des Heils

Modern formuliert ist Landschaft ein «Portal», wodurch man ins Wahrnehmen und Tun eintritt.

In manchen Landschaften zittert geheime Schuld nach und erweckt sie für den unberatenen Besucher zu gegenwärtigem Leben. Der irische Mythos von Maeldune, um 700 n. Chr. geschrieben, weiß von zehn paradiesischen Inseln, die zum Blutdurst aufreizen, obwohl sie nach außen hin mit allem Guten gesättigt wirken. Gerade ihre Überfülle verleitet aber zur Angriffslust, zur Selbstzerstörung, zum Mord – enthält sie doch nur eine einzige, einseitige Gabe, diese aber im unerträglichen Übermaß. Hier fehlt der stimmige Ausgleich, das Gegengewicht: Es sind Inseln des «Fehls». Die Blumeninsel schüttet aus «Blüte auf Blüte, Versprechen von Blüte, doch nie eine Frucht!»[18] Anderswo reizt die Insel der überquellenden Nur-Früchte zur Völlerei: «Wir schlangen und schwelgten, bis jeder, entbrannt, auf den Nächsten sich stürzte, ihn schlug mit dem Schwert in der Hand.» Die Feuerinsel lockt zum entfesselten Sprung in das blendende Feuer; der flimmernde Garten unter Wasser zum Sturz ins Meer – «und das Paradies zitterte unter uns fort.» Die Spendende Insel, feind-los, voll trägen Friedens, führt zu Kampfspielen aus tödlicher Langeweile; die Insel der Beiden Türme spaltet schon beim Anblick die Mannschaft in zwei Parteiungen: «Die eine Hälfte erschlug die andere, und wir segelten wiederum fort.»[19]

Aber es gilt auch die andere Seite: Landschaften vermitteln Lösung, Befriedung, Aufschwung des Herzens, ruhige Klarheit.

---

18 Vgl. Rainer Maria Rilke, Ausgewählte Kostbarkeiten, 45: «Sie wollten blühn, / und blühn ist schön sein; doch wir wollen reifen, / und das heißt dunkel sein und sich bemühn.»

19 Alfred Lord Tennyson, The Voyage of Maeldune/Maeldunes Seefahrt, dt. von Ilse Leisi, in: Anne Marie Fröhlich (Hg.), Inseln in der Weltliteratur, München (dtv) 1993, 328–347.

Nietzsche weiß von der Höhenluft auf den Bergen: «Freiheit von Zwang, Störung und Lärm, von Geschäften, Pflichten und Sorgen. Helligkeit im Kopf. Tanz, Sprung und Flug der Gedanken. Eine gute Luft, dünn, klar, frei, trocken – wie die Luft auf Höhen ist, bei der alles animalische Sein geistiger wird und Flügel bekommt. Ruhe in allen Souterrains. Alle Hunde hübsch an die Kette gelegt. Kein Gebell von Feindschaft und zotteliger Ranküne. Keine Nagewürmer verletzten Ehrgeizes. Bescheidene und untertänige Eingeweide, fleißig wie Mühlwerke, aber fern. Das Herz fremd, jenseits, zukünftig, posthum.»[20]

Baute darum Benedikt von Nursia auf die Berge? Vor ihm waren Frauen und Männer auf der Suche nach dem Antlitz des Lebendigen in die Wüste gegangen; spätere Söhne Benedikts bauten – aus Demut – in die Täler, andere in die Städte, noch spätere vertauschten die *stabilitas loci* mit der Heimatlosigkeit, einsatzbereit an allen Orten kraft der *instabilitas* und nirgendwo anders zuhause als im Unterwegs.[21]

Doch der Berg – quer durch die Kulturen – bleibt bevorzugter Ort göttlicher Nähe. Ambrosius formuliert im Kommentar zum *Hohenlied*: «Gott ist ein Gott der Berge und nicht der Täler. Wenn er also springt, springt er über die Berge. Wenn du nicht ein Berg sein kannst, sei wenigstens ein Hügel: damit er, wenn er hinüberspringt, über dich hinaufsteige und der Schatten seines Vorübergangs dich behüte.»

---

20 Friedrich Nietzsche, Zur Genealogie der Moral (1887), 3. Abhandlung, 8.
21 Frühchristliche Eremiten zogen in die Einsamkeit des Karmelgebirges, in die judäische und ägyptische Wüste; orthodoxe Mönche bewohnten einzeln oder gemeinsam die Unwirtlichkeit des Athos; Bernhard von Clairvaux, Reformator des Benediktinerordens, ließ die Zisterzienser in abgelegene Täler bauen; die Bettelorden der Dominikaner und Franziskaner wanderten predigend durch die Städte; Ignatius von Loyola sandte seine Jesuiten im soldatischen Einsatz überall hin: «unterwegs zu Hause». Vgl. die profunde Darstellung bei Peter Hawel, Das Mönchtum im Abendland, München (Hawel) ³2007.

Die Berge des Heils, die alte Metapher, stehen auch in Todesnot vor Augen. Selbst die Todeszelle in Berlin-Tegel – ein denkbar weiter Sprung von Nietzsche zu Alfred Delp, keine sechzig Jahre später – birgt die freie Höhe sinnbildlich in sich: «Ich lebe hier auf einem sehr hohen Berg [...] Was man so Leben nennt, das ist weit unten, in verschwommener und verworrener Schwärze. Hier oben treffen sich die menschliche und göttliche Einsamkeit zu ernster Zwiesprache. Man muß helle Augen haben, sonst hält man das Licht hier nicht aus. Man muß gute Lungen haben, sonst bekommt man keinen Atem mehr. Man muß schwindelfrei sein, der einsamen, schmalen Höhe fähig, sonst stürzt man ab und wird ein Opfer der Kleinheit und Tücke. Das sind meine Wünsche für Dein Leben, Alfred Sebastian: helle Augen, gute Lungen und die Fähigkeit, die freie Höhe zu gewinnen und auszuhalten. Das wünsche ich nicht nur Deinem Körper und Deinen äußeren Entwicklungen und Schicksalen, das wünsche ich viel mehr Deinem innersten Selbst, daß Du Dein Leben mit Gott lebst als Mensch in der Anbetung, in der Liebe, im freien Dienst.»[22] Die freie Höhe ist hier allerdings in täglicher Erwartung der Hinrichtung gewonnen.

6. Die neuzeitliche Entdeckung von Landschaft: Petrarca gegenüber Dante

Die Neuzeit hat am Raum, in seinem Ausschnitt in der Landschaft, ihr eigenes Denken begriffen. In zahlreichen Metaphern erscheint ein räumlich «vorgestelltes» Denken, eingeführt durch Vorsilben wie in- und aus-, über-, unter-, vor- und nach-. Neuzeitlich wird aber auch umgekehrt begriffen, daß Landschaft als «Seelenraum» erst

---

[22] Alfred Delp SJ, Brief vom 23. Januar 1945 an sein neugeborenes Patenkind Alfred Sebastian Keßler, in: Alfred Delp, Kassiber, hg. v. Roman Bleistein, Frankfurt (Knecht) 1987, 129. Am 2. Februar 1945 wurde Delp im Auftrag des Naziregimes in Berlin-Plötzensee gehenkt.

«erschaut» und schauend «erschaffen» wird. Diese Entdeckung wird möglich mit einer grundsätzlich neuen Mitte-Stellung des Subjektes, das von seinem Augenpunkt her einen Sehraum aufspannt und mit Bedeutung füllt. Der berühmte Text der beginnenden Neuzeit, dem eine solche bewußte «Erstentdeckung» von Landschaft zugeschrieben wird, stammt von Petrarca, der 1336 den Mont Ventoux in der Provence bestieg oder bestiegen haben will – nicht um daraus irgendeinen Nutzen zu ziehen, sondern «zwecklos», allein um des weiten Ausblicks willen. An dem Dokument, das Petrarca im Bewußtsein der Erschütterung durch das Unbegrenzte empfand[23], läßt sich ablesen, wie ein und derselbe Mensch aus der alten Geborgenheit optisch in die sich neu eröffnende, aufbrechende Tiefe der Landschaft gerissen wird, in den «Ausschnitt» des Raumes, was er neben allem Erstaunen mit Angst beantwortet – im wörtlichen Sinn bodenlos geworden: «Erschüttert von dem ungewohnten Winde und von dem weiten und freien Schauspiel war ich zuallererst wie vor Schreck erstarrt.» So begegnet er dem unendlichen Ausblick mit der Umwendung in die Innerlichkeit der Seele: Er schlägt aufs Geratewohl Augustinus' *Bekenntnisse* auf und gerät auf den Satz, der ihm zum zweiten Mal den Boden entzieht: «Da gehen die Menschen hin zu bewundern die hohen Berge und die gewaltigen Wogen des Meeres und den langen Lauf der Ströme und die Unendlichkeit des Ozeans und die Bahnen der Sterne, und verlassen sich dabei selbst (*et relinquunt se ipsos*).»[24] Nach einem letzten, immerhin begierigen Ausschöpfen der Sicht schließt er Buch und Augen, um die «inneren Augen auf mich selbst zu richten». Dennoch ist die Wendung nach außen unaufhaltsam und kommt an kein Ende: Bekanntlich setzt sich Petrarcas initiale Erfahrung fort in einer Vielzahl von Theorien des unendlichen Raumes und räum-

---

23 Familiari IV, 1: Brief an Dionigi Roberti da Borgo San Sepolcro. Die Bergbesteigung ist mittlerweile als Fiktion angezweifelt worden – gleichwohl wäre auch dann der Einbruch des Unendlichen ins Bewußtsein neuzeitlich zu nennen.

24 Aurelius Augustinus, Confessiones XI, 20.

licher Unendlichkeit, was nachgerade zur Signatur der Renaissance wird[25]. Landschaft wird immer tiefer zum «Außen» der Seele, zu ihrem Spiegel, ihrer Unerschöpflichkeit, ihrem fernen Widerhall. Aber reale Landschaft verweist auch auf den realen Kosmos, seine das Denken herausfordernden unendlichen Entfernungen, die dennoch durch Maß und Zahl zu beherrschen sind.[26]

Allerdings wird auch schon vor Petrarca Landschaft erfahren und in ähnlicher Erschütterung spiegelbildlich zur eigenen Seele geschildert: In Dantes *Divina Commedia* war Landschaft Ausdruck des jeweiligen Zustandes, «Ausdruck und Mittel von Beseligung, oder Läuterung, oder Verlorenheit»[27]. Doch ist die dortige Landschaft nicht geographisch-wirklich, sie bleibt vielmehr Gleichnis der Seele.

Beginnend mit dem Inferno tritt Dante ein in eine Landschaft des Entsetzlichen, ausgedrückt durch Erdbeben, blutrotes Wetterleuchten, ein Seufzen der «*terra lagrimosa*», tränenvoller Erde. Von Ring zu Ring abwärtssteigend verengen sich die Kreise der steinernen Wände, verdichten sich Schmutz und Dunkel, öffnen sich brennende Sandwüsten im Feuerregen, bis schließlich der Abweg im eisigen Mittelpunkt des Bösen erstarrt. Die Hölle Dantes enthält Eis, kein Feuer: Leben ist endgültig im Bewegungslosen erfroren. Von dort windet sich – nur für Dante und Vergil – ein schmaler Schacht nach außen und oben, bis im kaum noch erhofften Ausbruch aus der beklemmenden Enge das südliche Weltmeer erreicht ist. Darauf schwimmt – in der Gebärde des Leichtgewordenen – terrassenförmig aufgestaffelt der Berg der Läuterung, umstrahlt von der «süßen Farbe morgenländischen Saphirs». Auch seine Landschaften sind Seelenräume, antworten jeweils genau dem Zustand der Läuterung in Lichtverhältnis und Steinwänden, Enge

---

25 Vgl. H.-B. Gerl-Falkovitz, Einführung in die Philosophie der Renaissance, Darmstadt (WBG) ²1995, 31–36.
26 Das Messen der Unendlichkeit wird Thema von Nicolaus Cusanus; vgl. ebd. 41–54.
27 Romano Guardini, Landschaft der Ewigkeit, München (Kösel) 1958, 129.

und wachsender Weite des Plateaus. Ebenso birgt und entbirgt das darauffolgende Paradies «Landschaften», freilich solche, die immer mehr ins Unirdische aufsteigen, schimmernd, aus Licht modelliert. Ein noch faßbares Beispiel bildet die der Erde benachbarte Mondsphäre mit ihrem schwebenden Glanz: «Wie hier der Charakter des Mondlichtes, sein zauberisches Strömen und wieder seine Ungewißheit zur Umgebung wird, in welcher sich das Innere der seinen Bereich bewohnenden Wesen ausdrückt, ist unvergeßlich.»[28] Im letzten, die Vorstellung gänzlich sprengenden und blendenden Bild entfaltet sich Landschaft zur Rose: einer aufblühenden, in die Tiefe gestaffelten, unergründlichen Landschaft des Lichts.

Landschaft ist bei Dante also nicht ein Eigenständiges, vom Menschen Abgetrenntes; sie ist vielmehr sichtbarer Ausdruck der menschlichen Seele und offenbart «ihrerseits geistige Gesinnungen und göttliche Urteile»[29].

Wieweit sich Generationen später das Verhältnis zum Raum bereits «versachlicht» hat, zeigt sich an dem Versuch Galileis, die Hölle Dantes auszumessen.[30]

7. Landschaft und Zeit-Raum

Landschaft mit ihren wechselnden Orten als Ursprung und «Brunnenraum» von Fühlen, Erleben, Erfahren, von Beten und schließlich Denken und Vermessen ist so selbstverständlicher «Rahmen» des Daseins, daß sie meist gar nicht in den Spiegel der Reflexion gerät. Ähnliches wäre für die Zeit als Quelle wechselnder Empfindung, wechselnden Zugangs zu Einsichten festzuhalten. Mönchisches Gebet ändert sich alle drei Stunden mit dem morgendlich wachsenden, nachmittags sinkenden Licht, bis in der

---

28 Ebd., 154.
29 Ebd., 156.
30 Galileo Galilei, Due lezioni all'Accademia fiorentina circa la figura, sito e grandezza dell'Inferno di Dante, 1588.

Mitternacht die Grundstimmung der Anrufungen einmal durchlaufen ist: vom morgenkühlen Aufbruch des Gedankens über die Stärke der Tageshöhe, dann in der Stunde des Pan ein Wechsel zur Bedrängnis – «o Schweigen im verglasten Mittagslicht»[31] – und von dort in die friedliche Ordnung des Abends bis zur erneuten Bergung in der Nacht. Den Wandlungen der Seele wird mit der Bitte um Bewältigung und Freiheit von den Dämonen begegnet. «Du hast mir Raum geschaffen, als mir angst war.»[32] Oder die Bekräftigung: «Es ist ein Raum bei mir, da sollst du auf dem Felsen stehen.»[33]

Das Einlassen auf die Landschaft wäre unvollständig, würde sie nicht auch mit der wechselnden Tageszeit die Gestimmtheit des Raumes und mit ihr die Stimmung der Seele wechseln. Landschaft der Vergebung wird bildlich vom Morgenlicht überflutet, Landschaft der Schuld wird im Zwielicht des späten Nachmittags oder im zerrissenen Wolkenhimmel, in nächtlicher Finsternis sichtbar, Landschaft der Reue in der blitzdurchzuckten Nacht.[34] In der Verwandlung der Tages- oder Jahres-Zeit kommt immer anderes zur Sprache, leuchtet auf und versinkt wieder.

Landschaft ist von Zeichen besetzter Zeit-Raum des Daseins, der zeit-lebens durchwandert werden muß. «Weißt du nicht, daß das Leben hier eine Reise ist? Denn bist du etwa Bürger? Du bist Wanderer! Hast du verstanden, was ich sagte? Du bist kein Bürger, sondern Wanderer bist du und Reisender! Sage nicht: Ich habe diese oder jene Stadt! Niemand hat eine Stadt. Die Stadt ist oben. Gegenwart ist Weg.»[35]

---

31 Ida Friederike Görres, Alte Heimat, in: dies., Gedichte, Dresden (Thelem) ²2002, 35.

32 Ps 31, 9.

33 Ex 33, 21.

34 Beispielhaft sind seelische «Zeit-Räume» gestaltet in der Literatur der deutschen Romantik bis zur Droste und zu Eichendorff, aber auch im viktorianischen England, etwa bei Charles Dickens.

35 Johannes Chrysostomus, Homilia de capto Eutropio et de divitiarum vanitate, 5; PG 52, 401.

8. Wüste, Landschaft des Adieu: Jacques Derrida

Über die mythischen, realen oder metaphorischen Bezüge auf Landschaft hinausgehend wird bei Jacques Derrida (1930–2004) eine Topologie aufgebaut, die eine bestimmte Landschaft philosophisch auslegt und «aufbricht». Es handelt sich um die Wüste als jenen Ort, der selbst Weglosigkeit, Aporie, ausdrückt, aber im Alten Testament auch Ort der Gottes-Erscheinungen ist. Derrida sucht jedoch in der Wüste nicht unmittelbar die jüdische Erfahrung eines Sich-Zeigenden, ebenso wenig die Wüste als Abwesenheit des Seienden (oder als «Lichtung») im Sinn der griechischen Seinslehre. Es geht um Wüste als einen *dritten Ort*, vorgängig zu jüdischer und griechischer Theologie. Dieser Ort ist «vielleicht mehr als bloß vor-ursprünglich, anarchischer als alle anderen Orte und widerspenstiger gegen das Archiv, keine Insel[36], kein Gelobtes Land, eine gewisse Wüste, die nicht die Wüste der Offenbarung ist, sondern eine Wüste *in* der Wüste, eine Wüste, welche die Wüste ermöglicht, eröffnet, gräbt, aushöhlt, ins Unendliche verlängert.»[37] In diesem nicht sichtbaren und auch nicht benennbaren Brennpunkt einer Leere erscheint kein Gott – Derrida geht es um einen Nicht-Gott (*a-dieu*), der die bisherigen Vor-Stellungen ablöst, allerdings auch nicht im Sinn der bekannten negativen Theologie, die die Eigenschaften Gottes jeweils verneint, um sie ins «Übereine» zu übersteigen.

Vielmehr greift Derridas Gedanke auf Platon zurück, der im *Timaios* unterscheidet zwischen dem immer Seienden und dem Werdenden, wobei das erste durch den Geist (*noesis*), das zweite

---

[36] Eine Anspielung auf die Insel Ithaka, zu der Odysseus nach den Irrfahrten heimkehrt: nach Derrida ein Zeichen kreisläufigen (griechisch-mythischen) Daseins.

[37] Jacques Derrida, Glaube und Wissen. Die zwei Quellen der Religion innerhalb der Grenzen der bloßen Vernunft, in: Die Religion. Seminar von Capri (1994), Frankfurt (Suhrkamp) 2001. Zitiert nach: Karlheinz Ruhstorfer, Adieu. Derridas Gott und der Anfang des Denkens, in: Freiburger Zeitschrift für Philosophie und Theologie 51 (2004), 123–158; hier: 130.

durch die Sinne (*aisthesis*) erfaßt wird.[38] Dabei zeigt sich Wirklichkeit entweder als *noumenon* oder als *phainomenon*, als Sachhaft-Denkbares oder als Sinnlich-Erscheinendes. Die beiden getrennten Bereiche werden bei Platon durch ein Drittes andeutend «vermittelt», denn das Werdende muß aufgenommen, «beheimatet» werden, um in den Status des Seienden zu wechseln. Dies geschieht durch ein unscharfes Verorten während eines ungreifbaren Übergangs, der weder von der Vernunft noch von den Sinnen vorgenommen wird. Platon nennt diese «dritte Gattung» im Übergang vom einen zum anderen den Raum, *chora*, im Sinne von «Leerstelle»[39]. Leerstelle wäre bei Derrida jene verschwindende Spur der Spur, die die Abwesenheit Gottes (nicht: seine Nicht-Existenz) oder genauer noch sein Nicht-mehr-Anwesendsein hinterläßt, wobei freilich nichts Hinterlassenes zu sehen ist. Anstelle von theologisch-begrifflicher Bejahung oder Verneinung Gottes gräbt sich für Derrida nur noch der Name selbst als Spur ins Gedächtnis. «Chora kommt zu uns, und zwar als Name.»[40] Damit wäre die Wüste des Vorderen Orients unmittelbar Ausgang einer Entgrenzung (*délimitation*) des Denkens, sowohl für die Griechen wie für die Juden, jene beiden ersten Quellen europäischen Philosophierens. Und diese Entgrenzung laufe mit der «Spur und der Spur vom Erlöschen der Spur»[41] bis zur Gegenwart und unabschließbar fort. Allerdings gibt es Wüste als «verlorene Heimat des Denkens» nicht ein zweites Mal. Nur das Erlöschen der Wüste und das Erlöschen (des darin vorgestellten) Gottes hält die Erinnerung an den am Anfang Erfahrenen wach.

Was damit in spröder und schwer zu fassender Logik gesagt wird, ist in «Landschaft» gestellt, in die Landschaft der Leere schlechthin, und dort noch einmal in ihr ebenso leeres Inneres.[42]

---

38 Platon, Timaios 27 c, d.
39 Vgl. Ruhstorfer, 132f.
40 Jacques Derrida, Chora (Paris 1993), in: ders., Über den Namen. Drei Essays, Wien (Passagen) 2000.
41 Ruhstorfer, 146.
42 Wieweit dies von Heideggers «Lichtung» entfernt ist, wäre eine eigene Untersuchung wert.

III
LANDSCHAFTEN DER SCHULD

9. «Große Erzählungen»

Lange bevor das Nachdenken zu Begriffen greift, gibt es «große Erzählungen» der Schuld, der Reue, der Vergebung. Im Unterschied zu Jean-François Lyotard (1924–1998), der die *grands récits* oder *méta-récits* ironisch aus dem postmodernen Diskurs verbannen wollte[43], wird der Ausdruck «die großen Erzählungen» hier nicht ironisch verwendet, sondern sachlich: für die unerschöpfliche, unerschöpfte Tradition der Mythen. Sie gehen mit den großen Erschütterungen des Daseins symbolisch um, und das heißt immer auch: übersetzbar ins Heute. Im «Spiel» von Rätsel und Lösung, insbesondere in der symbolischen Lösung eigener Schuld gewinnt die eigene Geschichte Anteil an den kulturübergreifenden «Fahrten und Abenteuern» des Daseins.[44]

Postmodernes Denken erklärte grundsätzlich den Aufstand gegen die «großen Erzählungen», weil sie Unterschiedliches angeblich vereinheitlichen: die Ilias, die Odyssee, die Bibel, die Aeneis, die Göttliche Komödie, Faust ... All dies ließe sich lesen – so Lyotards Verdacht – als Monopolismus einer Idee der Götter, der Menschen, der Dinge; diesem Monopol dienten die Mythen, aber auch die philosophischen Entwürfe einer Seinslehre ebenso wie die Frage nach einem «Wesen» der Dinge, und – verblüffend als Ernte des 20. Jahrhunderts – auch die aufklärerische, alles betreffende, alles erklärende Vernunft. Gerade das Zeitlos-

---

43 Jean-François Lyotard, La condition postmoderne, 1979; Das postmoderne Wissen, hg. von Peter Engelmann, Wien (Passagen) ⁵2006.
44 Vgl. die aus indischen und europäischen Mythen erhobenen Daseinsanalysen des Indologen Heinrich Zimmer, Fahrten und Abenteuer der Seele, Köln (Diederichs) 1987.

Gültige, die angebliche Globalität der Mythen, ebenso wie das Begrifflich-Allgemeine des Denkens aus dem scheinbar einen Ursprung grenze ein «Anderes» immer aus. Gleicherweise sei die aufklärerische Vorstellung des mündigen, selbstverantwortlichen Subjekts nichts als Selbstdurchsetzung einer abendländischen Idee: Das Ich schließe herrisch von der eigenen Position auf ein Du. Postmodernes Denken habe vielmehr einen Verzicht zu erklären: den Verzicht auf den geschlossenen Diskurs innerhalb eines anonymen und zwingenden Gedankensystems, das zum tödlichen Ausschluß der Andersdenkenden führe. Mythische Prägungen einer Kultur, der europäischen zumal, seien Vorformen solcher einheitlichen Lesung, der man gegensteuern müsse.

Wie aber, wenn es Mythen gibt, große Erzählungen, die selbst dieses Rechthaben, ja den Ursprung der Selbstüberhebung kennzeichnen? Die biblische Genesis legt beispielsweise ein Deutungsmuster vor, wie es zu furchtbaren Fehlformen des Ausschlusses gekommen sei: daß aus lebendiger Beziehung und gegebenem Selbstsein eine Selbstsakralisierung und ein tödliches Zurückweisen der anderen und der Ursprungsbeziehung erwachsen ist.

Auch steht es – im Sinne der Vielfalt – jederzeit frei, andere Mythen anderer Kulturen zu weiterer Deutung heranzuziehen. Und gerade dabei zeigt sich, daß der Eintritt in ein Verschuldetsein, sogar als Erbschuld, keineswegs nur die Erfindung des semitischen Kulturkreises ist, sondern variationsreich in anderen, vor allem den indischen Kulturen durchgespielt wird. Auch sind die Antworten auf dieses menschliche Phänomen so verschieden nicht, im Gegenteil, sie ähneln sich, nicht nur in der rituellen Entschuldung (häufig im Reinigen durch Wasser oder Verbrennen im Feuer). «Buntfarbig ist das Gewand der Königin», heißt es bei Ambrosius, oder bei seinem Zeitgenossen Kyrill von Jerusalem (315–386): «Ein und dieselbe Quelle ist es zwar, welche den ganzen Garten bewässert, und ein und derselbe Regen ist es, welcher auf die ganze Welt herabkommt. Aber weiß wird er in der Lilie, rot in der Rose, dunkelgelb in den Levkojen und Hyazinthen; in bunter Verschiedenheit zeigt er sich in den verschiedenartigen Dingen. Anders ist er in der Palme, anders im Weinstock. [...] So ist auch der Geist nur einer und von einer Art und ungeteilt.»[45]

Entscheidend ist daher nicht, ob nur Mythen einer einzigen Tradition weitererzählt werden, sondern wieviel kritisches Wahrnehmen aus den mythischen Überlieferungen herausgeholt, wieviel Einsicht in die Versiegelung des Menschen in ein verrätseltes Dasein daraus gewonnen werden kann.

Daher werden in einem zweiten Hinblick die Erzählungen vertieft: durch Aussagen von Religionen und Philosophien zur Schuldfähigkeit des Menschen. Diese Entwürfe müssen ihrerseits Einwänden der Moderne standhalten oder doch mit ihnen befragt werden. Denn die Moderne hat vielfache Entschuldungen aufgrund rational erhobener Unfreiwilligkeiten und Unfreiheiten der Täter entwickelt: Soziale, psychologische, pathologische, gesellschaftspolitische Bedingtheiten engen den Entscheidungsraum und damit den Schuldraum des Handelnden ein. Verstellen sie ihn möglicherweise gänzlich? Dem stehen Argumente einer grundsätzlichen Schuldmöglichkeit des Menschen auch bei verminderter Freiheit gegenüber. Relative Entschuldung durch Verweis auf Abhängigkeiten aller Art bedarf einer tiefergehenden Betrachtung: Läßt sich – trotz aller Einzelgründe – eine grundsätzliche Schuldbereitschaft, eine Neigung zum Schuldigwerden freilegen, die sich nicht mehr selbst oder sozial entschuldet? Die auch nicht aus durchsichtigen Motiven von anderer Seite aus Machtwillen eingeredet ist? Sollten aber die «Entschuldiger» und ihre Freisprüche am Ende recht behalten, dann gilt die grausame Feststellung Shakespeares im *König Lear*: «‹Es gibt

---

45 Katechese über den Hl. Geist. – Ambrosius spricht von der Kirche als Sammelbecken der Traditionen; Kyrill spricht vom Heiligen Geist als dem lebendigen Wasser in der Vielfalt seiner Gaben und Ausgestaltungen.

keine Schuldigen› – was anders ausgedrückt heißen müßte: ‹Es gibt auch keine Gerechten!›»[46] Die Reflexion muß daher den Spielraum menschlicher Freiheit prüfen, ohne den Schuld nicht sinnvoll thematisiert werden kann.

10. Der Garten:
Selbstüberhebung zur Gottgleichheit

Unerschöpflich ist die Geschichte der ersten Schuld (Gen 3). Sie ist um so schrecklicher, je lieblicher der Ort des Geschehens ist. Die erste Landschaft der Schuld ist ein Garten. Im Persischen heißt er Paradies, Bild für menschenfreundliche Ordnung der Natur, für überschaubare Welt, dem Menschen gehöriger Raum, ausgespart aus dem Unlebsamen, Lebenverweigernden. Garten ist Raum für das Kind, den Anfang, in dem Leben sich geordnet lernen läßt: gebändigte Fülle, geheimnisvolles Alles, Heimat im Unheimlichen. «Im Anfang war der Garten. Die Kindheit war der Garten. Ohne Anfang und Ende, ohne Zaun und Grenze, ein Rauschen und Rascheln, golden in der Sonne, lichtgrün im Schatten, tausend Stockwerke hoch – vom Heidekraut bis zu den Kiefernwipfeln; im Süden der Brunnen mit den Kröten, im Norden weiße Rosen und Pilze, im Westen mückendurchsirrtes Himbeergestrüpp, im Osten Heidelbeeren, Hummeln, das Steilufer, der See, die Stege.»[47]

Daß dieser herrliche, liebliche Raum aber Raum des Erschreckens wird, ist das Merkwürdige. Das Schreckliche dringt nicht von außen ein, es sitzt im Herzen und Kern des wundervoll Umzäunten. Daß das Unheimliche mitten im Heimlichen wartet, ist um vieles schlimmer, als es von draußen andrängend zu wissen.

---

46 Iwan S. Turgenjew, Genug. Ein Abschnitt aus den Aufzeichnungen eines verstorbenen Malers, in: ders., Erzählungen 1857–1883. Gedichte in Prosa, Darmstadt (WBG) ²1998, 182.

47 Tatjana Tolstoja, Stelldichein mit einem Vogel, Frankfurt 1989, 7.

Der Mythos vom Garten wird im nachhinein erzählt, schon in Kenntnis des Schauders; kann man mit ihm überhaupt noch die Reinheit des Anfangs erreichen? Immer schon scheint das Paradies vom Schrecklichen bewohnt. Birgt nicht die Landschaft des Ursprungs schon die erste tückische Entschuldung – und also Schuld? «Ich war's nicht, du gabst mir die Frau» – «ich war's nicht, die Schlange sprach.» Adam gibt die Kette der Schuld zurück an Gott; Eva gibt sie zurück an den Dämon. Zur Urschuld gehört offenbar konstitutiv die frevelhafte Entschuldung; sie ist selbst tragender Pfeiler des Bösen. Die Unterstellung lautet: Es gebe schon «im Anfang» nur Gut und Böse in unentwirrbarer Zweiheit, den Doppelursprung für uralte Verkehrtheit.

Das biblische Konzept setzt dagegen ein klares Nein: Im Unterschied zu vielen Mythen der Urschuld, wo die Weltenschöpfer (auch im Plural) selbst Gut und Böse mischen, wo Götter und Teufel in wechselndem Gestaltwandel in den jeweils anderen hinübergleiten, weiß die biblische Genesis vom reinen, geglückten Anfang, vom mehrfach bestätigten, truglosen «Gutsein» (tow) der Schöpfung. Im Anfang (bereshit), wörtlich: im Haupt, im Prinzip, herrscht keine Zweideutigkeit, sondern die Eindeutigkeit des Guten; nicht ist Gott selbst schon der Dämon, nicht das Böse schon ein Modus des Guten, wie es die Polaritäten von Hell und Dunkel, von Yin und Yang nahelegen.

Vielmehr: Das Gute bedarf des Bösen nicht zu seiner Kontur, wird nicht erst mittels einer Gegenkraft schöpferisch-dynamisch. *Bonum est index sui et mali* – in Abwandlung von Spinozas Wort, das Wahre zeige sich selbst *und* sein Gegenteil an.[48]

Es ist von elementarer Wichtigkeit, die Selbstmächtigkeit des Guten als Freisein von einer Gegenmacht anzusehen. Dem widersprechen gewichtige Namen der europäischen Geistesgeschichte, ja viele außerbiblische Schöpfungsmythen und Götterkämpfe: Erst

---

48 Baruch Spinoza, Brief an Albert Burgh, in: ders., Briefwechsel, Hamburg (Meiner) 1977.

Krieg und Widerstreit scheinen Dynamik auszulösen. Gnostisch gesehen wären Gottheit und Dämon in der Wurzel verschwistert, wäre die Unschuld nicht ohne Schuld zu denken, der reine Anfang schon im Unreinen verankert – so wie sich die Lotosblüte aus dem Sumpf emporhebt. Setzt nicht auch die Bibel diese Anschauung nochmals in Kraft, wenn sie den uranfänglichen Schöpfer dem Urwasser und dem *tohuwabohu* der Urerde schaffend entgegenhält (Gen 1, 2)? Kann dagegen tatsächlich die wirksame Eigenkraft, *autarkia*, des Guten als einziger Quellpunkt des Ganzen gesetzt werden?

Schelling verneint dies auf der Grundlage von Jakob Böhme[49], und auf derselben Grundlage setzt Hegel (wie später Scheler) die Dialektik des Guten und Bösen als Movens des Göttlichen an, als treibendes Moment einer innertrinitarischen Entwicklung, die solche Unterscheidungen letztlich indifferent überbietet und «aufhebt». Wie das Dunkel im Kern der hellen Kerzenflamme – so das von Jakob Böhme gewählte eindrückliche Bild –, so sei das Böse schon im Prinzip des Guten mit angelegt: die Doppelwurzel des Daseins lasse sich nicht davon abschneiden, es sei denn um den Preis der Infantilität oder Unentwickeltheit des Spannungslosen. Schuld gehört in diesem Sinn zum Fortgang einer Reifung, einer Ent-Wicklung des angeblich Einen, Ungebrochenen; sie gehöre zur Selbsterkenntnis – und wird von daher (fast) schon entschuldet. Unschuld wird zur bloßen Vor-Schuld, ist selbst kein Eigenwert. Unschuldig-schuldig zeigt Sophokles den Menschen: Unwissend mordet Oedipus den Vater und schändet die Mutter, bricht Antigone das Gesetz des Staates und wahrt doch das Recht des Blutes, rächt Orest den Vater, indem er die Mutter erschlägt.

Dagegen setzt die biblische Genesis den reinen Anfang der sechs vollen, einzigartig gelungenen «Tage», der Weltzeiten, deren Voll-Endung Gott selbst Ruhe gewährt, Ruhe im Sinn des nicht zu

---

49 Vgl. H.-B. Gerl-Falkovitz, Einführung in die Philosophie der Renaissance, Darmstadt (WBG) ²1994, Kap. über Böhme.

Verbessernden, der Ankunft im Endgültigen.[50] Das gilt in gesteigertem Maß vom letzten Geschöpf: «Der Mensch war mit einer Schönheit geschmückt, die allen anderen schönen Dingen überlegen war. In der Tat: Was anderes hätte schön sein können im Vergleich zu dem, was der reinen und unvergänglichen Schönheit ähnlich war? [...] Als Widerschein und Bild des Ewigen Lebens war er wirklich schön, ja sogar äußerst schön, mit dem strahlenden Zeichen des Lebens auf seinem Antlitz.»[51]

Damit verschwindet biblisch die Schuld aus dem reinen Anfang, den sie nicht einmal als Schatten begleitet; sie gehört tatsächlich nur einem folgenden (schlimmer noch: unnötigen) Bruch zu, nicht ist sie zwingend mit dem Dasein verbunden, erst recht nicht mit *elohim*, dem Schöpfer selbst, der im Plural mit sich spricht, sich berät und sein Werk lobt. Vielmehr beruht Schuld auf einem sekundären Willen, auf einer Eigensteuerung ins Abtrünnige. Sünde ist vom Wortsinn her Sonderung, nicht Dynamik; Unterbrechung des Kraftstroms, Lähmung der Energie, nicht schöpferischer Ansporn.

Paul Claudel setzte vor sein Weltdrama *Der seidene Schuh* das lakonische große Motto *etiam peccata*: «*auch die Sünden*» würden göttlich zu einem unerwarteten Sinn umgewidmet.[52] Das ist grundsätzlich richtig, allerdings verspricht es keinen Automatismus. Eine solche Aussage zwecklich, gar pädagogisch weiterzuempfehlen verfehlt die Härte, ja die Sinnlosigkeit des Neinsagens

---

50 Vgl. Gregor von Nyssa (um 335 – um 400), De hominis opificio 4, PG 44, 136B: «Alles, was Gott geschaffen hat, war sehr gut. [...] Gott, der beste Künstler, formt unsere Natur auf eine Weise, daß sie zur Ausübung der Königswürde geeignet ist. Durch die Überlegenheit der Seele und die Beschaffenheit des Leibes ordnet Er die Dinge so, daß der Mensch wirklich zu königlicher Macht befähigt ist.»
51 Gregor von Nyssa, Homilia in Canticum 1, PG 44, 1020C.
52 Das unterstreicht auch Claudels vorangehendes Motto: «Gott schreibt gerade auch auf krummen Zeilen» – ein portugiesisches Sprichwort, das zweifellos ebenfalls zutrifft, aber eben nicht im Sinne einer Psychomechanik. – *Der seidene Schuh* entstand in den Jahren 1919 bis 1924.

zum Guten. Nimmt man die Sünde nur als unvermeidlichen Reifungsvorgang, kommt es zu dumm-dreisten Umschreibungen einer paradiesischen «Langeweile», als wäre das Greifen nach dem verbotenen Baum ein aus Selbstachtung geforderter, kühner Ausbruch aus einem Marionetten-Dasein, das außer «nackt, vegetarisch, unsterblich» kein Leben zu bieten habe.[53] Ein so plattes Mißverständnis wiederholt den anfänglichen Abfall in zeitgenössisch verkleinerter Selbstgefälligkeit. Darauf läßt sich nur ironisch bemerken: «In dieser Atmosphäre scheint ‹Geschöpflichkeit› ein Relikt vergangener Zeiten zu sein, in denen der Mensch diesen ‹Mut zu sich selbst› noch nicht aufbrachte. Damals mußte er, aufgrund von Abhängigkeiten [...] für Empfangenes ‹danken›. [...] er war gezwungen, mit einem ihn beschenkenden ‹Anderen› zu sprechen, auf das vorweg an ihn gerichtete Wort zu antworten [...] zu ‹beten›.»[54]

---

53 Georg Langenhorst, «Nackt, vegetarisch, unsterblich»: Nachdenken über das Paradies, in: zur debatte 7 (2005), 26f; hier: 27: «Und doch macht gerade das ‹Wissen um gut und böse› den Menschen zum Menschen. Nur so ist er zum Mord fähig, nur so aber auch zur Liebe mit zum Eros und zur Begierde erwachtem Körper wie mit dem eigenständigen Geist [...] Schwer zu entscheiden, was besser wäre: Das Dasein als unsterbliche, entscheidungsunfähige Marionette, ohne Leiden, ohne Tod, ohne Eigenverantwortung – oder eben doch das Leben als moralisches Wesen, mit der Entscheidungsfähigkeit zu Gut und Böse, mit der Anlage zu Haß und Liebe, mit der Fähigkeit, Leben zu geben, dadurch aber auch zu leiden und zu sterben.» Es scheint keineswegs schwer zu entscheiden, wohin der Autor selbst tendiert. Unerfindlich bleibt, weswegen er den Eros als nachparadiesische Qualität ausgibt: sind doch Geschlechtlichkeit und Zeugung/Geburt eindeutig paradiesische Gaben, Gaben des reinen Anfangs. Im «Exil» nach dem Fall sind sie vielmehr – auch erfahrungsgemäß – vergiftet und geschwächt. Thomas von Aquin war der unbefangenen Meinung, die Lust der Menschen vor dem Sündenfall wäre erheblich größer gewesen als danach, wo sie sich nur noch getrübt in Abschattungen finde.
54 Ferdinand Ulrich, Gebet als geschöpflicher Grundakt, Einsiedeln (Johannes) 1973, 11.

Augustinus, auf den die Worte *etiam peccata* zurückgehen, widerlegt sie selbst als oberflächliches Gerede, das unter Paradies offenbar einen defizitären Zustand versteht: «Man erwidert mir: Wenn unser Elend zur Vollständigkeit des Universums erforderlich war, würde – falls wir selige Wesen geblieben wären – das Universum nicht vollkommen geworden sein. Demnach waren auch unsere Sünden *(etiam peccata nostra)*, obwohl durch sie die Seele nur unselig werden kann, zur Vollkommenheit des Weltalls, welches Gott geschaffen hat, notwendig. [...] (Allein wie kann die Strafe für die Sünden gerecht sein, wenn ohne Sünden die Geschöpfe Gottes weder vollständig noch vollkommen sein würden?) – Auf einen solchen Einwand ist zu antworten: Weder die Sünden, noch die daraus entspringende Unseligkeit sind zur Vollkommenheit des Weltalls notwendig ...»[55]

In der Erzählung Genesis 3 wird vielmehr durch den Fall die Nähe zum Ursprung der Kraft gekappt. Schuld bedeutet nicht Steigerung des Selbst, sondern Verfehlung von Beziehung; sie ist grundsätzlich Zerstörung des Du und daraus folgend auch von Selbstgewinn. Es wird wohl zur tiefsten Beschämung des Bösen gehören, daß es sich letzten Endes als ganz und gar überflüssig, nichts befördernd herausstellen wird.

Denn in dreifacher Hinsicht tritt nur Schwächung und Spaltung ein: zuerst die Spaltung von Mensch und Gott, ablesbar am notwendig werdenden Versteck der beiden Menschen; darauf die Spaltung von Mann und Frau, ablesbar an ihrer bewußtwerdenden Nacktheit und Verletzlichkeit; schließlich die Spaltung des Ich in der Scham, sinnfällig im Feigenblatt.

Die Grammatik des Schuldigwerdens ist damit aufs einfachste zusammengefaßt: statt Dasein-für und Mitsein nunmehr ein Ichsein; statt Sich-Gegebensein ein An-sich-Reißen; statt Integrität des Geschlechtes seine Dinglichkeit. Nach einer talmudischen Überlieferung hieß der Baum des Lebens *ezpri*, was bedeutet: «Baum (ist) Frucht», während der Baum der Erkenntnis *ezosipri*

---

[55] Aurelius Augustinus, De libero arbitrio III, 9.

hieß, was bedeutet: «Baum macht Frucht» – er trennt Ursache und Folge, automatisiert und dividiert einen einzigen Vorgang. Denn statt Sich-Empfangen wählen die Ureltern paradigmatisch das Sich-Gegensetzen, statt Sein das Sich-Machen. Ihre Schuld ist die todbringende Beziehungslosigkeit dem tragenden Ursprung gegenüber, und diese Ur-Schuld wuchert in vielerlei menschliche Ebenen aus. Ihre Verzweigungen lauten: künftiges Ungleichgewicht von Mann und Frau; Brudermord der nächsten Generation; Verderbnis der Menschen in der Sintflut-Erzählung; die götzenhafte Hybris der Stadt Babel.

Das Verhältnis zur Wirklichkeit hat sich mit dieser ur-anfänglichen Verstörung umgekehrt: «Alles Bestimmtsein der Freiheit von außen her ist in den Akt ihrer dynamischen Selbstbestimmung aufgesogen; die Welt redet zum Menschen, weil er sich selbst in sie hinein ausspricht, das an sich Stumme durch-wortet und ins Licht seiner Arbeits-Sprache stellt. Endlich ist er ungestört in der Welt ‹daheim›, denn vom ‹Anderen› her wendet *er sich selbst* zu. Niemand redet ‹dazwischen› und verunsichert dieses sein kurzgeschlossenes Verhältnis zu sich selbst. Die Verantwortung ist total, die Freiheit endgültig sich überantwortet und zu einem unbedingten Anfang herausgefordert. Sie braucht sich weder in der Horizontalen noch in der Vertikalen zu verdanken.»[56]

11. Der Acker:
Selbstdurchsetzung im Brudermord

Vom verlorenen Garten wechselt das Bild zum Acker, von der Vorgabe müheloser Ordnung zur Mühsal auf verfluchter Erde (Gen 4, 1–16). Wo zuvor der Baum des Lebens sproßte, treibt das Land nun Dornen und Disteln hoch. Daß dies nicht nur ein kulturspezifisch jüdischer Mythos ist, zeigen noch andere mediterrane

---

[56] Ulrich, Gebet als geschöpflicher Grundakt, 11.

Zeugnisse. Gerade der Ackerbau ist Inbild des immer schon halb vergeblichen Tuns, so sieht es Vergil, der in den *Georgica* sehr wohl auch die Zeiten wundervoller Ernte besingt; und doch ist die Regel eine andere: «So stürzt sich alles zum Schlimmern durch das Geschick und verkommt und findet zum Bessern von selbst nicht. So wie einer den Kahn, mit Mühe dem Strom entgegenrudernd, hinaufarbeitet – doch, sinken ihm etwa die Arme, plötzlich die Flut ihn abwärts reißt, gepackt von der Strömung.»[57] Für den eigenartigen Widerstand der Erde gegen den Menschen und den währenden Kampf des Menschen gegen sie findet Vergil das trübe Wort vom *labor improbus*: «Der Vater des Feldbaus wollte den Weg nicht leicht, [...] schärfend das Herz der Sterblichen durch Sorgen [...]; die Arbeit, die ungute, besiegte alles.»[58] Grimmig und listenreich wird 300 Jahre zuvor bei Sophokles der Mensch gesehen, als Macher und fast Vergewaltiger des Ackers, nahe an der Lästerung: «Die Erde auch, der Göttlichen höchste, schöpfet er aus und wühlt, die Pflugschar pressend, Jahr um Jahr mit Rössern und Mäulern.»[59]

Vom gnadenhaften Dasein im Garten zum fluchbeladenen Werk auf widerwilligem Acker zeichnet die jüdische Genesis den Überschritt (nach dem Willen der Reifungstheoretiker den «Fortschritt»): Auf einem solchen Acker geschieht der erste, alle anderen Morde grundlegende Mord am eigenen Bruder. Wie lakonisch leicht wird er eingeleitet: «Gehen wir aufs Feld!»[60] Nach der Untat trägt der Ackerboden nicht allein Unkraut, trägt nicht allein die Erinnerung an das eigene staubverfallene Dasein, er birgt auch Blut und verwahrt dessen Schrei.

Auch hier wäre eine frevelhafte Entschuldigung denkbar: Weshalb wurde Kains Opfer aus abgerungenen Feldfrüchten verschmäht

---

57 Vergil, Georgica/Vom Landbau, lat.-dt. hg. v. Heinrich Naumann, München: Goldmann 1970, 41.
58 Ebd., 37ff.
59 Sophokles, Chorlied aus der Antigone.
60 Gen 4, 8.

und Abels Lamm-Opfer von Gott angenommen? Ist der begründungslose Vorzug des Nachgeborenen vor dem Erstgeborenen, des Hirten vor dem Ackerbauer mit der je gewaltigeren Mühe, nicht gegebener Anlaß zum Neid? Deutet die Schuld Kains nicht erneut auf Gott selbst, den zum Unrecht reizenden, zurück?

Nachdenklich muß stimmen, daß gerade der Brudermörder zum ersten Städtebauer wird. Hat die Stadt mit Mord zu tun? Und was wird darin erschlagen? Weitergefragt: Hat die Stadt auch mit der Abarbeitung, der Tilgung von Mord zu tun? Etwa daß Ackerbauer und Städtebauer versuchen, mit Hilfe menschlicher Kultur den Fluch abzuschwächen?

Die Frage ist um so nachdenkenswerter, als auch der Mythos von der Gründung der Stadt aller Städte, der großen Roma, einen Brudermord voraussetzt: Romulus erschlägt den Zwilling Remus, als dieser lachend über die noch winzige Stadtmauer hinwegspringt, die Anstrengung des Bruders leichthin verhöhnend. Auch hier rächt sich der Mühsame am weniger Bemühten. Und doch erwächst daraus die Mitte der Welt, *urbs orbis*. So ist die Stadt zweideutig, ihre Kultur entringt sich einem brüchigen und blutgetränkten Boden. Damit wäre Kultur selbst schuldbeladen, aber andererseits Antwort auf Schuld.[61]

Diese Belastung der Stadt mit ungesühnter Untat besetzt die biblische Genesis mit einem weiteren Mythos: dem Turmbau zu Babel, der zur Stadt der Wirrsal (*bilbul*), zum Nichtmehrverstehen der Sprachen und Kulturen führt.

---

61 Zu erinnern wäre hier an Freuds Deutung der Kultur als einer immer schon verlustreich dem wilden Dasein abgerungenen Leistung, deren Preis ein währendes Unbehagen ist. Vgl. VI, 22.

12. Die Stadt:
Selbstherrlichkeit des Kollektivs

Wie der Garten ist die Stadt eine menschliche Enklave. Außerhalb ihrer Setzungen herrscht für die alteuropäische Welt die Gesetzlosigkeit, das Asoziale: «Ehrt des Landes Gesetze er und der Götter beschworenes Recht – hoch steht dann seine Stadt. Stadtlos ist er, der verwegen das Schändliche tut.»[62] Außerhalb der Mauern, so auch die römische Überzeugung, leben die *agrestes*, die *silvani*, die Bauern und Wäldler, nicht unähnlich den Bären, unkultiviert, mit dem nackten Überleben beschäftigt. Überleben aber ist die schwächste Form von Leben. Nur der *urbanus* kann als urban gelten, nur in der *polis* oder *urbs* gelingt Leben als menschliches, geselliges, das sich über den rohen Bedarf hinaus den Künsten und Musen öffnet. So ist die antike Stadt in ihrer Anlage nach den vier Enden der Welt wie im römischen Imperium das Symbol des geordneten, verläßlichen Eingerichtetseins, auch schon sinnlich wahrnehmbar durch den *Omphalos*, den architektonischen «Nabel», der häufig in der Stadtmitte aufgerichtet wurde und heute noch im Obelisk auf dem Petersplatz in Rom sichtbar ist – freilich in Trastevere, jenseits des Tiber, wo die neue Ordnung der Welt gegen die alte imperiale aufgerichtet wurde.

Allerdings: «Wenn der Herr nicht baut, bauen die Bauleute umsonst.»[63] Denn humane, kultivierte Ordnung kann auch das sein, was in dieser durchaus bedingten Welt nur vordergründig greift, keineswegs aus der schöpferischen Tiefe heraus ordnet, vielmehr sogar – aus Motiven der Ordnung – tötet. So ist das Hohelied der Stadt trotzdem unterlegt von Zweifeln.[64] Im griechischen Mythos des Prokrustes steht vor der Stadt ein Bett, auf das die

---

62 Sophokles, Chorlied aus der Antigone.
63 Ps 127, 1.
64 Vgl. Theresia Heimerl, Ort der Sünde – Ort der Verheißung. Babylon, Rom und Jerusalem als Paradigmen christlich-abendländischen Stadtverständnisses, in: zur debatte 3 (2006), 7f.

Fremden, die Nicht-Städter, gelegt werden. Sie werden entweder gestreckt oder an Kopf und Füßen gekürzt: In die Stadt gelangt nur der Durch-Schnitt, genauer: die Toten, deren Eigenheit abgehauen, kastriert, bereinigt ist. Die Stadt kann vordergründige Ausflucht vor der Freiheit sein: Zerstückelung des Lebendigen nach der Norm; Ordnung als eine Stätte des Sich-Verbergens, Angst vor der Freiheit des Selbstseins.

In der chassidischen Überlieferung entspricht dem ein Tisch, der vor den Städten Sodom und Gomorrha aufgebaut ist: Auch hier wird Maß angemessen, wieder werden nur Tote in die Städte der Unzucht eingelassen. Unzucht meint nicht im engen Sinn Schamlosigkeit im Geschlechtlichen, sie meint im umfassenden, treffenderen Sinn Entfremdung, Zwang zur Aufgabe des Eigenen, Überstülpen des fremden Willens, Vergewaltigung der Personalität: durch Eingehenmüssen (oder Verschwindenwollen?) ins Einerlei.

So wird «Bauen» auch Symbol für Selbstverwahrung, Abschottung, endgültiges Zuhausesein. Eben für einen Immanentismus, der kein «Drüben» und «Darüber» mehr will, sondern sich selbst ins Unendliche hochzieht – wie im Turmbau von Babel (Gen 11, 1–9).

«Der Prozeß der Zivilisation, unserer Art von Zivilisation, bedeutet, daß die Welt dichtgemacht wird. Ein Tor nach dem anderen, das bisher nach draußen führte, hinaus aus der Gesellschaft, der Geschichte, der Politik, der Rationalität, wird geschlossen. Zum sinnvollen Raum möglicher Negationen wird schließlich das vollkommene Rund der universalen Diskursgemeinschaft und ihrer Intersubjektivität. Das ist zugleich die Intersubjektivität der einander endlos bespiegelnden endlichen Träger von Interessen in einem fugenlosen Raum der Empirie. Die einst schwindelerregende Flucht der Vergangenheit über die Grenzen der Welt hinaus ist zur Museumsstraße verflacht und entschärft, der Mythos zur Moral eingeebnet und auf den handelsüblichen egoistischen Nenner gebracht. [...] Der Türsteher bei Kafka schließt am Ende das Tor, er ist ein Agent jener grausam geballten Machtsphäre, die dem Menschen einen Ausweg und eine Freiheit bloß vorspiegelt, um ihn um so besser in die Gefangenschaft der Welt bannen zu können.»[65]

Diese undurchdringlichen Gehäuse des Diesseits verführen dazu, Erlösung zur Endlösung zu verfälschen, die Apokalypse in den Terror des Unbedingten und Endgültigen umzusetzen.[66] Das Diesseits erhält seine Kraft nicht mehr vom Jenseits.

Der spanisch-hebräische Kommentator Abraham Ibn Ezra (1092–1167) sieht in der Stadt Babel einen weiteren Akt selbstischer Verwahrung: vor allem den Wunsch nach Zusammenballung, um nicht über die Erde zerstreut zu werden; damit aber wirken die Menschen gerade nicht auf die von Gott gewünschte Oikumene, die Bebauung des Ganzen, hin.[67] In Konterkarierung des Gewünschten dezentralisiert sich daher ihre Sprache.

Die einsetzende Sprachvermehrung – Babel gelesen als *bilbul*, Verwirrung – quantifiziert folgerichtig die Sprachen: Das Einfache wird zum Vielfachen. Aber aus vielerlei *quanta* entsteht noch kein durchgeformtes *quale*. Weder ist Einheit ein Einerlei noch die schöpferische Vielheit ein Vielerlei. Der im Bau manifestierte Wille zur politisch-sakralen Einheit kippt ins Wirre. Es ist die Frage, ob eine solche Stadt überhaupt noch Raum für das Göttliche – als das unterscheidend andere – läßt. Das unterscheidend andere wird vielmehr zum Gegenstand der Furcht. Die Antwort, die Jona auf die Frage der verstörten Schiffsleute gibt, die in ihm zu Recht ein Ziel des göttlichen Zorns wittern: «Wer bist du?», lautet: «Ich bin ein *Iwri*.» Der unfreiwillige und unwillige Prophet gibt sich zu er-

---

65 Peter Strasser, Journal der letzten Dinge, Frankfurt (Suhrkamp) 1998, 238.
66 Vgl. Peter Groß, Jenseits der Erlösung. Die Wiederkehr der Religion und die Zukunft des Christentums, Bielefeld (Transcript) 2007, und die zugehörige Rezension von Friedrich Wilhelm Graf, in: NZZ vom 11./12. 8. 2007.
67 Hinweis von Schalom Ben-Chorin, a. a. O., 22.

kennen als ein *Iwri*, so die Urform von «Hebräer», wörtlich: als «einer von der anderen Seite (des Flusses)»[68], und als solcher muß er auch ins Meer gestürzt werden.

Zeichenhaft vollziehen sich später Geburt und Tod des Messias, auch eines *Iwri*, jeweils außerhalb der Stadt: Geboren wird er auf den Feldern vor Bethlehem, sterben muß er auf der Schädelstätte vor den Mauern Jerusalems. Beide Male wird er ausgesondert und hinausgeworfen aus der Gemeinschaft der *polis*, während die Stadt, Ort der verborgenen Mörder, die Wasserbecken für saubere Hände bereithält. Bewußte Immanenz kennt nur die Transzendenz angeblich verrückter oder krimineller Abweichler.

---

[68] Jona 1, 9.

IV
VERTIEFUNGEN:
SPIELRAUM ZWISCHEN SCHULD UND SÜNDE

13. Schuld als tödliche Beziehungslosigkeit:
Der jüdische Schuldmythos

Schon im antiken Judentum wird in den Genesiserzählungen die Schuld des Menschen im Bruch der entscheidenden, das Leben tragenden Beziehungen gesehen. Es denkt – auch im Bereich der Schuld – Dasein als Relation. Dieser Charakter eines dynamischen Relationsdenkens verleiht dem Judentum seine besondere Kontur gegenüber einem Denken aus der Idealität oder aus der Substanz heraus, aus dem Feststehenden der Idee, aus dem Bleibenden des Seins, wie es für Platon und Aristoteles wichtig wird. Vereinfacht könnte man von einer jüdischen Relationsontologie gegenüber einer griechischen Substanzontologie sprechen.[69] Allerdings ist eine zu einfache Gegensetzung oder ein Gegeneinander-Ausspielen der beiden Traditionen unsinnig und höchst fragwürdig: «Sind wir Juden? Sind wir Griechen? [...] Wir leben im Unterschied des Jüdischen und des Griechischen, der vielleicht die Einheit dessen ist, was man Geschichte nennt.»[70]

---

69 Die Unterscheidung verdankt sich Heinrich Rombach, Substanz – System – Struktur, Freiburg (Alber) 1965/66. Über die christliche Trinitätstheologie wird das jüdische Relationsdenken letztlich auch für die europäische Philosophie fruchtbar, insbesondere seit Nicolaus Cusanus und von dort über Hegel bis zur Gegenwart. Insofern arbeitet gerade das Christentum mit beiden Quellen des Denkens, der jüdischen und der griechischen. – Vgl. auch Thorleif Boman, Das hebräische Denken im Vergleich mit dem griechischen, Göttingen ³1959.
70 Jacques Derrida, Die Schrift und die Differenz, Frankfurt (Suhrkamp) 1976.

Jedenfalls reicht im jüdischen Denken der Bruch von Beziehung in eine ausdrückliche anthropologische Verfaßtheit hinein (auch wenn sie nicht als Erbsünde bezeichnet wird) und ist nicht mit einer bloßen zufälligen Alltagsverfehlung gleichzusetzen. Verwirklicht wird der Bruch willentlich, zurechnungsfähig.

Schon die biblische Genesis, die im 6. Jahrhundert v. Chr. ältere Überlieferungen überformend festhält, baut als Grundaussage eine ungeheure Beziehung zwischen Schöpfer und Mensch auf, dichter, als sie von jeder anderen Ursprungs-Erzählung behauptet wird. Zwischen sich selbst und dem besonderen Geschöpf des letzten Werk-Tages stiftet der Schöpfer eine grandiose Ähnlichkeit: sein eigenes «Ebenbild», *zelem*.[71] Mythisch wird die geheimnisvolle Schlange die überraschend geschenkte Nähe unmerklich verdreht anbieten: «Ihr werdet sein wie Gott» – ein überzogener Satz, der aber offensichtlich die Stelle der Versuchbarkeit, also eine plausible Scheinwahrheit präzise trifft. Die Relation zum Schöpfer wird durch angeblich selbsteigenen Ursprung abgelöst: Adam und Eva stehen in diesem Ursprungsmythos für die Menschheit als ganze, nicht für historische Individuen. Schuld wird sichtbar als Folge verfehlter, im «Raub» angeeigneter Gottähnlichkeit, als Folge irrwitzig gehandhabter Freiheit, als Lust der Überheblichkeit. Augustinus generalisiert knapp: Schuld sei «die bis zur Verachtung Gottes gesteigerte Selbstliebe»[72].

Am Boden der Schuld liegt die verschwendete, göttlich-große Möglichkeit, Sein Ebenbild zu sein, das eigene Antlitz rückhaltlos aus einem göttlichen Anfang zu schöpfen. Statt dessen werden Adam und Eva zu ihrem anderen Anfang zurückkehren, «zum Erdboden, von dem der Mensch genommen ist»[73], und zu dem vorgängigen Nichts. Diese Schuld wird ursächlich mit

---

[71] Gen 1, 28.
[72] Aurelius Augustinus, De civitate 14, 28.
[73] Gen 3, 19. Adam ist abgeleitet von *adamas*, roter Erde, daher auch Bubers Übersetzung von Adam mit «Erdling».

Tod und Verwesung verknüpft und damit «abgezahlt», begleitet von weiteren Folgen: der nunmehr währenden, konstitutiven Spannung zwischen Mann und Frau, lakonisch: zwischen seiner «Herrschsucht» und ihrer «Begierde»[74].

14. Exkurs: Was der Fall ist.
Eine klassisch-theologische Auslegung:
Hildegard von Bingen

Dieser jüdische Schuldmythos findet unzählige Deutungen. Eine kraftvolle Reflexion der verstörten Beziehung sei herausgegriffen: bei Hildegard von Bingen (1098–1179), die als Philosophin und Theologin des 12. Jahrhunderts vorliegende monastische Traditionen zusammenfaßt und zu einem *locus classicus* der Deutung der Urschuld verdichtet.[75]

In Hildegards Kosmologie ist zunächst alles mit allem liebend verbunden, nichts fällt heraus – außer was herausfallen *will*: so der «schwarze Engel» und der unsichere, unruhige Mensch. An ihm zeigt sich das, was «der Fall» ist, der zur Tragödie des Kosmos führt: der Fall menschlicher Anti-Symphonie, der unerwartete, alltäglich werdende Mißton in der Schöpfung. Es geht um die rätselhaften Zerstörer und Zerstörten der Schöpfung und ferner darum, ob sich an diese Zerstörung jemand wagt, ob ein Richter im Sinne von Aufrichten und Geraderichten ihr gewachsen ist. Ein Drama findet statt, dessen ebenso blinder wie dreister Protagonist der Mensch ist. Dieses Spiel sieht Hildegard – wenn man in «Spiel» sowohl die Symphonie der Welt als auch

---

74 Gen 3, 11–13. Vgl. Romano Guardini, Anfang. Meditationen über Genesis, Kapitel I–III, Würzburg (Werkbund) 1961.

75 Zu Hildegards solider Verankerung in der patristischen und monastischen Tradition vgl. Viki Ranff, Wege zu Wissen und Weisheit. Eine verborgene Philosophie bei Hildegard von Bingen, Stuttgart/Bad Cannstatt (frommann/holzbog) 2001.

das *Verspielen* und die Trauer des Versagens mithört. «Immer haben wir den Geschmack des Paradiesesapfels im Munde»[76], den Geschmack der Empörung.

Tatsächlich ist nach Hildegard in die gesamte Welt Wirrnis eingetragen, ja Schrecken. Der vertrauende Blick auf das Netzwerk der Freundschaft, auf Symphonie und Sympathie des Ganzen, sieht nur die ursprüngliche Konzeption, nicht die Realität. Wohin ist diese Realität abgestürzt? Es geht nicht um diese oder jene zufälligen Verstörungen, sondern um ihre Quelle. Weshalb sind die Geschöpfe des Guten in einer guten Schöpfung überhaupt verwundbar, und an welcher genauen Stelle sitzt die Urwunde? Weshalb wurde der Mensch «mit starker Macht aus dem leuchtenden Land vertrieben»?[77] Hildegard sieht durch vielerlei vordergründige Verletzungen eine ungeschützte Flanke. Tiefer noch: Sie sieht die Flanke *notwendig* ungeschützt, weil Gott sonst sein Geschöpf merkwürdigerweise verkleinern würde. Der Mensch selbst müßte sich – falls Gott ihm derartig «Hilfreiches» aufzwingen würde – gegen jedes Eingreifen verwahren.

Entscheidend ist für Hildegard, daß das Gewebe der Welt nirgends schadhaft, vielmehr in starker Zuneigung gewoben ist. Und trotzdem findet sich darin jene Stelle, die Gott nicht festlegen konnte und wollte: die Stelle, an welcher die Geschöpfe *freiwillig* ihren Ursprung anerkennen. Hier sitzt die Möglichkeit der Urwunde. Hätte Gott diese freie Zuneigung ausgeschlossen, so hätte er statt der Menschen (und Engel) Imitate, Willenlose vor sich – was bedeutet aber die Liebe von Automaten? Die wirklich souveräne Liebe sehnt sich nach der Freiheit, dem Selbstsein des anderen – und das ist ihre Verletzlichkeit. Grenze also nicht der Allmacht, sondern von innen aufgerichtete Grenze der Liebe. «Mit der Macht deiner überaus herrlichen Kraft überwältigst

---

76 Der Mensch in seiner Verantwortung. Das Buch der Lebensverdienste, übers. u. erläut. v. Heinrich Schipperges, Salzburg 1965, 272.

77 Epistolae. Opera omnia S. Hildegardis, Patrologia Latina 197, Paris 1855 und 1882, 239A.

du niemand.»[78] Hier liegt die offene Flanke, Gottes ebenso wie des Menschen: Statt Du und Ich zu sagen, sagt der Mensch (mit dem schwarzen Engel) nur Ich und Ich allein. «Warum soll ich mich um etwas kümmern außer um mich selbst? [...] Was wäre das für ein Leben, wenn ich auf alle Stimmen der Freude und der Trauer antworten wollte? Ich, ich weiß nur von meiner eigenen Existenz.»[79] Eben dies war der Fall des Lichtträgers und seiner Mitgeschöpfe, «die aus sich selbst etwas sein wollten. Denn als sie ihre großartige Herrlichkeit und glanzvolle Schönheit in funkelnder Fülle aufstrahlen sahen, vergaßen sie ihres Schöpfers.»[80] In furchtbarer Wiederholung ist es auch der Fall des Menschen, «der sich anmaßend selbst das Gesetz gibt, so als ob er sein eigener Gott sei [...]; dann tritt er in sich jene Liebe mit schmerzlicher Bitterkeit nieder.»[81]

In religiöse Sprache eingekleidet ist darin getroffen die Vergessenheit des eigenen Ursprungs und die Krümmung auf sich selbst. Gerade die gegebenen und als selbstverständlich angenommenen Kräfte, nämlich Stärke und Eigenstand, verlocken zur Abspaltung vom Ursprung. «Als sie in ihrem eigenen Licht erwachten, haben sie mich vergessen.»[82] Die Berauschung am eigenen Licht verdrängt die Wahrheit, daß jeder Versuch, aus sich selbst zu sein, auf die Länge tödlich endet. Als wäre der Mensch ein kreisendes Rad, dessen Nabe an eine Bewegung angeschlossen ist – er aber hält das Kreisen für autonom und löst die Nabe von der Bewegung. In Hildegards Bildrede wird das Rad taumeln und stürzen – nur

---

78 Scivias, hg. v. Adelgundis Führkötter und Angela Carlevaris, Turnhout 1978, III, 5.
79 Liber vitae meritorum: die Stimme der «Hartherzigkeit»; zit. nach Heinrich Schipperges, Hildegard von Bingen und unsere Zeit, Frankfurt 1981, 161.
80 Welt und Mensch. Das Buch ‹De operatione Dei›, übers. u. erläut. v. Heinrich Schipperges, Salzburg 1965, 29.
81 Scivias III, 5.
82 Ebd., III, 1.

noch von Sünden «umhergewälzt ohne festen Stand»[83]. Weniger technisch ausgedrückt: Wirklicher Halt liegt im Gehaltensein. Jeder Mensch trägt mitgeteilten Ursprung in sich, aber nicht als selbsteigenen, sondern als Lehen und Gabe. Übrigens mit aller Leichtigkeit und Selbstvergessenheit der Gabe. In einer Vision sah Hildegard das Leben in einer gesammelt in sich ruhenden, wundervollen Frauengestalt, welche in einem feurig kreisenden Rad stand und einen blühenden Zweig in der Hand hielt. Überhaupt wird der Mensch am Ende der Zeiten dem goldenen Kreis eines Rades gleichen.[84] Er aber wittert in solch zufließender Energie Demütigung, Unterwerfung, den eifersüchtig Größeren, der sich im Dank des Kleineren spiegeln will: die uralte Zweifelsucht, ob der Geber es auch gut meine und nicht die Gabe nur aus Berechnung, zur Selbsterhöhung gebe. So reklamiert der Mensch alles, was Gott ihm frei zuleitet, für die eigene Erhöhung, hält wie einen Raub fest, was heiter und großzügig geschenkt war. Ja, er ersetzt das Geschenk mit jener harten Mühe, die allem Nichtschöpferischen anhaftet: indem er bis zum Irrsinn in Drehung hält, was Schwung und Hauch des Geistes von oben sein könnte, anmutig, schön, glänzend. «So ist die ganze Natur des Menschen verdreht oder verkrampft.»[85] Dieses Verwerfen Gottes zugunsten der eigenen Kraft ist die düstere Signatur von Hildegards Anthropologie. «Wie ja auch die Seele Selbstmord begeht, wenn sie nicht mehr Gott anzuhangen versucht.»[86]

Was hier in religiösen Bildern ausgedrückt ist, soll im folgenden weiter phänomenologisch analysiert werden.[87] Zunächst aber zu einer tieferen Freilegung von Schuld und einem neuen Exodus aus der «Scheol» des Verfallenseins.

---

83 Liber vitae meritorum. Nova S. Hildegardis Opera, hg. v. Johannes Baptista Pitra, Monte Cassino 1882, 168.
84 Schipperges, Hildegard, 162.
85 Scivias II, 3.
86 Welt und Mensch, 194f.
87 Vgl. das Kapitel über den Lebensbegriff nach Michel Henry.

15. Die Bergpredigt Jesu:
Neuer Horizont der Schuld und Schuldfreiheit

Die Predigt Jesu «auf dem Berge» steigert das Schuldverständnis des biblischen Denkens zu einer bis dahin unbekannten Differenzierung. Der Dekalog, der ebenfalls «vom Berge» kam, stand durch seine Präambel im Zeichen der Freiheit: «Ich habe dich aus dem Land Ägypten, aus dem Sklavenhaus, herausgeführt.»[88] Nur aufgrund dieser Freilassung der Gefesselten ergibt sich die Möglichkeit geordneten Tuns, nicht zerstörerischen Daseins. Wer weiterhin frei sein will unter Freien, wer der versklavenden Kette von Begierde, Stillung und neuem Habenwollen, der Stumpfheit des Ich-Triebes entkommen will, findet im Dekalog zehnfache Orientierung auf Freiheit hin. Vorwiegend geschieht Freiheit hier in Form von Versagungen[89], also in einem Freiwerden *von*; Buber übersetzt zutreffend mit «Weisungen». Demnach ist der vom Zehnwort Eingewiesene ein «Diener von Königen», nicht ein «Diener von Dienern».

In den fünf Antithesen der Bergpredigt (Mt 5, 21–48) wird der durch den Dekalog eröffnete Freiheitsraum noch einmal aufs deutlichste bestätigt und «erfüllt»; er wird zugleich aus einer von außen kontrollierten, sippenbezogenen Verbots- und Unterlassensethik weitergeschrieben auf einen inneren Brennpunkt hin: statt nicht zu töten, nicht die Ehe zu brechen ... gilt es, nicht einmal in Gedanken oder im Unbewußt-Triebhaften Beziehungen zu zerstören. Dieses Klarwerden über die inneren Dunkelheiten, die aus einem in sich selbst verbissenen Interesse (*curvatio in se ipsum*, Augustinus) aufsteigen, ist die neue Forderung.

«Eigentlich ist es das Gottesverhältnis, das einen Menschen zum Menschen macht», so Kierkegaard.[90] Die Bergpredigt Jesu

---

88 Ex 20, 2.
89 Die Sabbatheiligung (3. Gebot) und die Elternehrung (4. Gebot) sind zwar positiv formuliert, verbieten aber mittelbar ein abweichendes Tun.
90 Sören Kierkegaard, Die Krankheit zum Tode. Nachschrift I, SW VII, 206.

verdichtet die entscheidenden Elemente des neuen Gottesverhältnisses in das Bild gleichberechtigter, gleich geliebter Kinder eines gemeinsamen Vaters. «Wir sind Brüder und gehören demselben Geschlecht an.»[91] Insbesondere hier entspringt das Konzept einer neuen Menschlichkeit, und zwar gegen die triebhaft-natürliche Selbstbehauptung sowohl der Wir-Gruppe wie des Einzelegoismus.

Als entscheidendes Novum kann dabei gelten, daß der Appell an das *forum internum*, an die nicht von außen justitiable Gewissensentscheidung des einzelnen, zu einer bisher unbekannten *Individualethik* führte. Grundlage der Ethik ist nach wie vor die Thora in der Gestalt einer *Unterlassens-Ethik* («nicht schaden») – auf der Grundlage von Freiheit; sie wird aber radikalisiert zu einer *Tun-Ethik*, die den einzelnen zu einem *optimum virtutis* aufruft: das Äußerste zu tun – auf der Grundlage von Liebe.

Zu diesem Äußersten gehört nicht einfach das Untersagen von Zerstörung von Beziehung, sondern die Erkenntnis der Wurzeln der Zerstörung: in der eigenen Seele, hebräisch formuliert: «im Herzen». Daher rührt die Schärfe Jesu, die nicht einfach einen schon vollzogenen Mord verwirft, sondern von seiner inneren, scheinbar harmlosen, weil «nur gedanklichen» Vorbereitung ausgeht: «Wer seinem Bruder zürnt, wird dem Gericht verfallen sein.»[92] Was übertrieben scheint, nämlich den Ehebruch bereits mit dem «lüsternen Ansehen» beginnen zu lassen[93], wird im Lichte der Tiefenpsychologie und der unbewußten «Formatierungen» völlig plausibel. Auch die ungeheure Forderung nach Verzicht auf Rache, ja, nach dem Hinhalten der anderen Wange[94] verliert ihre scheinbare Maßlosigkeit, wenn man die unkontrollierbare Dynamik von Vergeltung erwägt, das mimetische Zurückschlagen, für das die geschichtliche Erfahrung genügend Beispiele bereit-

---

91 Gregor von Nyssa, De pauperibus amandis, PG 46, 465B.
92 Mt 5, 22.
93 Mt 5, 28.
94 Mt 5, 39.

hält. Allerdings ist hinzuzufügen, daß Gewaltverzicht nur für den unmittelbar Betroffenen und seine Selbstrücknahme gefordert ist: Nicht gedeckt davon ist Tatenlosigkeit im Blick auf andere Opfer oder Leichtsinn im Blick auf mögliche Prävention. Zugleich verbietet sich eine rasche Verurteilung, ja sogar eine Beurteilung des anderen, wiederum im Blick auf sich selbst: Siebenundsiebzig Mal ist ihm zu verzeihen, um im eigenen «Herzen» die Überheblichkeit der Selbsteinschätzung zu unterbinden. Benedikt von Nursia beauftragte in seiner Regel den Abt: »Er hasse die Fehler und liebe die Brüder! [...] damit das Gefäß nicht zerbreche, wenn er den Rost allzu eifrig auskratzen möchte. Er schaue immer mit Mißtrauen auf seine eigene Gebrechlichkeit und denke daran, daß man das geknickte Rohr nicht vollends zerbrechen darf.«[95]

Die Kette der Gewalt durch Nichtvergeltung unwirksam zu machen ist nur die eine (Über)forderung; die zweite besteht in der gebotenen Feindesliebe. Nichtreaktion ist leichter als ausdrückliches Lieben und Tun des Guten.[96] Gerade darin dreht sich der Gewaltautomatismus völlig um. Und diese «Zumutung» steht unter dem Satz von der «Vollkommenheit des himmlischen Vaters»[97]: Sie wird zum Horizont der Entwicklung des eigenen Herzens.

In all dem wird der einzelne, das *Subjekt*, zum Adressaten und Träger aktiven, selbstverantworteten Handelns. Zugleich kommt es in der *objektiven* Zielstellung religionsgeschichtlich erstmals zu einer *Universalethik*, weil ihr Geltungsbereich nicht wie bisher auf die Sippe oder Glaubensgemeinschaft eingeschränkt bleibt, sondern auf *jedes* Gegenüber zielt.

Damit wird der Begriff des Menschen erstmals individuell konstituiert, so daß man gleichfalls, von einem anderen Blickwinkel

---

95 Regula 64, 11ff. Vgl. Augustinus, Sermo 49, 5; PL 38, 323: «Wenn du urteilst, liebe den Menschen, hasse den Fehler. Liebe nicht den Fehler wegen des Menschen, hasse nicht den Menschen wegen des Fehlers. Der Mensch ist dein Nächster. Der Fehler ist der Feind deines Nächsten.»
96 Mt 5, 43–47.
97 Mt 5, 48.

aus, von einer *Individualethik* sprechen kann. Kierkegaard zeichnet diesen von Paulus vorangetriebenen Sprung des Bewußtseins scharf nach: «Der Mensch soll nach der Lehre des Christentums in Gott aufgehen nicht durch ein pantheistisches Verschwinden, nicht durch eine Auswischung aller individuellen Züge in dem göttlichen Ozean, sondern durch eine potenzierte Bewußtheit, ‹der Mensch soll Rechenschaft ablegen für jedes ungehörige Wort, das er geredet hat›, und wenn auch die Gnade die Sünde auswischt, so geht doch die Vereinigung mit Gott vor sich in der durch diesen ganzen Prozeß abgeklärten Person.»[98]

Von daher kommt es in der Bergpredigt zu einem vertieften Schuldverständnis: Wo vorher im Dekalog ein Nein der Abgrenzung stand, steht nun ein breitgefächertes Ja, das Ja des ungeschuldeten, überschießenden Tuns: mit dem Mantel auch den Rock zu geben. In dieser Supererogation erscheint die groß entworfene Freiheit *zu*, die dem eigenen Ausloten unterstellt wird. «Logik der Überfülle» (Ricoeur) wird erstmals sichtbar.

Conscientia, Mitwissen vom Mitsein mit anderen, bestimmt nun eine Ethik des Tuns und Lassens, mehr noch: eine Individualethik, die jeder selbst zu verantworten hat, und zugleich eine Universalethik, denn Tun oder Lassen bleibt nicht eingeschränkt auf den Sippennachbarn oder die eigene Ethnie, sondern erstreckt sich auf das ganze Menschengeschlecht. Aus dem Unverbindlichen holt sie aber konkret der je Nächste heraus, der vor den eigenen Augen unter die Räuber fällt.

Im Schuldverständnis Jesu gibt es anrechenbare Freiheit; sie erst stabilisiert zugleich das Ich des Handelnden gegenüber den magischen Netzen des Schicksals und den unentrinnbaren göttlich-dämonischen Verwirrungen. Geschichte, verstanden als planvolles menschliches Tun, gewinnt damit eine einmalige, nicht mehr zirkuläre Struktur. Die Lebenszeit des einzelnen wird

---

98 Sören Kierkegaard, Resultat oder Wahrheit. Gedanken über das Christentum (1838), übertr. v. Theodor Haecker, in: Prisma 15 (1948), 26.

unumkehrbar, sie wird dem Ernst der Existenz verpflichtet und vom Streben nach dem geschichtlich unwiederholbar Gelungenen geprägt, oder sie dient dem bereuenden Nachholen des geschichtlich Versäumten, Vertanen, Böswilligen.

So erfolgt im Neuen Testament, das die unerschöpfliche Inspiration der Bergpredigt umkreist, zugleich mit der Konstitution des individuellen Gewissens die Unterscheidung von gattungshaft-menschheitlicher Schuld und individueller Sünde, also von Erbsünde als der Disposition und der vollzogenen aktuierten Sünde.[99] Individuelle Sünde verschärft sich insofern, als sie die Schicksalsgemeinschaft mit der Gattung willentlich übernimmt, ja die gemeinsame Verflochtenheit in Schuld bestärkt: «Was heißt denn, Sünder zu sein? Nicht nur gegen einen Menschen oder eine Sache, sondern gegen die ewigheilige Wahrheit und Gerechtigkeit gefehlt zu haben. Nicht nur zum ewigen Sittengesetz, sondern zum lebendig-heiligen Gott im Widerspruch zu stehen. Im Letzten wiederholt die Sünde den alten Angriff Satans: Sie ist der grausig sinnlose und doch bis in die Wurzeln erregende Versuch, Gott herabzusetzen, Gott herunterzuziehen, Gott zu zerstören. So ist die Sünde auch gegen das heilige, gottentstammte Leben im Menschen gerichtet und wirkt sich dann in der Zerstörung des natürlichen Lebens aus. Sie bleibt nicht im Innenraum des Einzelgewissens, sondern wird zur Gemeinschaft von Schuld und Schicksal.»[100], «[...] so daß man, bei aller Verantwortung des einzelnen, nicht mehr nur von der Sünde dieses einen Menschen reden konnte, sondern in der Sünde des einzelnen Menschen das große Gewebe der Menschenschuld ihr immer neues Angesicht gewann.»[101]

Schon durch die Auslegung der Inkarnation beginnt mit dem Christentum eine Anthropozentrik, in welcher der einzelne

---

99 Zum Unterschied von Schuld und Sünde vgl. IV, 18–21.
100 Romano Guardini, Der Herr. Über Leben und Person Jesu Christi (1938), Freiburg (Herderbücherei 813) ³1983, 145.
101 Ebd., 142.

Mensch zum Angelpunkt wird: *homo cardo.* Dieses Denken *aus dem unvertretbar einzelnen und seinem irreversiblen verantwortlichen Tun* überbietet die pure mythisch-zyklische, aber auch die metaphysische Schuldbelastetheit der Geschichte und setzt vielmehr ein dramatisches Verständnis von Geschichte frei, d. h. ein reales Mitwirken des Menschen an ihrem Verlauf und ihrer Verschuldung – aber auch ein reales Mitwirken an seinem Freiwerden aus dem «Sklavenhaus», der «Scheol» der Sünde.

16. Befleckung der Schöpfung: Kosmisches Schuldverhängnis durch den menschlichen Fall

Eine der schwierigsten Konsequenzen der jüdisch-christlichen Anthropozentrik des Daseins führt zu einer Einbeziehung aller anderen, auch der bewußtlosen Geschöpfe in den Fall. Paulus, der größte intellektuelle Theoretiker des Urchristentums, zieht in der theologischen Reflexion die Sünde nicht nur bis zur seelischen (Selbst-)Verletzung des Menschen, sondern auch bis zu seinem physischen Tod durch. Lapidar: «Der Sünde Sold ist der Tod.»[102] Damit hat sich der Mensch gegenüber den Mitgeschöpfen tief verschuldet, denn in geheimnisvoller Weise hängt ihre Vergänglichkeit – allerdings auch ihr Freiwerden – mit dem Menschen zusammen: «Denn das ängstliche Harren der Kreatur wartet darauf, daß die Kinder Gottes offenbar werden. Die Schöpfung ist ja unterworfen der Vergänglichkeit – ohne ihren Willen, sondern durch den, der sie unterworfen hat –, doch auf Hoffnung; denn auch die Schöpfung wird frei werden von der Knechtschaft der Vergänglichkeit zu der herrlichen Freiheit der Kinder Gottes. Denn wir wissen, daß die ganze Schöpfung bis zu diesem Augenblick mit uns seufzt und sich ängstet.»[103]

---

102 Röm 6, 23.
103 Röm 8, 19–22.

Diese Sicht wird von der Patristik übernommen. Ephräm der Syrer (306–373) entrollt die Verfehlung des Menschen bis in den Kosmos: «Und wer sollte nicht darüber weinen, daß Gefallen fanden die Könige an der Knechtschaft, die Freigeborenen an der Sklaverei [...] Leicht ist das zu erkennen, daß es die Menschen sind, die die Geschöpfe häßlich machen; sich selber verunstaltend verunstalten sie auch die Geschöpfe. – Das Fleisch opferten und entstellten sie, die Ehe befleckten und trennten sie. – Das Gold haben sie mit ihren Götzenbildern häßlich gemacht. – Durch den schönen Baum also ist Adam häßlich geworden; auch hat er die Frucht verunstaltet, die man (fälschlich) für schädlich hielt.»[104]

Über die theologischen Reflexionen hinaus zeichnet die Dichtung das schwer Theoretisierbare. So formuliert die Droste mit der Eindringlichkeit des bedrückend Erlebten: «Und dennoch gibt es eine Last, / Die keiner fühlt und jeder trägt, / So dunkel wie die Sünde fast / Und auch im gleichen Schoß gehegt; / Er trägt sie wie den Druck der Luft, / Vom kranken Leibe nur empfunden, / Bewußtlos, wie den Fels die Kluft, / Wie schwere Lad' den Todeswunden. Das ist die Schuld des Mordes an / Der Erde Lieblichkeit und Huld, / An des Getieres dumpfem Bann / Ist es die tiefe, schwere Schuld, / Und an dem Grimm, der es beseelt, / Und an der List, die es befleckt, / Und an dem Schmerze, der es quält, / Und an dem Moder, der es deckt.»[105]

In diesem gemeinsamen Absturz wird beleuchtet, «daß Sünde und Schmerz und Tod im Grunde ein dunkles Ganzes bilden. Dessen Spitze, das, woran die Verantwortung hängt, heißt Sünde. Der Zusammenhang heißt Schuld und Leid. Das Ende heißt Tod.»[106]

---

104 Paradieseshymnen XIII, 4 und XV, 11, zit. nach: Margot Schmidt, Alttestamentliche Typologien in den Paradieseshymnen von Ephräm dem Syrer, in: Franz Link (Hg.), Paradeigmata. Literarische Typologie des AT. I: Von den Anfängen bis zum 19. Jahrhundert, Berlin 1989, 58f.
105 Annette von Droste-Hülshoff, Die ächzende Kreatur (August 1842), in: Sämtliche Werke, Darmstadt (WBG) 1966, 628.
106 Guardini, Der Herr, 142.

Es ist dieser schmerzhafte Zusammenhang, den das Christentum in die notwendige Erlösung mit einbezieht: Sie muß nicht allein als *menschliche*, sondern als umfassend *kosmische* Erlösung erwartet werden. Dies ist um so schwieriger zu reflektieren, als Schuld ohne Freiheit, Schuldfähigkeit nicht ohne Freiheitsfähigkeit thematisiert werden kann. Wie aber könnte man eine unwillentliche und unwissentliche Schuld, unter der «die Kreatur stöhnt», einsichtig machen? Um eine derart komplexe Frage anzugehen, müssen weitere Reflexionen erfolgen.

17. Leidwesen gleich Schuldwesen?

Wie sieht die reflexe Auslegung «Großer Erzählungen» und theologischer Vorgaben aus, entlassen sie einen Ertrag für die Philosophie?

Vertiefen wir die Frage mit einer anderen bekannten Frage, die freilich eine ungewohnte Antwort erhält: Worin liegt der Ursprung der Philosophie? Im Widerspruch zur geläufigen und schöneren platonischen Antwort vom Staunen, *thaumazein*, formuliert der Stoiker Epiktet: Der Ursprung der Philosophie liege im «Gewahrwerden der eigenen Schwäche und Ohnmacht». Karl Jaspers, nicht nur Philosoph, sondern auch Psychiater, erinnert mit diesem Satz Epiktets an die gemeinhin im Alltag überbrückten, verstörenden Tatsachen, die abstrakt beschwichtigt «die menschliche Lage» heißen, *la condition humaine*, die aber unverblümt plötzlich mit solchen Sätzen anspringen: «Ich muß sterben, ich muß leiden, ich muß kämpfen, ich bin dem Zufall unterworfen, ich verstricke mich unausweichlich in Schuld.»[107] Dahinter lauert eine «Unzuverlässigkeit allen Weltseins»[108]; sie irritiert härter, als es der Alltag liebt. Daher: «Auf Grenzsituationen aber reagieren wir

---

107 Karl Jaspers, Einführung in die Philosophie, in: ders., Was ist Philosophie? Ein Lesebuch, München (dtv) 1980, 41.
108 Ebd.

entweder durch Verschleierung oder, wenn wir sie wirklich erfassen, durch Verzweiflung und durch Wiederherstellung: wir werden wir selbst in einer Verwandlung unseres Seinsbewußtseins.»[109] Daß Verlorensein in Selbstwerden umgewandelt werden kann, wäre freilich eine große Lösung – kann sie aber gelingen?

«Mängelwesen Mensch» hieß die Analyse der *condition humaine* nüchtern-empirisch bei Arnold Gehlen. Anders: Die Anthropologie trifft auf das eingewurzelte menschliche Leid am krummen Wuchs, wie Nietzsche es nennen würde, der einer der Verkünder des «prachtvollen Tieres» als des urwüchsigen Menschen war. «Adler und Panther» stehen bei ihm als Vorbild des naiv-vitalen, gelungenen Menschen, und die Schwächlichen und Verletzten, dem Leben nicht Gewachsenen seien dessen Beleidigung. Die markigen Sätze der Lebensphilosophie Nietzsches rühren einen geradezu archetypischen Instinkt an und haben ohne Zweifel auch nicht einfach Unrecht: daß es besser wäre, gesund als krank zu sein, oder um es mit dem gängigen Slogan auszudrücken: besser reich und schön als arm und häßlich. Aber die Normalität lautet gerade umgekehrt: Gebrochensein ist konstitutiv für alles Menschliche, und dies nicht willensabhängig, sondern unvermeidlich. «Leidwesen Mensch» nennt der Bochumer Biochemiker Herbert Schriefers diese Grundbefindlichkeit, unter streng naturwissenschaftlicher Betrachtung der Endlichkeit. Denn Lebewesen, die stoffwechseln müssen, altern.[110] Anthropologisch meldet sich daher die ewig wurmende Frage: Warum ist das menschliche Leben – wie alles Leben – so defizitär angelegt? Mehr aber noch: Wieso geht der Mangel in Schuld über, wie Jaspers behauptet? Ist die Verbindung von Mangel und Schuld zwingend? Ist sie sogar ursächlich zu sehen – worin bestünde dann der «Mangel»?

---

109 Ebd., 40f.
110 Herbert Schriefers, Leidwesen Mensch, in: Volker Becker/Heinrich Schipperges (Hg.), Krankheitsbegriff, Krankheitsforschung, Krankheitswesen. Wissenschaftliche Festsitzung der Heidelberger Akademie der Wissenschaften zum 80. Geburtstag von Wilhelm Doerr, Berlin u. a. (Springer) 1995, 77–91.

18. Dasein selbst als Schuld: ontisch

hamartia, griechisch für Schuld, ist in den Quellen zuerst faßbar in dem Verbum *hamartein* = das Ziel (mit dem Speer) verfehlen, nicht treffen. So in Homers *Ilias*, während es in der *Odyssee* die weitere Bedeutung von «Verfehlen der rechten Worte» und von «Vergessen» annimmt und damit ein geistiges Versagen ausdrückt. In dritter archaischer Bedeutung geht es um das Verfehlen eines kultischen Verbotes ohne willentliche Absicht, um tatsächliche Übertretung ohne Wertung.[111]

Aufschlußreich ist, daß die meisten Religionen in ihren Mythen von einer solchen vorwillentlichen «Zielverfehlung» des menschlichen Daseins ausgehen: Die Empfindung einer vorpersonalen und vorverantwortlichen Unvollkommenheit scheint von «Anfang» an gegeben. Hierin wurzelt die Rede von der «Erbsünde»; Arthur Schopenhauer sprach von einer «schweren Verschuldung des Menschengeschlechts durch sein Daseyn selbst»[112], die gleichermaßen in Christentum, Brahmanismus und Buddhismus anzutreffen sei. Ein berühmter Beleg aus der Vorsokratik, *Fragment 110* von Anaximander, thematisiert solche Schuld sogar auf der Ebene der Dinge: «Die Dinge strafen und vergelten einander gegenseitig ihr Unrecht (*adikias*) nach der Ordnung (*taxin*) der Zeit.»[113] Dieser eigentümliche Spruch führt zu einer Deutung von Schuld als einer seinshaften Schuld: durch Dasein selbst. Denn das Entstehen und Sich-Gestalten aller Dinge nimmt Raum ein, der anderes verdrängt, ja von anderem zehrt, anderes vielleicht löscht, um selbst zu sein. «Alles, was im Schoß der Natur lebt, ist nur auf Kosten eines anderen entstanden und wird eines Tages diesem anderen Platz machen müssen. Die

---

[111] R. Glei, Artikel Schuld I. 1, in: HWPh 8, Sp. 1442f. Das Folgende verweist in manchem auf diesen Artikel.

[112] Arthur Schopenhauer, Die Welt als Wille und Vorstellung II, 4, 48.

[113] Vgl. Martin Heidegger, Der Spruch des Anaximander (1946), in: ders., Holzwege, Frankfurt (Vittorio Klostermann) ⁵1972, 296–343.

Natur gebiert und vernichtet, und es ist ihr gleich, was sie gebiert, was sie vernichtet, wenn nur das Leben nicht aufhört [...] »[114]

Die Etymologie weist «Sünde» als «Sonderung» (vom gemeinsamen Ganzen) aus. «Sünde» meint im Wortsinn also Abtrennung zugunsten von Selbstbehauptung und Eigensein anstelle von Einbeschlossensein. Alltagssprachlich ist die Bedeutung von Sünde und Schuld nicht überzeugend voneinander abzugrenzen.[115] So sind die Dinge durch Dasein schuldig, *weil* gesondert; und doch leistet nach Anaximander die «Ordnung der Zeit» die Aufhebung der Sonderung, indem sie diese ins Vergehen, Verschwinden, Vergessensein zurückzwingt. «Deshalb bedeckt die Natur mit demselben Gleichmut das göttliche Antlitz des Jupiters von Phidias wie jeden einfachen Kieselstein mit Schimmel und überläßt die herrlichsten Zeilen des Sophokles den Motten zum Fraß. [...] Wie könnten wir armselige Menschen, elende Künstler, es mit dieser stummen Macht aufnehmen, die sich nicht einmal ihrer Siege brüstet, sondern nur vorwärts, vorwärts schreitet und alles verschlingt?»[116]

Auch Heidegger stellt Schuld als ein Existential dar, als den nicht hintergehbaren Grund des Daseins, der erst durch den Tod aufgehoben werde. «Dasein selbst ist Schuld.»[117] Dieser Komplex verschränkt sich aus zwei unterschiedlichen Fehlstellen: «Schulden haben bei» und «schuld sein an». Robert Spaemann spricht geradezu von einer «ontologischen Verzeihung», die nötig sei: Verzeihung für diese Art zu sein überhaupt.[118]

Vor diesem Hintergrund sind die indischen Zirkulartheorien für das Lebendige zu lesen: Dasein müsse so lange kreisen, bis es diese Sonderung durch bestimmte Techniken aufhebe, durch

---

114 Iwan S. Turgenjew, Genug. Ein Abschnitt aus den Aufzeichnungen eines verstorbenen Malers, in: ders., Erzählungen 1857–1883. Gedichte in Prosa, Darmstadt (WBG) ²1998, 183.
115 Dazu genauer IV, 18–21.
116 Turgenjew, Genug, 183.
117 Martin Heidegger, Sein und Zeit, Halle 1928, § 58.
118 Robert Spaemann, Glück und Wohlwollen. Versuch über Ethik, Stuttgart (Klett) 1989, 245.

Verlöschen, Entwerden, «Nichten». Im griechischen Denken entspringt demselben Zusammenhang das Empfinden einer «tragischen Schuld», die als Verhängnis, *anankia*, auftrete: Im Netz solchen Schicksals hängen nicht nur die Menschen schuldhaft, sondern ebenso die Götter. Oedipus ist nur die bekannteste Ausformung dieser grundsätzlichen Unfreiheit, die unwillentlich in das Vergehen hineinfallen muß, ohne davon zu wissen, vielmehr entschieden davor ausweicht – Oedipus versucht ja durch geradezu panische Flucht, dem Schicksalsspruch zu entkommen.

Es gibt spiegelbildlich auch die unerwartete, umgekehrte Bestätigung desselben «Schicksalsknotens» durch die gleichfalls unwillentliche und unbewußte Lösung von Schuld. Ein Mythos Indiens erzählt, ein Mann der unteren Kaste habe sich unwissentlich verfehlt, da er zum nächtlichen Schutz vor wilden Tieren auf einen Baum stieg, ohne die Gottheit des Baumes um Zutritt zu bitten. Beim Essen habe er aber, auf dem Baum kauernd, gleichfalls versehentlich seine Schale mit Reis ausgeschüttet, was die Gottheit huldvoll als Sühneopfer annahm. Eine befremdliche Geschichte, deren Grund jedoch un-heimlich ist: Welt ist besetzt von älteren Mächten, deren Einfluß erst zu besänftigen ist, bevor der Mensch Platz nehmen kann.

Was dem modernen Unschulds-Bewußtsein wohl am weitesten entfernt liegt, ist das eigentümliche Verstricktsein auch auf der Ebene von Pflanze und Tier in «Schuld»: Auch hier wütet Leben gegen Leben, stürzt Leben auf Tod, den eigenen und den fremden, zu. Was so gierig lebt, kann nur Grauen ernten. Thomas von Aquin spricht beim Anblick der Schöpfung von einer *discordia naturalis*, einem naturhaften Kampf, wo es nicht nur um Eroberung eigener Lebensräume, sondern unmittelbar um Vernichtung des anderen im Fressen und Gefressenwerden geht – um eine Natur, «an Zähnen und Klauen rot»[119].

---

119 Zitiert nach Alfred Lord Tennyson (1809–1892), der sich in Gedichten über die Grausamkeit der Natur verbreitete.

Literarisch wird das Unheimliche dieses Lebenswillens immer wieder beschrieben, bei der Droste spätromantisch-realistisch: als pervertierte Intensivierung des Lebens im Wasser, als tausendfüßiges Gewimmel und lügnerische Dynamik: «Ein wüster Kübel, wie getränkt / mit schweflichten Asphaltes Hauche, / Langbeinig füßelnd Larvenvolk / regt sich in Fadenschlamm und Lauche, / Und faule Spiegel, blau und grün, / Wie Regenbogen drüberziehn.»[120]

Oder zeitgenössisch-expressionistisch: «Heute noch [...] spüre ich den mächtigen Eindruck *Welt* in einem Blick: das unmittelbar erlebte Kosmische von Himmelsweite, Licht, Luft, Erde und geheimnisvollem Leben: lautlos wucherndem Pflanzenwuchs, unsichtbar wimmelndem Treiben von Myriaden bizarrer Geschöpfe bei der Arbeit am unablässigen Entstehen und Vergehen. [...] Allüberall wimmelte und wühlte es. Schwirrende, dröhnende Ungeheuerlichkeiten tanzten im gärenden Duftgewoge, die Rüssel saugbereit ausgefahren, hin- und hergerissen zwischen Gier und Flucht. In den ungezählten Facetten der monströsen Glotzaugen spiegelte sich die Welt als Wabengitter von Prismaschnitten, Bild für Bild in wahnbesessener Brechung, wiederholt zur möglichst allumfassenden Täuschung, die ‹Leben› und ‹Wirklichkeit› hieß.»[121] Der späte Reinhold Schneider fiel beim Betrachten der «Techniken» von Insekten, ihre Wirte durch Larven von innen her langsam aufzuzehren, in den Unglauben seiner Jugend zurück.[122]

Saturn selbst, älter und machtvoller noch als Zeus, ist der Gott der unendlich kreisenden Zeit: Er frißt seine Kinder nach der Zeugung – Anfangen wird vom Enden verschlungen, Innovationen sind Täuschung, laufen ins Leere, Vergebliche. Zeit wird ein unendliches *quantum* – als solches übersetzbar ins Sinnlose, Richtungslose und: Schulddurchwobene.

---

120 Annette von Droste-Hülshoff, Spiritus Familiaris (Rüschhaus 1842), Sämtliche Werke, Darmstadt (WBG) 1966, 432.
121 Gregor von Rezzori, Der Schwan. Eine Erzählung, München (Goldmann) 1994, 29f und 45.
122 Reinhold Schneider, Winter in Wien, Freiburg (Herder) 1958.

Gier und Angst, Schuld und Dasein sind in ihrer Tiefenschicht unauflöslich ineinander verworren. Das enge sachliche Band zwischen Schuld und Religion, die den Gestus der rituellen Entschuldung übt, ist nicht einfach religionskritisch aufzulösen, als genüge die aufklärerische Löschung von Religion, um ihr Pendant, die Schuld, zum Verschwinden zu bringen. Da ontische Schuld keine Erfindung dekadenter Moral, sondern eine (vorbewußt bleibende) Zuständlichkeit ist, kommt es bei einem oberflächlichen Tilgen von Schuld zu ihrem «Mäandern»: zum Wechsel ihrer Erscheinungsformen, zu Verkleidungen monströser Art. In Kafkas *Prozeß* erfährt der Angeklagte Josef K. nie den *Anlaß* seiner Anklage; die *Ursache* aber steht fest: Er ist schlechthin schuldig.[123]

Solche «ontische» Schuld ist zwar im aufgeklärten Bewußtsein weithin verlorengegangen – «Ich schlage mich nicht gern mit alten Tagen»[124] –, damit aber nicht aus der Unordnung der Welt verschwunden.

In diesem Kontext erhellt sich die eigentümliche Wortprägung der *Erbsünde*, die zunächst eine Eigenheit des Christentums in der Auslegung der Genesis zu sein scheint. Bei prüfendem Hinsehen aber ist die Verfallenheit des Daseins (und nicht allein des menschlichen) mehr oder minder bildlich und reflektiert in den unterschiedlichsten Kulturen und Religionen ausgedrückt; ja in der «Analyse» dieser Verfallenheit, und sei sie nur narrativ-mythisch vollzogen, ähneln sie sich sachlich am meisten. Dasein wird dabei nicht als in sich stimmig gelesen, sondern als von einer tiefen Ver-

---

123 Vgl. Kurt Anglet, Kafka. Sequenzen zum Prozeß. Die Aura vor dem Fall, Würzburg (Echter) 2006.
124 Nikolaus Lenau, Palliativ, in: Gedichte, ausgewählt von Günter Kunert, Frankfurt (Fischer) 1969, 125: «Ist Gras gewachsen über die Geschichte, / Weiß nicht mehr recht, wie sie sich zugetragen; / Nur manchmal schwebt mirs vor im Dämmerlichte, / Als hätt ich einer Schuld mich anzuklagen. / Doch abgewandt vom störenden Gesichte / Ruf ich's nicht an und will es nicht befragen, / Weil Blick und Mut ich in die Zukunft richte; / Ich schlage mich nicht gern mit alten Tagen.»

störung tangiert, die sich in der Suche nach (ritueller) religiöser Entschuldung niederschlägt. Religionen lassen sich definieren als kollektive Versuche solcher Entschuldung, welche freilich höchst unterschiedlich ausfällt. Schon die Etymologie des «Heiligen» verweist auf das Heilen oder «Gänzlichen» von etwas Zersprungenem oder Zerbrochenem.

«Erbsünde» ist in biblischer Tradition vorindividuell-menschheitlich verstanden und besagt ein währendes, objektiviertes Schuldigwerden, eine Schuldfähigkeit, die in der Weise naturhafter Selbstdurchsetzung angelegt ist. Sie manifestiert und aktiviert sich vorwiegend im Zwischenmenschlichen als dem eigentlichen Raum der Verfehlung. Naive Erläuterungen einer biologisch oder genetisch oder psychologisch «vererbten» Schuld greifen daneben; vielmehr geht es um eine (transzendentale) Bedingtheit der menschlichen Beziehungen, die ebenso im Horizont der Freiheit stehen, wie sie damit auch im Horizont der Bedrohtheit stehen. Schuldigwerden aneinander heißt in der einfachsten Bestimmung, das eigene Ich gegen den anderen zu setzen. Eben dies vollzieht sich aber geradezu naturhaft-vorbewußt: in der Verwahrung des Ich gegen das Du, in dessen Sekundärsetzung und Instrumentalisierung für eigene Zwecke, im Nicht-Zulassen und Beiseiteschieben des anderen aus dem eigenen Dominium. Anstelle des Du wird angesprochen ein Es, ein willenloses Gegenüber.

Gleichermaßen findet man sich selbst von anderen als konkurrierendes Du eingestuft, in Zweckbezüge eingepaßt, zum Es verwandelt. In dieses Gewebe gegenseitiger Nachrangigkeit und instinktiver Selbstsetzung wird jeder hineingeboren, nimmt – selbst noch in der Gegenwehr – daran teil und ist konstitutiv, als «Erbe», darin verschränkt. Nicht wenige Religionen und Kulturen, die eine hierarchisch gebaute Anthropologie besitzen, verankern Degradierungen anderer Menschen systemisch, betrachten bestimmte Gesellschaftsschichten gar nicht im vollen Sinne als menschlich: So bilden die Parias, die Unberührbaren, im hinduistischen Kastensystem eine Art «Untermenschen». Die Totalitarismen des 20. Jahrhunderts führten diese Verzweckungen bestimmter Menschen oder Gruppen planmäßig durch: «Sie haben versprochen, für uns zu bauen; nun bauen sie aus uns» (Wassili Stus).[125]

Die skizzierte Ur-Schuld, als Disposition jedes menschlichen Daseins, ist die Schuld einer Selbstdurchsetzung – entweder gegen den Ursprung des Daseins oder gegen den «Bruder»; bei genauer Betrachtung gegen beide. Denn beide werden nur als Nicht-Ich in den Bannkreis des eigenen Wollens einbezogen, haben sich dienstbar einzupassen. «Handgreiflich» wird diese Schuld gegenüber der «Schwester», der Frau. Die bis dahin unter gleichem Segen stehende Grundausstattung der Geschlechter verschiebt sich zu einem Ungleichgewicht der Funktionen, die mit einem Fluch belegt werden: beim Mann mit der Mühsal des Ackerbaus, bei der Frau mit der Mühsal des Gebärens, und für beide mit einer Asymmetrie der Macht, der beide nicht gewachsen sind – weder dem Herrschen noch dem Unterjochtwerden.

19. Vormoralische Schuldigkeit gegenüber der Herkunft: «Erbschuld» des Lebens

So kommt dem lange ausgemusterten Begriff der «metaphysischen» Schuld ein heute wieder deutlich unterlegter Sinn zu.[126] Betrachtet man diese Selbstdurchsetzung genauer, dann ist ihr «Grund» dort aufzusuchen, wo Leben selbst begründet ist; nach Anaximander: «Die Dinge schulden einander ihr Dasein.» Am Boden der onti-

---

[125] Wassili Stus (1938–1985), ukrainischer Dichter und Publizist, saß 23 Jahre in Straflagern und Verbannung. Er bezog sich auf die Tatsache, daß die beim Bau der Sibirischen Eisenbahn Verstorbenen gleich mit ins Gleisbett eingebaut wurden.

[126] Stephan Grätzel, Dasein ohne Schuld. Dimensionen menschlicher Schuld aus philosophischer Perspektive, Göttingen (Vandenhoeck & Ruprecht) 2004.

schen Schuld liegt eine Verschuldung, wie es im deutschen Wortfeld ausgesagt ist: ein gleichsam ökonomischer Rückstand. Leben ist dem Leben verschuldet – wie ist das zu denken?

Die erste Antwort kann selbst «ökonomisch» erfolgen: «Wie in jedem Geschäft wird Schuld durch die Verweigerung des Tausches oder der Bezahlung erzeugt. Über das Geschäftliche hinaus ist sie aber vor allem die Folge eines umfänglichen Tausches, der das Leben selbst darstellt. Hier ist nichts umsonst, sondern alles Gegebene, angefangen beim Leben selbst, erscheint als Gabe, die auf Erwiderung wartet. [...] Der nicht vollzogene Tausch, die nicht erwiderte Gabe erzeugt diffuse Schuld, diffus, weil der Tauschwert nicht festgelegt wurde und Schuld damit unberechenbar geworden ist.»[127]

Daß die Ur-Gabe des Lebens selbst einfachhin danklos «weggesteckt» oder sogar in vielen Formen getötet wird, läßt sich sehen als Konsequenz einer voraussetzungslosen Freiheit, die ihre Herkunft aus einem Gegebensein weder erkennt noch anerkennt, sie weder bedenkt noch bedankt. «Indem Freiheit zu einem autonomen Wert geworden ist, bietet sie keine Brücke mehr zu ihrem religiösen Ursprung.»[128] Solche scheinbar ursprungslose Freiheit, die nur vom einzelnen als «Recht» für sich beansprucht wird, verkürzt auch Schuld auf die moralische Verfehlung von einzelnen, auf die isolierte Täterschuld. Damit ist das Sein selbst als Geschuldetsein oder «Verschuldetsein» unbemerkt jedem Dank, aber auch jeder Vergebung entzogen, kann den «fröhlichen Tausch» von Nehmen und Geben, Tod und Leben nicht mehr verstehen. Man kann ihn nur als düsteres Verhängnis vollziehen (Leben ist dem Tod «geweiht»), statt ihn – wie im christlichen Opfer-Ritus – symbolisch und frei einzuüben. Sofern dieser bewußte, dankbare Tausch von Gabe und Gegengabe verschwindet, wird Freiheit selbst verkürzt

---

127 Ebd., 12. – In diesen Zusammenhang gehören die «Klassiker» Marcel Mauss, Die Gabe. Form und Funktion des Austausches in archaischen Gesellschaften (1923/24), München 1975, und Jean Baudrillard, Der symbolische Tausch und der Tod (1976), München 1982.

128 Grätzel, Dasein ohne Schuld, 13.

zu einer Durchsetzung des einzelnen und seiner gegenwärtigen Interessen, zu einer «Ethik des Jetzt», die «weder Ehrfurcht vor dem Leben noch Ehrfurcht vor den Toten kennt. Diese Freiheit ist aber schwach, weil sie in ihrer Selbstverpflichtung und Selbstvertretung nicht das Opfer der Selbsthingabe und Selbstaufgabe leisten kann.» «Damit wird eine Kultur entworfen, die sich gewissenlosen, sich selbst verpflichteten und kalkulierenden Individuen in abstrakten Urgesellschaften verdankt.»[129]

Der Unschuldswahn wähnt sich nur deswegen unschuldig, weil er «vollständig die Vorwelt und weitgehend die Nachwelt ausgrenzt»[130]; doch ist der Wahn im Unbewußten gegenwärtig, im Empfinden einer geheimen, diffusen Schuld nicht zu vertuschen. Diese von Stephan Grätzel eingehend und subtil entwickelte Analyse kritisiert mit guten Gründen zeitgenössische Konzepte von René Girards Sündenbockthese (wo das Opfer blinder Gewalt zum bloßen «Ersatz» für unklare Schuld werden soll) zu Georges Batailles «Energieüberschuß» des Lebens (wo ein physikalisch vorgestellter Überschuß durch Verschwendung oder Zerstörung des Lebens abgebaut werden soll).[131] Dem hält Grätzel – mit Hinweis auf Jean Baudrillards «symbolischen Tausch» von Leben gegen Tod – entgegen, daß Schuld weder über blinde Gewalt noch über physikalisch unterlegte Energie «entstehe», sondern daß das Leben selbst als Schuld zu lesen sei, als Geschuldetsein nämlich: von der Leibhaftigkeit über die Ahnen nämlich, die sich ihrerseits den vorangegangenen Generationen verdanken, bis zur Übernahme der gemeinsamen Geschichte und ihrer Auslegung in (mythischen) Geschichten. «Der Mythos greift die zwingende Logik dieses Verschuldetseins auf und erstrebt eine Wiederherstellung, indem er die Urschuld gegenüber dem Leben auf alle Lebewesen und Generationen überträgt und mithilfe der geschichtlichen Solidarität sühnt.»[132]

---

129 Ebd., 278.
130 Ebd.
131 Ebd., 186–190.
132 Ebd., 184.

Dennoch bleibt bei dieser Freilegung eine Unschärfe oder Unentschiedenheit bestehen zwischen dem Verschuldetsein allen Lebens gegenüber dem vorgängigen Leben einerseits und der eigentlich ethischen Schuld andererseits, die denn doch den Makel eines Fehls an sich trägt. Zwar gilt: «Schuld ist nicht [...] zu verwechseln mit Sünde und Bosheit, sondern ist das Bewußtsein der Herkunft und damit die Quelle von Demut und ‹Frömmigkeit› in ‹schlechthinniger Abhängigkeit›, die nur dann zum Bösen wird, wenn sie mit allen Mitteln verdrängt wird.»[133] Das deutsche Wort «Schuld» enthält jedoch, ineinander spiegelnd, beide Bedeutungen: Geschuldetsein und Schuld-sein-an (verursachende Sünde), und beide Bedeutungen sind auch mythisch verfestigt, wie in der Erzählung vom Sündenfall deutlich. Hier wird nicht nur einfach Abhängigkeit vom Ursprung unbedankt empfangen oder Dasein geschuldet, die Gabe des Daseins wird vielmehr als Gabe aktiv verworfen und aus dem geschuldeten Dank herausgebrochen. Genesis 3 erzählt von mehr als von einer nur solidarisch anzuerkennenden und weiterzureichenden Schuldigkeit gegenüber dem Urheber des Lebens; sie erzählt Böses. Und zwar ist böse nicht allein die Verdrängung jener Schuldigkeit, sondern mehr noch die Anmaßung der Schuldfreiheit gegenüber einem Urheber, den man – «seiend wie Gott» – einzuholen glaubt. Und als Verschuldung im *Bösen* wird Schuld zum *Sünden*fall, wird Erbschuld zur Erbsünde, nicht allein zur Pflicht zum Rückzahlen an die Solidargemeinschaft, sondern zur willentlichen Zerstörung von Solidargemeinschaft.

Doch ist es das Verdienst von Grätzel, vor dem Hintergrund von vielerlei widersprüchlichen, auch ideologisch fehlgeleiteten Arbeiten zum Thema Schuld den vormoralischen Charakter einer Generationen übergreifenden Verschuldung, einer «vorschuldigen Schuld» in Erinnerung zurückgerufen und gleichzeitig die symbolische Entschuldung als grundsätzliche, kultivierte Aufgabe

---

[133] Ebd., 189f.

von Religion herausgestellt zu haben. Dies um so mehr, als der «fröhliche Tausch», den das Christentum zwischen dem Urheber des Lebens und seinen Geschöpfen vor Augen stellt, mehr als zeitweilige Entschuldung, sondern grundsätzliche (Er-)Lösung bedeutet. «Der Herr zahlt für die Knechte.»

Sätze wie jener von Saint-Exupéry wären im Blick auf das bloße Individuum sinnlos: «Jeder ist für alle verantwortlich. Jeder ist allein verantwortlich. Jeder ist allein für alle verantwortlich. Ich verstehe zum ersten Mal eines der Geheimnisse der Religion, aus der die Kultur hervorging, die ich als die meine anspreche. Die Sünden der Welt tragen ... Und jeder trägt die Sünden der ganzen Welt.»[134] Solches Denken läßt sich auch umwenden in die Behauptung des Johannes Chrysostomus, «daß jeder Bissen Brot in irgendeiner Weise ein Bissen von dem Brot ist, das allen gehört, vom Brot der Welt»[135].

20. Individuelle moralische Täterschuld: Sünde

Eine weitere Möglichkeit der Verhandlung von Schuld tritt in die offen gelassene Lücke. Diese These lautet, Schuld könne tatsächlich – nun als moralische und zu bearbeitende – nur dem einzelnen zugewiesen werden.[136] Sollte Schuld nämlich nur eine generationenübergreifende Belastung sein, so könnte sie weder rational, also im zugestandenen Zeitraum eines individuellen Lebens, abzutragen, gar zu tilgen sein, noch könnte sie rational

---

134 Antoine de St. Exupéry, Flug nach Arras, Bad Salzig 1949. Ähnliche Überlegungen finden sich bei Dostojewski bzw. im Talmud: «Wer ein Leben rettet, rettet die ganze Welt.»
135 Johannes Chrysostomus, Auslegung des Ersten Korintherbriefes; zit. nach Joseph Ratzinger, Jesus von Nazareth, Freiburg (Herder) 2007, 186.
136 Ein Beispiel dieser Art gibt Ludger Honnefelder, Zur Philosophie der Schuld, in: Theologische Quartalsschrift 155 (1975), S. 31–48

bestraft werden – Schuld hätte gewissermaßen keine genaue Adresse mehr. Damit würde eine eigentliche Rechts- und Strafkultur, die zwischen Tätern und Opfern abgrenzt, sinnlos; die alte, mythische Verstricktheit, die gerade durch die Individualisierung der Zuständigkeit abgewehrt wurde, würde in eine ungreifbare, verantwortungslose, schicksalsgefärbte Schuld aller gegen alle abgleiten. Insofern wäre auch das christliche Erbe der Bergpredigt unterschritten, die ja gerade den einzelnen in seinem ureigenen Antwortenmüssen aufruft, ja im Haftbarmachen als *einzelnen* erst herausbildet, im Erfüllen der Thora durch ihr persönliches Überschreiten.

Ohne Zweifel agieren solche Einsichten auf einer anderen Ebene. Schuld läßt sich auch isolieren zur Einzeltat. Die Frage bleibt dennoch bestehen – unbeschadet allen rechtsstaatlich notwendigen Beharrens auf individueller Schuld –, ob sich wirklich ein Geflecht vorindividuellen Versagens glaubhaft aufdecken läßt, ob es wirklich eine anthropologische Neigung zum Bösen gibt und womit dieses einsichtig bestimmt wird.

Die Aufgabe bleibt also eine zweifache: Schuld im Rahmen des Geschuldeten *und* des Bösen zu verorten und beides zu zeigen: «vererbte» Schuld *und* persönlich zu verantwortende Sünde. Was dies für das Verstehen von Reue und Vergebung heißt, wird sich in der Folge erweisen.

21. Dasein als Habe oder als Gabe?
Das Auftauchen der Sünde aus der Schuld

Im Unterschied zu den aufgeworfenen Überlegungen und Einwänden wird im folgenden Schuld in ihrer Nähe zum Bösen beleuchtet – keineswegs im Widerspruch zum Bisherigen, sondern von einem weiterführenden Gedanken aus. Schuld kann – wie geschehen – einerseits an der Frage von Nehmen, Geben, Tauschen verhandelt werden; so bedeutet sie (vormoralische) «Pflicht und

Schuldigkeit». Diese Sichtweise legt bereits das Phänomen einer überindividuellen Verpflichtetheit frei: das ererbte und weiter zu vererbende Daseindürfen. Ein solches Verstehen ist offenbar «Grundwasser» von Religionen und Kulturen, die erstrangig die Dankbarkeit gegenüber den Ahnen im symbolischen Dank und der Rückzahlung im Opfer pflegen.

In solcher Pflicht und Schuldigkeit liegt aber der Keim einer dunklen Möglichkeit: im angemaßten, fraglosen Nehmen, im berechneten Geben, im Tauschen, das von einem geheimen Übervorteilen des anderen ausgeht, im Behalten der Gabe für sich, ohne sie zeugend weiterzureichen. Diese bedenkenlose und danklose Schwerkraft, die Selbstdurchsetzung des Lebens ließe sich nennen: *sein Dasein als Habe leben*. Als Habe, die beständig zu vermehren und als Besitz abzuschotten ist, weil endliches Dasein «nicht genügt» – so bedarf es der Habe als scheinbares Bollwerk gegen das Verlieren und «Einbüßen» (ein bedeutungsschweres Wort!), bis der letzte Verlust, der Tod, unumgänglich wird. Zwingt das ungesicherte Dasein nicht geradezu zum Haben?

Mit diesem empfundenen Zwang ist im menschlichen Leben bereits eine Störung angelegt, schon «naturwüchsig», ja geradezu unausweichlich: schuldhaft im Sinne von habgierig. Denn Leben als Habe wird ebenso aggressiv wie geizig gelebt, auf Kosten anderer. Ist aber diese Schuld wirklich unausweichlich?

Die Gegenfrage lautet: Läßt sich ein Leben denken, das sich selbst als Gabe, *datum*, versteht – nicht intellektuell, als Korrektur einer Fehlhaltung im nachhinein, vielmehr in der unverdorbenen, unentstellten Grundhaltung *von Anfang an*? Oder zumindest als ein Leben, das diesen *reinen Anfang* ein zweites Mal erhält, als *renovatum*, als nochmalige Gabe einer Vergebung? So daß *Leben als Gabe* gelebt wird? Das setzt nicht nur voraus, daß das eigene selbstverständliche Dasein gerade nicht selbstverständlich, gar mißmutig hingenommen, sondern als immer erneut staunenswert, immer erneut aus dem ebenso möglichen Nichtsein gehoben erfahren und *dankend* bestätigt wird. Tiefer aber setzt es voraus:

Ein solches Leben müßte befreit sein von der Angst vor der Endlichkeit, vor seinem eigenen Ungenügen. Es müßte nicht als Raub festhalten, was ihm aus «Huld», aus unerklärlicher Überfülle gegeben ist. Leben ist ins Leben gesetzt, offenbar sich selbst gehörig – aber gerade diese erste aller Gaben ist verdankt. Das setzt gleichermaßen voraus, daß auch anderes Leben diesem Gegebensein entspringt – also keineswegs «ursprünglich» als Beraubung eigenen Lebensraumes gedeutet werden muß, daß von ihm keine Bedrohung empfunden, kein Vorenthalten und Zu-kurz-Kommen am Lebensnotwendigen befürchtet wird.

In diesem «Gegönntsein» von eigenem und anderem Leben erhält Beziehung eine neue, angstenthobene Gültigkeit. Wie zu zeigen ist, wird eine neue Form von Beziehung das Existential einer solchen Anthropologie: einer Anthropologie der *Gabe*.

Ist ein solches Leben aus Fülle denkbar? Was wären seine Bedingungen – oder entfallen hier die Bedingungen, als Beschränkungen verstanden, aus derselben Fülle heraus und wären tiefer gelesen die freiwillige und nicht auf Verschuldung antwortende Gegengabe auf die Urgabe, das Leben selbst? Also Leben, das dem Ur-Leben *ungeschuldet, ungenötigt* antwortet?

Weitergedacht: Schuld ist in diesem Horizont des Denkens zu lesen als Löschung des Gabe-Charakters des Daseins. Schuld leugnet – wider den eigenen Augenschein – das *Evidente*, das sichtbar auf der Hand Liegende: Dasein heißt Sich-Gegebensein, da niemand sich selbst ins Leben gesetzt hat. Daß auch der Mensch den Menschen nicht tatsächlich ins Leben zu setzen vermag, sondern Leben immer schon lebendig weitergibt, also ein Gegebenes und nicht ein Gemachtes, *datum* und nicht *factum*, weiterreicht, wird noch zu entfalten sein. Was nun Löschung oder Leugnung dieses Gabe-Charakters genannt wird, ist nicht gleichbedeutend mit einer willentlichen Handlung, obwohl sie ausdrücklich dahin übergehen kann (und in vielen Zügen die religionskritische Philosophie des 19. Jahrhunderts und die Existenzphilosophie und ihre Ableitungen im 20. Jahrhundert bestimmt). Es geht vielmehr um die alltägliche

(Selbst-)Erfahrung: Schuld ist im Kern eben doch Ichsetzung, Ichsucht, Autismus – gegen das Gegebensein. Dies aber nicht im willentlichen, sondern längst, ja von Geburt an im vorwillentlichen Verhalten, in jener Art von Lebenskampf, die allem Lebendigen, am stärksten aber dem Menschen eingeprägt ist. Lebenskampf übt schon der Säugling, der die Eltern verpflichtet oder – nach Levinas – «in Geiselhaft nimmt» (unabhängig von ihrer meist gegebenen Zustimmung), oder das Kind, das sich im Kreis der Geschwister behauptet und seinen Platz notfalls ertrotzt. Vor lauter Ich wird das Du dienstbar gemacht – bis es umgekehrt an einen gleichlautenden Anspruch stößt und leidvoll zurückgestoßen wird, ebenso wie es zuvor selbst unbedacht seinen Ich-Raum erweiterte. «Landest unbekümmert durch den Nebel meiner Schmerzen»[137] – schon in der Geburt. Insofern ist auch das Kind nicht «unschuldig» – es ist «vorschuldig» im Sinne einer noch nicht persönlich vollzogenen Schuld. Aber teil hat es bereits am Gesetz der Verdrängung, des Leiden-Machens anderer, der unbefragten Übernahme fremder Lebenskraft.

Solche Wahrnehmung des Lebens als Vor-Gabe schließt die Anfangs-Überlegungen ausdrücklich ein. Denn damit ist jene alltäglich gewohnte, daher alltäglich übersehene «ontische» Schuld des Daseins angesprochen, die – nicht anerkannt – als konstitutive Belastung, sogar als Störung von Beziehung gelten kann. Freilich wird sie je erst in der individuellen und moralischen Sünde aktuiert. Aber in der konstitutiv menschlichen Ichverhaftung muß eine anthropologisch allgemeine Qualität von Schuld mitgedacht werden, nicht nur die vereinzelte Ich-Schuld des (für die anderen bequem auszugrenzenden) Einzeltäters. Aber vertieft begründet wird diese Schuld, wenn sie im Horizont eines «im Anfang» schuldfreien Daseins, einer reinen Gabe gesehen wird: Dasein als Gabe an mich und meiner selbst an andere, als Gabe an andere

---

137 Maria Eschbach, Das weiße Kleid. Gedichte, Einsiedeln (Johannes) 1986, 60: «Unbekümmert landest du / durch den Schleier ihrer Schmerzen.»

und anderer an mich. Oder auch: Dasein als Mitsein.[138] Angstvolle Selbstbeharrung ist erst ein Zweites, nachdem diese Gabe – aus noch zu prüfendem Anlaß – in ihrer reinen Annahme mißtrauisch verweigert worden war.

Allerdings sollen zuvor Einwände gegen das bisher Gesagte gehört werden.

---

[138] Vgl. Jörg Splett, Der Mensch ist Person. Zur christlichen Rechtfertigung des Menschseins, Frankfurt (Knecht) ²1986. Das meint nicht einen Absturz ins andere Extrem der «Enteignung» durch ein Wir; vgl. Aurelius Augustinus, Gott ist die Liebe. Predigten über den Ersten Johannesbrief, Freiburg 1940, 27: «Ich will nicht, daß ihr mir zu eigen seid, sondern nur, daß ihr in Gemeinschaft mit mir seid. In der Gemeinschaft mit mir sollt ihr sein. Zu eigen sind wir alle nur dem, der für uns gestorben ist.»

V
GEGENREDEN GEGEN DIE SCHULD

22. Erste Gegenrede:
Nur eingebildete Schuld?

Im Zuge der «Entmythologisierung» der Schulderzählung in der Genesis taucht immer wieder der Verdacht auf, erst das Christentum habe diese Erzählung zu einer währenden Schuld, zu einer negativen Anthropologie zugespitzt. Zwar gebe es – wie gezeigt – in anderen Überlieferungen ebenfalls das offenbar empirische Geneigtsein des Menschen zum Bösen, aber von einer dramatischen Schuldvorbelastung oder grundsätzlichen Option für das Böse könne man nicht ausgehen. Die Befreiung von dieser «Ideologie» bedeute damit auch die Chance einer anderen Pädagogik, einer anderen Sozialität, eines anderen, weniger verbotsbelasteten Ethos.

Diese erste Gegenrede ist alt, was ihre Durchschlagskraft damit noch nicht herabsetzt. Es war Pelagius († 422), ein britischer Laientheologe, der als Irrlehrer von Papst Zosimus verurteilt wurde, weil er die völlige Unabhängigkeit und Unvorbestimmtheit des freien Willens lehrte, womit der Mensch zwischen Gut und Böse wählen könne. Erbsünde und folglich die Kindertaufe wurden abgelehnt. Da der Mensch über genügend natürliche Güte verfüge, sei nur an seine ethische Verantwortlichkeit zu appellieren. Rousseau kann mit seinem aufklärerischen Pathos von der grundsätzlich guten Natur des Menschen zweifellos als Pelagianist gelten; allerdings mit weit weniger markanten Folgen als bei den Utopisten des neuen Menschen in einer klassenlosen Gesellschaft von Marx bis Bloch.

Hans Jonas, der von seiner Erfahrung der nationalsozialistischen Ideologie her gegen Blochs «orakelhaften» Traum von der sozialistischen Ideologie scharf und unwillig argumentierte, sah in dem «erbarmungslosen Optimismus» einer endgültig guten Natur des Menschen in der endgültig guten Gesellschaft den Köder der Vernichtung des jetzigen Menschen angelegt. «Zwar sagt man von den großen Bösewichtern, sie seien ‹Unmenschen›, aber nur Menschen können Unmenschen sein, und sie offenbaren die Natur ‹des› Menschen nicht weniger als die großen Heiligen. Also wird man auch der Idee von einem daseienden, schlummernd bereitliegenden ‹Reichtum der menschlichen Natur› entsagen müssen, der nur aufgeschlossen (‹entfesselt›) zu werden braucht, um sich dann kraft jener Natur zu zeigen. [...] Was aber die so nötige Verbesserung der Bedingungen betrifft, so ist es höchst notwendig, *die Forderungen der Gerechtigkeit, der Güte und der Vernunft vom Köder der Utopie freizumachen*. Um ihrer selbst willen, weder pessimistisch noch optimistisch, sondern realistisch muß ihr Folge geleistet werden, unberauscht von übermäßiger Erwartung, somit auch unversucht zu übermäßigem Preis, den der – von Natur ‹totalitäre› – Chiliasmus willens ist, die im Vorschatten der Ankunft Lebenden zahlen zu lassen. Dem erbarmungslosen Optimismus steht die barmherzige Skepsis gegenüber.»[139] Jonas fügt in der Fußnote hinzu: «Verglichen damit ist das kirchliche Dogma von der Sünde, die nicht aus dem Dasein des Menschen verschwindet, aber Vergebung finden kann, ein Beispiel barmherziger Skepsis.»[140]

Zwar kennt das Judentum (wie der Islam) nicht die Erbsünde in der stark profilierten Zeichnung des Christentums, dennoch läßt sich eine große Nähe in der Aneignung der Sinngehalte der Genesis feststellen: «Gewiß, unsere Natur ist ‹gefallen›, korrumpiert. [...] Das Judentum kennt diesen Begriff (Erbsünde) so nicht, aber es weiß um die Selbstbefleckung der Seele, um die Verstörung der göttlichen Imago in uns durch eigene Schuld. Im Endergebnis ist es fast dasselbe. Das Ebenbild des Göttlichen in uns ist getrübt, be-

---

139 Hans Jonas, Das Prinzip Verantwortung (1979), Frankfurt (Insel) ³1982, 385f.
140 Ebd., 412, Fußnote 24.

schmutzt, entstellt.»[141] Das Alte Testament notiert lakonisch: «Das Trachten des menschlichen Herzens ist böse von Jugend an.»[142]

Erbsünde, wie sie von der theologischen Deutung bei Paulus und Augustinus geprägt ist, ruft wegen ihrer anthropologischen Grundlegung einen «zweiten Adam», den «Gesalbten» Gottes und Gott selbst, herbei. Zugespitzt wurde die Erbsündenlehre zudem durch Luther, der sogar den Messias nur als gnadenhaften Rechtfertiger, nicht aber als wirklichen Überwinder der Schuld vorstellte. Im seinem Denken blieb der Mensch daher *peccator*, dialektisch vom *iustus* überwölbt: «Misthaufen unter dem Schnee» in Luthers drastischem Bild. Daß sich damit weit quälender ein Sündenbewußtsein ausbildete als ein freudiges Durchdrungensein von Erlösung, liegt auf der Hand – Nietzsches allbekannter Vorwurf an die Adresse der Unerlösten hat darin seinen Sitz im Leben.

So wenig letztlich die lutherische Zuspitzung auf ein Verständnis von Gnade als bloßer Verhüllung der Schuld überzeugt (wie weit liegt Verhüllung von Verdrängung entfernt, wenn der Schnee die Schuld nur wie ein Film überzieht?[143]), so wenig überzeugt andererseits der aufklärerische Optimismus. Er überzeugt bereits Georg Büchner nicht mehr, also die Generation, welche die Französische Revolution anfänglich noch als Aufbruch zu einer neuen Menschlichkeit feierte und um so tiefer in die Enttäuschung abstürzte. In *Dantons Tod* fällt der düstere Satz: «Es wurde ein Fehler gemacht, wie wir erschaffen worden, es fehlt uns was, ich habe keinen Namen dafür, wir werden es uns einander nicht aus den Eingeweiden herauswühlen, was sollen wir uns drum die Leiber aufbrechen?»[144] Vor allem ist der

---

141 Schalom Ben-Chorin, Was ist der Mensch?, Tübingen 1986, 151.
142 Gen 8, 21.
143 Auch jüdisch gesehen setzt die Gnade den Sünder nicht als ein nur passiv empfangendes Gefäß voraus; die These vom Zusammenwirken von Gott und Mensch bedeutet keine Hybris der Theologie, sondern versteht den Menschen als tätig Umkehrenden. Vgl. Schalom Ben-Chorin, Was ist der Mensch?, 14.
144 Georg Büchner, Dantons Tod, 1. Akt, 1. Szene.

Optimismus vergangen nach den Erfahrungen des seit dem «Tode Gottes» keineswegs menschlicher gewordenen Menschen von dezidiert ideologisch-atheistischer Couleur im 20. Jahrhundert. Leszek Kolakowski, der 1968 seinen Lehrstuhl in Warschau einbüßte, vermutet in der extremen Verneinung der Erbsünde durch den atheistischen Humanismus: «Man kann ferner annehmen, daß dieser Humanismus [...] mit der Leugnung aller Schranken für die freie Festsetzung der Kriterien von Gut und Böse schließlich das moralische Vakuum hinterließ, das wir heute verzweifelt auszufüllen versuchen, und daß er sich gegen die Freiheit gerichtet und Vorwände dafür geliefert hat, daß Menschen als manipulierbare Instrumente behandelt werden.»[145]

Schalom Ben-Chorin macht den überraschenden Vorschlag, auch die Psychoanalyse als Zeugen für die Erbsünde heranzuziehen: «Gewiß muß jeder anthropologische Realismus die Korruption der menschlichen Natur erkennen. In diesem Sinne halte ich Sigmund Freud für einen der größten Lehrer der [...] Theologie, natürlich wider seinen Willen. Er hat uns durch den Blick in die Abgründe der menschlichen Seele, schon des kleinen Kindes, die Erlösungsbedürftigkeit der Seele sichtbar gemacht.»[146]

In der Tat deutete Freud Schuld als ererbte Folge des ödipalen Vatermordes und insofern als ein der Kulturentwicklung verdanktes Gattungs*gefühl*. Es wirke sich im einzelnen aus als Spannung von Über-Ich (auch Ich-Ideal) und Ich, insofern als Individualproblem mit möglicher Steigerung bis zur Zwangsneurose. Dennoch wird nach Freud dieses komplexe Gefüge in seinen Folgen kulturell fruchtbar. Denn die «Urvatertragödie», in der die Söhne emanzipatorisch den Vater töteten und die Freud als historisch ansah, werde zwar durch Schuldgefühle «bezahlt», führe aber zugleich zu kompensierender Regelbefolgung, mithin zu höherer Kulturentwicklung und Triebsublimation. So gesehen entschuldet der

---
145 Leszek Kolakowski, Die Moderne auf der Anklagebank, Zürich (Manesse) 1991, 41.
146 Schalom Ben-Chorin, Was ist der Mensch?, Tübingen 1986, 150f.

kulturelle Fortschritt selbst das ihn begleitende Gefühl, ohne es freilich gänzlich zum Verschwinden zu bringen. Kultur wird von nichts Geringerem als einem «Mord» initiiert; sie schleppt ihn als untilgbaren Stachel im Fleisch mit.

Ähnlich wie bei Nietzsche wird die eigentliche Therapie bei Freud eine Entlarvung, freilich nicht von religiösen oder philosophischen Ideologien, sondern von schwer hintergehbaren psychischen Konstellationen, die es zu durchschauen und in ihrer unbewußten Macht bewußt zu brechen gilt. Erst die willentliche Einsicht in den notwendigen Zusammenhang einer Ablösung vom (Über-)Vater, eigener Reifung und freiwilligem soziokulturellem Triebverzicht löst von der gefühlsmäßigen «Schuld». Schon die erstmalige Herstellung einer Selbstrelation nach solchen Reifungsschritten zeigt die Gesundung der Psyche an. Die Lösung heißt Ichwerden, allerdings schattenhaft begleitet von der Leiche des älteren Du.

Vielleicht genügt gegenüber einem anthropologischen Optimismus – auch ohne die Erfahrung des 20. Jahrhunderts – die nüchterne Analyse von Thomas Hobbes, daß nach dem Verschwinden normativ-religiöser Prinzipien in der Politik als archaischer Vektor des Handelns nur noch die Furcht im üblen Verein mit Habsucht und Machtgier die menschliche Seele beherrsche. Im übrigen ist darauf hinzuweisen, daß das in der Politik verwirklichte Böse sehr viel rascher wirkt und also durchschaubarer ist als die Verworrenheit des Denkens, weil das politisch Böse im unmittelbaren Eingriff in Leben und Freiheit sofort lesbar (freilich nicht ebenso rasch änderbar) ist. Nochmals Kolakowski: «Kunst, Wissenschaft und Philosophie sehen im Vergleich dazu (zur Politik) unschuldig aus, aber diese Unschuld mag irreführend sein, da sie auf einer viel größeren Zeitskala wirken. Ihre bösen Früchte sind üblicherweise unsicher, schwer aufzuspüren, zerstreut.»[147] In diesem Sinn dürfte der anthropologische Unschuldswahn auf lange Sicht mehr Übel anrichten als die umgekehrte Vermutung eines anthropologischen

---

147 Kolakowski, Die Moderne, 136.

«Fehls». «Jeder Mensch ist ein Abgrund, es schwindelt einem, wenn man hinabsieht», so in Büchners *Woyzek*.[148]

Kierkegaard verweist zur Kennzeichnung der Qualen eines Dichters auf den Bronzestier des sizilianischen Tyrannen Phalaris[149], um die aus Schmerzen geborene Kunst zu zeigen – man könnte es aber ebenso als eine symbolische Inszenierung menschlichen Selbstbetrugs lesen. Im Inneren des hohlen Stieres wurden auf einem Feuer die Opfer des Tyrannen langsam geröstet; ihr schauerliches Schreien wurde durch eine kunstreiche Vorrichtung nach außen als lieblicher Gesang hörbar. Für Kierkegaard bedeutet der Stier von Phalaris jene trügerische Verwandlung des Entsetzlichen ins Schöne, die aus Mangel an analytischer Kraft nicht durchschaut wird. Analog läßt sich sagen: Eine Anthropologie, die ohne den Blick auf das Entsetzliche am Menschen als grundsätzliche Möglichkeit auskommt, betrügt sich (mit welcher Absicht?) selbst; Abgleichungen mit der Wirklichkeit geraten zur Schönfärberei, wobei Hoffnung als Prinzip beschwichtigend nacharbeiten muß. In der Tat: Die Skepsis der Erbsünde verfügt über jenen Anteil an Realismus, welcher der heiteren Stiermusik nichts abgewinnen kann.

23. Zweite Gegenrede:
«Notwendigkeit» der Erbsünde für die Entwicklung?

Genau gegenläufig zur Leugnung menschlicher Neigung zum Bösen kann diese Neigung ausdrücklich als Vorbedingung von Entwicklung gesehen werden. «Mußte» nicht der Sündenfall geschehen, damit (zielgerichtet formuliert) das erste Paar nicht in geschichtslosem Wohlbefinden steckenblieb? Was in symbolischer Vorstrukturierung verurteilt wurde, könnte demnach heute emanzipiert angeeignet werden. Verrät der Genuß der verbotenen Frucht

---

148 Georg Büchner, Woyzek, Abschnitt 2, 7, «Die Straße».
149 Sören Kierkegaard, Entweder – Oder. 1. Teil: Diapsalmata.

nicht Entdeckertrieb, Neugierde, ein mutiges Sich-Angleichen an «Gott»? Ohne «Fluch» und «Vertreibung aus dem Paradies» wäre nur Stagnation denkbar; insofern verkörpere die Schlange das schöpferische Prinzip. Klassisch stilisiert sich Mephistopheles im *Faust* als «Teil von jener Kraft, die stets das Böse will und stets das Gute schafft» – freilich ist auch hier mitzudenken, daß Mephisto von vornherein Teil an der großen Lüge hat.

Auch diese Unterstellung von der Triebkraft des Bösen muß auf ein Wahres und Falsches hin auseinandergenommen werden. Wo Schuld zum Movens, zur Bedingung des Besseren, zur Vorstufe ethischer Höherentwicklung stilisiert wird, ist sie im vorhinein entschuldigt. Ihr Charakter als Nicht-sein-Sollendes wird unterlaufen; letzten Endes zieht sie, auch psychologisch, das größere Interesse auf sich als die Unschuld. Ist Vollkommenheit nicht langweilig?

Daß der Schöpfer auch sein abgefallenes Werk nicht einfachhin verwirft (ebenso wenig wie später den Brudermörder Kain), gibt dem Fluch eine Dynamik; sie gibt ihm auch die Richtung der Teil-Tilgung vor. Tatsächlich ist der geschlechts-differenzierte «Fluch» der Genesis über beide Menschen (im Unterschied zum einheitlichen dreifachen Segen) sowohl Last wie – erstaunlicherweise – auch Movens ihres Tuns und insofern verborgene Abhilfe. Auch Schuld setzt in Bewegung, nicht aber von sich aus, denn sie könnte ebensogut in Lähmung, Verzweiflung, Selbstmord umschlagen, wofür das Beispiel des Judas Ischariot steht. Vielmehr setzt sie in Bewegung vom Guten aus: Offenbar wirkt die verborgene, konterkarierende Fähigkeit des Guten, sich auch das Böse dienstbar zu machen, worauf der Zynismus Mephistos anspielt (sitzt auf seinem Grund nicht Ärger?). Dennoch handelt es sich nicht um eine Funktion des Bösen, die geradezu absichtlich eingesetzt werden dürfte, ebensowenig wie Leiden dem Leidenden als Antrieb zur seelischen Höherentwicklung zwecklich zugemutet werden kann. Origenes liegt mit seinem Diktum über den *pädagogischen* Nutzen des Leidens aufgrund der Vertreibung aus dem Paradies an der Grenze des Vertretbaren: «Wenn menschliche Wesen schwach sind, wenn sie leiden und sich bemühen müssen, um zu überleben, so liegt der Grund darin, daß Gott ihre Erfindungskraft, Intelligenz und Geschicklichkeit reizen will; dies wäre unmöglich, wenn sie ein faules Leben im Überfluß genießen könnten. Kurz gesagt, das Leiden, das die Natur dem Menschengeschlecht auferlegt, stellt eine Bedingung des Fortschritts dar.»[150]

Stimmiger beantwortet Leo der Große die Frage, warum Gott den ersten Menschen nicht am Schuldigwerden hinderte: «Wertvoller ist das, was uns durch die unbeschreibliche Gnade des Herrn zuteil wurde, als was wir durch des Teufels Neid verloren hatten»[151] – die Freiheit nämlich. Oder Augustinus: «Der allmächtige Gott [...] könnte in seiner unendlichen Güte unmöglich irgend etwas Böses in seinen Werken dulden, wenn er nicht dermaßen allmächtig und gut wäre, daß er auch aus dem Bösen Gutes zu ziehen vermöchte.»[152] Thomas von Aquin kommentiert bündig: «Auch nach der Sünde blieb die Möglichkeit einer Höherführung der Natur. Gott läßt ja das Böse nur zu, um etwas Besseres daraus entspringen zu lassen: ‹Wo die Sünde mächtig wurde, ist die Gnade übergroß geworden›.»[153]

Zweifellos jedoch verbietet sich die moralische Gutheißung des Bösen aufgrund seines möglichen guten Endes: Auch hier heiligt der Endzweck die Mittel nicht. Bis es zu einer *felix culpa*, der glücklichen Schuld, kommt – jener überaus kühnen Formulierung von Augustinus –, muß die Gnade tatsächlich zum Äußersten greifen. In der nicht weniger kühnen Theologie von Paulus wird Christus nicht nur selbst den Tod durchstehen, sondern selbst *peccatum*, selbst *Sünde* werden (nicht aber *peccator*)[154] – um sie von innen her zu sprengen, statt sie nur von außen niederzuringen.

---

150 Zit. nach Kolakowski, Die Moderne, 133.
151 Leo der Große, Sermones 73, 4.
152 Augustinus, Enchiridion militis Christiani, 11, 3.
153 Thomas von Aquin, Summa theologica 3, 1, 3 ad 3. Text-Zitat: Röm 5, 20.
154 2 Kor 5, 21.

24. Dritte Gegenrede:
Schuld Gottes?

Eine weitere abgründige Möglichkeit wurde ins gedankliche Spiel des 20. Jahrhunderts gebracht: die «Nachtseite des Elohim», die der jüdische Mythologe Oskar Goldberg 1925 aus der Genesis herauszudeuten versuchte.[155] Er stützte sich dabei auf Vorarbeiten des evangelischen Theologen Paul Volz, der vom «Dämonischen in Jahwe» sprach.[156]

Eine philologische Deutung des Wortes *zelem*, Ebenbild, könnte es nämlich spekulativ auch von *zel*, Schatten, ableiten, so daß der Mensch durch die Schatten- oder Nachtseite oder nach dem Maß der Nachtseite Gottes geschaffen worden sei.[157] Diese dämonische Möglichkeit wird unterlegt durch weitere Beispiele aus dem Alten Testament, die – gegen die übliche Auslegung – als archaische Zerstörungskraft Gottes gelesen werden: der Ringkampf Jakobs mit dem Unbekannten (Gen 32, 22–33), das Erwürgen der Erstgeburt in der Nacht des Auszugs aus Ägypten (Ex 12, 29f) und die in der Tat archaische Stelle vom «Blutbräutigam» (*Chathan-Damin*), als Jahwe seinen Erwählten Mose in der Wüstenherberge töten will (Ex 4, 24ff). Zu diesen Hinweisen auf unheimliche Theophanien gehört auch die Deutung der Schlange als einer Erscheinungsform Gottes selbst, der dieses geheimnisvolle Tier später zweimal positiv ins Bild setze: im Schlangenstab des Mose gegen die Zauberer der Ägypter und in der erhöhten Schlange in der Wüste, die auf den erhöhten Gekreuzigten vorausweist.[158]

Zum Beleg dieser göttlichen Ambivalenz wird wiederum eine mögliche philologische Deutung genutzt: Das hebräische *arum*

---

155 Oskar Goldberg, Die Wirklichkeit der Hebräer, Berlin 1925.
156 Paul Volz, Die biblischen Altertümer, Calw/Stuttgart 1914. Heute gibt es Ansätze, diese «Seiten» Gottes theologisch widerspruchsfrei auszuwägen; vgl. Ralf Miggelbrink, Der zornige Gott, Darmstadt (WBG) 2004.
157 Schalom Ben-Chorin, a. a. O., 15–18.
158 Joh 3, 14.

heißt sowohl nackt als auch listig und wird zur Kennzeichnung der Unschuld des ersten Paares und im nächsten Vers zur Kennzeichnung der Schlange verwendet – im einen Fall also mit «nackt», im anderen mit «listig» übersetzt. Wie aber, wenn auch die Schlange «nackt», also den beiden Menschen in ihrer Noch-Unschuld verwandt gewesen wäre?[159] Damit würden sich neue Assoziationen ergeben: «Die nackte Schlange, die nun ihrerseits wieder als Phallus-Symbol erkannt werden muß, stellt die Verführung für die Frau dar und führt zu ihrer sexuellen Erweckung. Der Sexus ist in dieser Erzählung mit dem Makel der Sünde behaftet, aber zugleich will uns die Erzählung in mythologischer Sprache zeigen, daß erst der sündige Mensch auch der sittlich reife ist, der zwischen Gut und Böse unterscheiden kann.»[160]

Ben-Chorin folgert entsprechend – notgedrungen – weiter, die eigentliche biblische Geschichte beginne erst mit der Berufung Abrahams in Kapitel 12 der Genesis, also mit den Erzählungen von Erwählung und Gnade, während die vorangegangenen Kapitel von der Nachtseite Gottes und des Menschen, von Sucht und Sünde handelten.[161]

Die so eröffnete Deutung läuft nicht allein anderen Exegesen entgegen[162], sie muß auch auf einer philologischen Spekulation aufbauen, die die betonte Wiederholung *bezalmenu* und *be-zelem-Elohim*, «in seinem Ebenbilde, im Ebenbilde Gottes schuf er ihn», zum «Schatten» verkürzt. Wirksam wird dabei derselbe Deutungs-Hintergrund, der eben als vermeintliche psychologische «Notwendigkeit der Schuld» für die sittliche Entwicklung gekennzeichnet wurde. In solchen nachbiblisch-rabbinischen Interpretationen wirkt weithin noch ein spezifischer Mythos, nämlich eine ungeklärte Polarität von gut-böse, oben-unten, worin Gott und Teufel als Kräfteparallelogramm gesehen werden.

---

159 Schalom Ben-Chorin, Was ist der Mensch?, 18–20.
160 Ebd., 19.
161 Ebd., 23.
162 Gerhard von Rad, Theologie des Alten Testaments, München [10]1992.

Die biblische Erzählung widerspricht dem aber bereits im ersten Kapitel, wo die Schöpfung gerade nicht als doppeldeutig, als hell-dunkel, als in sich bereits gebrochen vorgestellt wird, sondern wo gegen solche mythisch unscharfen «Ergänzungen» die eindeutige Gutheit des Geschaffenen mehrfach und betont ausgesagt wird. Es gehört geradezu zum religiösen Durchbruch des antiken Judentums, seine Gotteserfahrung freizuhalten von den altorientalisch üblichen ziellosen Polaritäten eines Lichtes, das sich mit der Finsternis verschlingt, und theologisch zielgerichtet auf das Gute, genauer: auf den Guten zuzugehen. Wenn Gott letztlich die Schlange wäre, ja Eva selbst in der Versuchung sexuell «erweckt» hätte, befände sich die Genesis noch auf der Stufe der paarigen Gottheiten und der «heiligen Hochzeiten» Mesopotamiens und des Vorderen Orients.[163] Diese Stufe wird zweifellos im Rückfall Israels in den «Götzendienst» immer wieder aktiviert, dennoch richtet sich genau dagegen der Zorn der Propheten, die diese «Buhlerei», vor allem in den sexuell betonten Frühlingsriten, in denen Muttergöttinnen und zeugende Baale eine anthropomorph-vegetative Götterwelt darstellen, zutiefst geißeln. Wenn Israel «erweckt» worden ist, dann gerade zum Verlassen solcher vor-logoshaften Konzeptionen. Daß die kabbalistische Überlieferung heterodoxe Elemente der vorderorientalischen Religionen weitertradiert, ist bekannt[164]; daß sie aber den «Reiz» einer *Neu*interpretation Gottes hätten, ist wohl durch den Hinweis auf die darin zum Ausdruck kommende völlig traditionelle, mythisch ebenso alte wie weitverbreitete Sichtweise widerlegt. Ebenso wenig trifft exegetisch die (überholte) Deutung

---

163 Vgl. die eingehende, textnahe Darstellung bei Eric Voegelin, Ordnung und Geschichte (1956/57), Teilbände II und III: Israel und die Offenbarung, München (Fink) 2005.
164 Zur Darstellung und Kritik der heterodoxen, vorwiegend gnostischen Elemente der Kabbala s. Gerschom Scholem, Zur Kabbala und ihrer Symbolik, Frankfurt (Suhrkamp) 1998, und ders., Die jüdische Mystik in ihren Hauptströmungen, Frankfurt (Suhrkamp) 2000.

zu, Sexualität selbst sei die «Ursünde» gewesen[165] – gilt doch der Segen des Schöpfers vor dem Fall ausdrücklich der Zeugung von Kindern.[166]

Im übrigen wäre bei einer Deutung der Schlange selbst als «Gott» unklar, weshalb er anschließend das Menschenpaar zur Rede stellen sollte – die Erzählung verliert ihre Stimmigkeit, und zwar nicht nur bei der Schuldfrage, sondern auch bei der erwähnten Ankündigung, der Schlange werde durch eine künftige Frau noch der Kopf zertreten. Läßt man sich auf diese verwinkelte Interpretation also ein, müßte konsequent der Text in vielen Einzelheiten umgeschrieben werden: Soll sich «der Schlangen-Gott» dann in seiner Destruktivität selbst zur Zerstörung durch die Frau anbieten? So schwierig einige Passagen des Pentateuch in der Tat zu verstehen sind[167], so gewinnen sie keineswegs an Klarheit, wenn Gott selbst dem Satan zugeschlagen wird.

Einer Erörterung wert bleibt zweifellos die Frage, ob und mehr noch: warum sich Gottes Gutheit nicht der *Erfahrung* zuweilen unlesbar zeige, nämlich als schweigende, fehlende, nicht eingreifende, nichts Böses verhindernde Größe. Dennoch ist biblisch darauf zu bestehen, vor allem im Lichte des Neuen Testaments, Gott sei gut, ohne Einschränkung. Der Erste Johan-

---

165 Schalom Ben-Chorin, Was ist der Mensch?, 24.
166 Gen 1, 28. Thomas von Aquin vermutet – entgegen dem Vorurteil sexueller Verklemmung im Christentum –, die Lust der Ureltern bei der geschlechtlichen Vereinigung sei unvergleichlich höher gewesen als nach dem Fall.
167 Die drei erwähnten «archaischen» Erzählungen spielen auf unterschiedlichen Ebenen: Der Jakobskampf enthält eine Erprobung, die mit dem Segen und dem auszeichnenden Namen Jakobs als Israel = Gotteskämpfer endet; die zweite, durchaus grausame Erzählung von der Tötung der ägyptischen Erstgeburt steht im Kontext der Rettung Israels durch den Exodus; die dritte schwierigste mit dem Blutbräutigam wird exegetisch der Einforderung kultischer Beschneidung zugeordnet, enthält aber möglicherweise verstümmelte, sehr alte Überlieferungsstränge numinoser Tradition.

nes-Brief bringt es auf den anti-mythischen, anti-polaren Punkt: «Gott ist Licht, und keine Finsternis ist in ihm.»[168] Daher müssen die Erfahrungen des Bösen vor dem Hintergrund dieses Offenbarungs-Satzes anders und tiefer reflektiert werden.

25. Vierte Gegenrede: Schuld als Ausdruck menschlicher Verkümmerung? Friedrich Nietzsche

Gegenüber den Entwürfen einer ontologischen und individuellen Schuld arbeitet die Moderne seit dem 19. Jahrhundert mit der Verlagerung von Schuld auf das Schuld*gefühl*. Die erfolgreichste Gegenrede gegen die Schuld ist jene, die sie überhaupt auf eine Fiktion zurückdrängt – eine Fiktion aufgrund menschlicher Feigheit, sich von der «Kompaktheit»[169] von Mythos und mythisch grundierter Religion, verkleidet und überhöht in Metaphysik, zu trennen. Schuld sei, tiefer durchschaut, nichts anderes als Schuld*bewußtsein*, aus trüben religiösen Quellen zweckhaft vermittelt und aufgedrängt. Wirkliche Schuld sei inexistent, vielmehr aus durchsichtigen Interessen anderer herbeigeredet, schlichtweg Funktion mißgeleiteter oder absichtlich repressiver Macht. Allerdings sei nicht auszuschließen, daß erfundene Schuld von ihren Erfindern selbst durchaus geglaubt wird – wie nach Tacitus bestimmte Gerüchte sowohl erfunden sind als auch augenblicklich geglaubt werden (*fingebant simul credebantque*[170]) – eine Eigenart der psychischen Mechanik, so daß die Täuscher letzten Endes selbst Getäuschte sind.

Schuld verrät sich nach dieser These als eine kollektive Autosuggestion, als blutloser Fremd- und Selbstbetrug um das eigene Leben.

---

168 1 Joh 1, 5.
169 Kompakt nennt Eric Voegelin den Mythos wegen seiner zyklischen Geschlossenheit; vgl. ders., Ordnung und Geschichte, Bd. II.
170 Tacitus, Annalen, V. Buch.

Moral selbst als Quelle von Schuld
Für Nietzsche ist die Erfindung von Moralen, sei es der jüdischen, griechischen oder christlichen, grundgelegt durch ein doppeltes Nein: zu sich selbst und zur Welt. «Hinterwelt»[171] ist jenes Gedankenprodukt, in das die starken, positiven Kräfte des Lebens umgesiedelt werden. Philosophisch gesehen wird dorthin das Sein verschoben, in jener Tragi-Komödie der abendländischen Metaphysik, die nach Nietzsche mit Platon beginnt. Erst aus dem «Jenseits» der Welt, ihrer Idealität, erhebt sich ein Sollen, möglich geworden durch die Entmachtung und Herabsetzung des Diesseits. Unter dem Gesetz solcherart pervertierter Moral bleibt kein Ding es selbst: Dasein wird schuldhaft, scheinhaft, schattenhaft, wie in Platons Höhlengleichnis symbolisiert – immer zum Dank und zur Zurückzahlung von Schuld(en) verpflichtet. Lösung von der Verhaftung in solcherart Nicht-Sein wäre einzig das Durchschauen dieser unnatürlichen Zweiteilung in ein «unten» der Schattenhöhle und «oben» der Idealität; es wäre die Befreiung vom Sollen, der Widerspiegelung des menschlichen Nicht-Seins, des endlosen hündischen Dankens.

Bei Nietzsche wird Moral selbst zur Schuld: zur halb freiwilligen, halb undurchschauten Selbstzerstörung aufgrund eines Gedankenkonstrukts. Es wirkt um so nachhaltiger, als das Betrogenwerden einer menschlichen Schwäche entgegenkommt: der Furcht vor Selbstand, vor dem Verlassen der in mancher Hinsicht bergenden Schattenhöhle. Ist der Unselbständige nicht unentwegt auf der Suche nach einem Herrn, der ihn prügelt? Erst bewußte Immoralität springt aus dieser Sklaverei in das wahre, kraftvolle Menschsein über; «jenseits von gut und böse» liegt die Freiheit des Menschen zu sich selbst, die Freiheit eines Selbstbezuges, der kein anderes Gesetz als sich selbst hat. Anders: Leben löst sich unverzüglich aus seiner Verschuldung, wenn es sich als immer

---

171 S. das Kapitel «Von den Hinterweltlern», in: Friedrich Nietzsche, Also sprach Zarathustra, Buch I, Werke, GA, hrsg. v. G. Colli/M. Montinari, 6. Abt., 1. Bd., Berlin 1968.

schon gerechtfertigt begreift: Dazu muß es ursprungslos aus sich selbst stammen, danklos in sich selbst münden. Die Ketten der Herkunft und folglich des Geschuldetseins sind zugunsten einer Selbstzeugung des Übermenschen zu lösen.

Menschwerden bedeutet in diesem Kontext das überlegene Verweigern allen Sollens, auch der sozialen «Mitleidsmoral»; erst die ungebrochene Wahrnehmung des eigenen Ich entbindet von schwächenden Rücksichten und Beziehungen. In diesem grandiosen Sinne an anderen schuldig werden heißt sich ohne Selbstzweifel freisetzen. Solcherart Erlösung verdankt sich dem Erstgeburtsrecht des Ich, rechtfertigungslos, schuldlos es selbst zu sein: niemandem verpflichtet, notwendig a-moralisch. Mit diesem bewußt und gewollt prometheischen Ansatz werden die irritierenden Vorläufigkeiten der Existenz mit der Geste des Übermenschen durchgestanden, der seine eigene Unstimmigkeit hinter sich gelassen hat. Auf dieser Stufe kommt es zum Ertrotzen des Selbstseins gegen alles Anders-sein-Sollen. Am Eingang des *Zarathustra* steht die Gewalt des Löwen auf gegen die Gewalt des Drachen – jener «tausendjährigen», goldglänzenden Schimäre des «Du sollst».[172]

Denn «Gott», dieser Garant der Moral unter lauter Schatten, kommt nach Nietzsche nur zustande durch die Selbstverarmung des Menschen. Er ist ein Ja aufgrund eines Nein (zum Menschen), Produkt einer Negation des vorhandenen Glücks.[173] Alles Sein saugt er an sich als der große Entzug, der Vorenthalter. «Gott» ist die Armut der Welt, die Entleerung ihrer Freiheit, die Leiche des Endlichen, das «Ressentiment der schlecht Weggekommenen».

«Gott ist tot» hieße dann: Der Mensch hat keine Angst mehr, sich selbst unendlich zu bejahen. Es hieße: Aufleuchten der zu sich selbst befreiten Freiheit, wo der ent-worfene Gott zurückkehrt

---

172 Zarathustra, 26.
173 Vgl. Ferdinand Ulrich, Nietzsche und die atheistische Sinngebung des Sinnlosen, in: Atheismus kritisch betrachtet. Beiträge zum Atheismusproblem der Gegenwart, München 1971, 27–70.

in den Menschen. «Gott» wäre nicht mehr Vergangenheit eines fiktiven uneinholbaren Schöpfers und Gesetzgebers, sondern die Gegenwart der Erde selbst: «Erde» würde wieder zur Landschaft der Unschuld, unbelastet von einem «Drüben», das abgespalten-drohend über ihr brütet. Es gäbe das absolut erfüllte Hier, den voraussetzungslosen Einsatz.

Allerdings folgt dem «Tode Gottes» zunächst noch nicht das würdevolle Freisein von irrealer Schuld, sondern, durch die lange Verbiegung der Seele bedingt, ein unmittelbares Erschrecken: Die Welt wird sinnlos. «Diese lange Fülle und Folge von Abbruch, Zerstörung, Untergang, Umsturz, die nun bevorsteht: wer erriethe heute schon genug davon, um den Lehrer und Vorausverkünder dieser ungeheuren Logik von Schrecken abgeben zu müssen, den Propheten einer Verdüsterung und Sonnenfinsterniss, deren Gleichen es wahrscheinlich noch nicht auf Erden gegeben hat?»[174] Es fehlt der Kompaß für oben, unten, für günstigen oder ungünstigen Wind, für Heimat oder Fremde: Sinn (gleich Richtung auf ein Ziel) bricht zusammen.

Die schmerzliche Erfahrung des «Umsonst» tritt auf, eines gequälten *frustra*, nicht des *gratis*.[175] Diesen enttäuschten Nihilismus sieht Nietzsche für Europa und die Wissenschaft voraus; freilich sei er noch «unvollständig»: Die Zustimmung zur Wertlosigkeit der Werte, zur Sinnlosigkeit des Sinns, der «vollkommene Nihilismus» bedarf nach ihm einer Anlaufzeit von zweihundert Jahren.

---

174 Die Fröhliche Wissenschaft, in: GA, 5. Abt., 2. Bd., Berlin 1975, 255.
175 Frustration herrscht als «Grundwasser» nicht allein im Existentialismus (Sartre), sondern ist längst eingesickert in der Gesamtkultur. Eva Zeller, protestantische Lyrikerin, schreibt 1975 das Gedicht *Nach dem Tod Gottes*: «Danach / zerreiße ich nicht/meine Kleider // Ich rolle mich wieder zusammen/Tödliche Augenblicke/überlebt man am besten/in der Krümmung nach vorn / den Kopf auf den Knien / Mit der Grimasse des Keimlings / Wehrlos / ohne Fingernägel und Zähne / Wieder angenabelt in der / zottigen Höhle/ [...] Ich muß weiter zurück/wo nichts mehr frohlockt/ künstlich und fein bereitet / worden zu sein.» (in: Kontexte Forum Religion, Düsseldorf 1986, 203).

Die Rückholung des Göttlichen auf die schuldlose Erde
Nietzsches theoretischer Kern drückt sich in dem Vorwurf aus, Platon zuerst, dann Judentum und Christentum hätten die Erde verraten. Es sei die Weltbemächtigung derer, die der Erde und ihrer tiefen Lust nicht gewachsen seien, der Schwächlichen, der Angekränkelten – Metaphysik und Religion dienten als Kompensation der Unfähigkeit zu leben. «Das prachtvolle ‹Tier› muß zuerst gegeben sein, – was liegt sonst an aller ‹Vermenschlichung›!»[176] Diese Injektion, so alt sie ist, ist gleichwohl unterschwellig wirksam. Wer assoziiert mit Religion das «gelebte Leben» und nicht eher Verzichtstimmung, Einübung ins Unvitale, Verlust der Spontaneität und des «Entschlusses zur Erde»? «Schafsmäßig, lammäugig, krauswollig, / Grau, mit Lamms-Schafs-Wohlwollen» sieht Nietzsche die Zeitgenossen.[177] Haben sie in der Tat die «adlerhaften, pantherhaften Sehnsüchte»[178] hinter sich gebracht (ohne sie je gegenwärtig zu haben)?

Seit der Religionskritik des 19. Jahrhunderts hat diese Theorie, die wesentlich eine Empörung des Gefühls der Abhängigkeit ist, den Namen und Charakter des «nichts» angenommen: Es ist nichts als Erde, nichts außer ihr, nichts über ihr, nichts hinter ihr. Nichts ist es aber auch mit einem Menschen, der nicht ganz im eigenen Leibe, in dessen Bedürfen, und auf der Erde, in der vorschuldigen Natur, zu Hause wäre. Leiblichkeit wird das Glück des Menschen, denn Leib enthält tiefere Weisheit als der spaltende, selbst abgespaltene Geist. Die Unstimmigkeit irdischer Erfahrungen gilt es anders zu deuten, Schuld als versäumtes Dasein zu erhellen, im Gegenzug das Einswerden mit dem «Hier und Jetzt» zu vollziehen. «Erde» soll Landschaft der Unschuld werden, Landschaft des integren Bei-sich-Seins. Wenn der Mensch den unbedingten Einsatz zu sich selbst vollzieht, wird

---
176 Der Wille zur Macht IV, 1045.
177 Zarathustra, 369.
178 Ebd.

jedes Gegenüber, auch der «Himmel», überflüssig. Nietzsches Vision wäre: die Erde als der Ort, an dem das Unbedingte aufbricht.

Wird die Intensität des Hiesigen erreicht, so verleiht sie ein nach-atheistisches, nach-nihilistisches Urvertrauen: zur Erde im wieder schuldlosen Anfang, zum Menschen in einem in sich gerechtfertigten Dasein. Dazu bedarf es einer letzten Verwandlung. Auch im Zurückweisen von Forderungen wird Dasein nicht erlöst: Nein oder Ja sind immer schon entfremdete, reaktive Antwort. Die Epiphanie von Sinn ist warumlos zu erfahren, fraglos darf auf der Erde verweilt werden. Jede Erfahrung würde zur Gegenwart ohne Ursache, sie würde Ursache ihrer selbst. In diesem Freiraum steht für Nietzsche die Gestalt des Kindes als die letztmögliche: «Unschuld ist das Kind und Vergessen, ein Neubeginn, ein Spiel, ein aus sich rollendes Rad, eine erste Bewegung, ein heiliges Ja-Sagen.»[179] Fülle darf ihren Beweggrund nicht in einem Mangel haben. Nichts darf dem Anfang vorweg sein; der erste Schritt des Übermenschen ist ursprünglich, kindlich. Zwar muß er durch die Stadien des «tragsamen» Kamels und des Löwen im Drachenkampf gehen[180], dann aber auch diese Stadien sowohl der Zustimmung wie der Gegnerschaft vergessen. Denn solange der Mensch die Wirklichkeit unter das Gesetz von (fremder) Herkunft und ihrer (dadurch erzwungenen) Überwindung bringt, kann er nicht bei sich verweilen. Statt dessen geht es um die ursprüngliche Reinheit des eigenen Anfangs: «Ja zu sagen, wie offner Himmel Ja sagt: still wie Licht stehst du.»[181]

Es ist festzuhalten, daß mit Nietzsche eine Intensität des Endlichen, ein tiefes Empfinden der Göttlichkeit des Irdischen ausgesprochen ist. Erde wird selbst von Herrlichkeit und Tiefe

---

179 Ebd., 29.
180 Vgl. die Symbolik «Von den drei Verwandlungen» als Schlüssel zum *Zarathustra*.
181 Ebd., «Von der großen Sehnsucht», 274.

durchströmt gesehen, sie wird numinos. Ihre Autonomsetzung erreicht offenbar den Charakter des Heiligen, einer Sinnfülle, die zur unbedingten Verehrung auffordert. Freilich bleibt zu fragen, was ihr damit zugeschlagen wird – nicht doch etwas, was einem *anderen* Ursprung zukäme? Ist dessen Charakter nicht gänzlich verzeichnet, wenn es als Entfremdung gelesen wird? Ist der Freispruch von Schuld eine Schutzbehauptung, die von der Erfahrung keineswegs gedeckt wird, sogar unerwartet eine Zerstörung des Menschlichen, des Mit-Seins in Gang setzt?

Das sind bereits Gegenfragen, die im Folgenden unterfangen werden.

VI
Gegenfragen, weitergedacht

26. Kein Verschuldetsein, keine Gabe:
Vom Stillstand des Lebendigen

In Nietzsches «Erlöstheit» tut sich eine Schwierigkeit auf, und das eben sich ins Selbstvertrauen senkende Denken gerät in eine Aporie: Menschsein widerspricht dem Mitsein. Wenn jeder in sich gründet, wessen bedarf er noch? Wenn alle reich sind an sich selbst, wer braucht noch den anderen? Vor lauter Ich wird das Du entbehrlich. Es kommt zu einer eigentümlichen Bewegungslosigkeit im Kreislauf des Lebendigen: Wo das Geben (sich) versagt oder als Machtausübung verdächtigt wird, versagt auch das Nehmen. In Nietzsches *Nacht-Lied* singt der Nur-Gebende, Nur-Reiche seinen Schmerz heraus: Er erhält nichts mehr geschenkt. Schlimmer: Er kann sich selbst nicht mehr geben, ebenso wenig wie er angenommen wird. «Licht bin ich; ach, daß ich Nacht wäre! Aber dies ist meine Einsamkeit, daß ich von Licht umgürtet bin. Ach, daß ich dunkel wäre und nächtig! Wie wollte ich an den Brüsten des Lichtes saugen! [...] Aber ich lebe in meinem eigenen Lichte, ich trinke die Flammen in mich zurück, die aus mir brechen. Ich kenne das Glück des Nehmenden nicht [...] Das ist meine Armut, daß meine Hand niemals ausruht vom Schenken.»[182]

Der Nur-Reiche wird zum Ungeliebten, bleibt sich selbst genug, bedarf keiner Beziehung zur Welt, verdankt nichts. Sein Reichtum besteht gerade darin, daß er nichts verdanken muß. Mehr noch: Der ersehnte Reichtum will sich immer selbst schaffen, bestätigen. So muß er den Brunnen dauernd aus sich selber fließend halten, ohne daß das Wasser umsonst, *gratis*, zuströmt. Letztlich bleibt

---
182 Ebd., 146.

Nietzsches «Kind» kein Kind – eine namenlose Anstrengung hält sein Rad am Rollen. Sie fußt auf dem Leistungskonzept, sich selbst genug zu sein. Und dabei «in stürzende Tränen ausschütten all dein Leid über deine Fülle und über all die Drängnis des Weinstocks nach Winzer und Winzermesser!»[183] Die Drängnis geht auf einen Nehmenden, den «großen Löser», dessen Nehmen ein Geben ist: der im rückhaltlosen, nicht gedemütigten, nicht servilen Empfangen den anderen von seinem «Golde» löst, an dem er wie Midas erstickt.

So tut sich die Frage auf, ob es einen Reichtum gibt, der nicht dem gefürchteten Gesetz von Übermacht des Reichen und Bedrängnis des Armen gehorcht, sondern sich unendlich umsonst weggeben kann. Ob die Erde, Inbild der in sich verschlossenen, übervollen Selbstgenügsamkeit, doch eine Öffnung kennt, eine Hingabe und Empfangen, ohne daß sie dadurch schon wieder ins Abhängige, Frustrierte hinuntergedrückt wird. Gibt es eine absolut erfüllte Erde, die trotzdem aus einer absolut zufließenden Fülle lebt? Gibt es ein Empfangen als Erfahrung von Freiheit? Gibt es eine Endlichkeit, die zur Vollendung kein Widerspruch ist? Gibt es eine Vergebung, vor der Schuld schwindet? Vor der sie überhaupt erst eingeräumt und damit nichtig werden kann?

Nietzsche hat öfter nach dem «zuerst Geliebtsein» gerufen, in einer «zögernden Seligkeit»[184] sich hingeben zu dürfen ohne Beschämung. Entäußerung, Verlust an den «Winzer, der mit diamantenem Winzermesser wartet, – dein großer Löser, o meine Seele, der Namenlose ...»[185] Auch wenn eines der großen Gedichte im *Zarathustra* gleich anschließend ironisiert wird, sein Sprecher ein Schauspieler, Falschmünzer, Lügner[186] heißt, ist es doch ein Schrei, der durch sein sofortiges Erschlagenwerden mit dem Stock

---

183 Ebd., 276.
184 «Die Sonne sinkt», in: Dionysos-Dithyramben, GA, 6. Abt., 3. Bd., Berlin 1969, 394.
185 Zarathustra, 276.
186 Ebd., 313.

etwas Zerreißendes erhält: Er zerreißt zwischen der Sehnsucht nach Geliebtwerden und dem gefrierenden Wissen, daß auch dies nur eine Versuchung zur Unterwürfigkeit sei. Aber ist das Verstummen des Jammers unter dem Stock schon ein Beweis gegen den Jammer?

«Gib Liebe mir – wer wärmt mich noch?
Wer liebt mich noch? – gib heiße Hände,
Gib Herzens-Kohlenbecken,
Gib mir, dem Einsamsten,
Den Eis, ach! siebenfaches Eis
Nach Feinden selber,
Nach Feinden schmachten lehrt,
Gib, ja ergib,
Grausamster Feind,
Mir – Dich! –»[187]

Wo das Kreisen von Geben und Nehmen zerrissen ist, ist zwar auch das Verschuldetsein zerrissen, aber das Sich-Geben und Sich-Nehmen-Lassen – als ausgezeichnete Form des Lebens – läuft ins Leere. Wenn ein solches Leben Freuden enthält, dann die Freuden des Autisten.

Nietzsches Begriff des höchst gesteigerten Lebens im *Zarathustra* birgt unterschwellig eine Fülle von Stagnationen: des tiefen Schlafes unter dem Weinstock, der stehenden Zeit am hohen Mittag, der einbrechenden Ewigkeit, der nicht vorrückenden Stunde, die ins Unendliche festgehalten werden will – allesamt Bilder des Stillstands. Solche Sehnsüchte verraten phänomenal mehr, als dem Pathos des sich selbst besitzenden Übermenschen recht sein kann. Es sind durchgängig Kennzeichen von «Schlafes Bruder», dem Tod. Die Höhepunkte der Erfülltheit gleiten weg in Unbewußtheit und stumme Reglosigkeit – statt gesteigerten Lebens die Angst

---

[187] Ebd., 312.

vor dem Erwachen, ein Schweben im Zeitlosen, eine Nähe zum Untergang. Eine seltsame Passivität begleitet die Ekstasen; ihre Rückseite heißt «purpurne Schwermut».[188]

Während Nietzsches «Leben» sich in sich selbst verschlingt, ist zu prüfen, ob der gesamte Ansatz nicht einen letztlich unsinnigen ungelösten Zwiespalt aufbaut: zwischen verdanktem, «geschuldetem» Leben und selbständigem Leben. Wird dieser Dualismus der Wirklichkeit des Lebendigen gerecht? Im Schuld-Zusammenhang läßt sich formulieren: Leben ist geschuldet einer uneinholbaren Herkunft, der Natalität; diese Herkunft aus einem älteren Du setzt aber zugleich Leben in Kraft, ist in einem letzten Sinn Anlaß zu Dank. Wieso sollte Dank für Autonomie die Autonomie schmälern? «Und solcher Dank zeigt dann auch, was anders zu sehen den Griechen gar nicht in den Sinn gekommen wäre: daß Dankbarkeit nicht etwa die Gestalt einer Knechtstugend annehmen muß, daß sie vielmehr ein Signum der Freiheit ist.»[189]

27. Schuld und Freiheit

Ebenso wie Schuld kann auch Freiheit grundsätzlich in Frage gestellt werden und bedarf der Sinnerhellung. Nur von Freiheit her kann überhaupt Verantwortlichkeit gefordert, aber auch Selbstbestimmung möglich werden. In einer Homilie konstatiert der Grieche Basilius, der antike Philosophie und Christentum zusammenführt: «den Schöpfer zu tadeln, weil er uns nicht sündenunfähig gemacht habe, läuft darauf hinaus, die vernunftlose und passive Natur einer rationalen, aktiven und freien Natur vorzuziehen».[190]

---

188 Ebd., 276.
189 Dieter Henrich, Bewußtes Leben. Untersuchungen zum Verhältnis von Subjektivität und Metaphysik, Stuttgart (reclam) 1999, 164.
190 Zit. nach Leszek Kolakowski, Die Moderne, 133.

Daß aktuelle Freiheit eingeschränkt sein kann, durch Zwang von außen oder Lähmung des Willens von innen, ist eine triviale Erfahrung. Daß sie aber nur deswegen eingeschränkt sein kann, weil es sie gibt, ist nicht eine triviale Umdrehung, sondern verweist auf eine Grundbefindlichkeit, die jeder Verwirklichung oder Verwehrung von Freiheit vorausliegt. Diese Grundbefindlichkeit ist immer auch konkret umsetzbar in geschichtliche Erfahrung oder deren Ausfall, aber sie ist in jedem Fall eine vorgängige (transzendentale) Größe, die in jeder konkreten Freiheitserfahrung wirklich-wirksam wird. Transzendental formuliert lautet sie: «Dort, wo Freiheit wirklich begriffen wird, ist sie nicht das Vermögen, dieses oder jenes tun zu können, sondern das Vermögen, über sich selbst zu entscheiden und sich selbst zu tun.»[191] Daher ist auch ein indeterministischer, uferloser Freiheitsbegriff sinnlos, der darauf hinausläuft, alles und auch sein Gegenteil mit gleicher Motivation tun zu können: «Eine Entscheidung, die unter exakt gleichen Bedingungen auch anders hätte ausfallen können, ähnelt eher der grundlosen Beliebigkeit eines Münzwurfs als einem freiverantwortlichen Handeln. Die Aufhebung jeglicher Abhängigkeit einer Handlung vom Handelnden erweitert deshalb nicht etwa dessen Handlungsspielraum, sondern macht ihm selbstbestimmtes Handeln unmöglich.»[192]

Das Stichwort «Überantwortung» führt noch eine Spur weiter, nämlich nicht allein zur Selbstverfügung, sondern überhaupt zum Phänomen eines *vorgängigen* Daseins, um verfügen zu können: Das Subjekt ist sich selbst gegeben oder sich zugeschickt und kann dazu nochmals Stellung nehmen. Anders: «Freiheit (ist) zunächst einmal die Überantwortetheit des Subjekts an sich selber, so daß die Freiheit in ihrem Grundwesen auf das Subjekt als solches und ganzes geht.»[193]

---

191 Karl Rahner, Grundkurs des Glaubens. Einführung in den Begriff des Christentums, Freiburg (Herder) ²1976, 49.
192 Michael Pawlik, Ein Plädoyer für das Wegsperren, in: FAZ vom 12. 10. 2007, 45.
193 Rahner, Grundkurs, 101.

Mit der Formulierung «das Subjekt ist sich selbst gegeben» ist die Differenz von «ich» und «sich» geöffnet, die für den Gang des Gedankens wesentlich werden wird, enthält sie doch einen aktiven Ich-Aspekt des freien Daseins und einen pathischen Sich-Aspekt, den es (frei) anzunehmen oder zu übernehmen gilt. Dazu später genauer.[194]

Solche Selbstannahme oder möglicherweise -ablehnung geschieht nicht ein für allemal, auch nicht notwendig bewußt, sie ist vielmehr sich selbst großenteils undurchschaubar, da nicht unmittelbar dem Willen zugänglich. Sie vollzieht sich eher unauffällig in Welt, Zeit und Geschichte zerstreut, in einzelnen Handlungen an Objekten, was freilich auch im geringfügigen Tun auf das Ich zurückverweisen kann. Insofern geschieht ihm auch nichts Entscheidendes «zufällig», sondern aus dem Charakter der Selbststellungnahme, aus unbewußten Vorentscheidungen heraus.[195] Daher lassen sich zwar durchaus ererbte Anlagen und alltägliches Verstricktsein in Schicksal als Entschuldigungsgrund anführen, im Letzten aber weiß das Ich von seiner Zuständigkeit. «Nicht durch die Schuld der Sterne, lieber Brutus, / Durch eigne Schuld nur sind wir Schwächlinge.»[196] «Schuld? Was ist das? Wir haben unsern Körper, unser Blut, unser Hirn, unsere Ahnen übernommen. Da wir unser eigenes Schicksal nicht formen können, wie könnten wir Schuld haben am Schicksal der andern?

---

194 Vgl. den Abschnitt über Michel Henry, VIII, 35.
195 Auch davon weiß der Mythos, etwa in witziger Form in der arabischen Erzählung von *Abu Kasems Pantoffeln*, die gegen den Willen ihres geizigen Besitzers solange zu ihm zurückgebracht werden, jedesmal mit einer horrenden Verpflichtung zum Schadenersatz, bis Abu Kasem ruiniert ist. Vgl. die Auslegung durch den Indologen Heinrich Zimmer, Fahrten und Abenteuer der Seele, Köln (Diederichs) 1977. – In Dostojewskijs frühem Roman *Der Doppelgänger* zerstört sich der Anti-Held ebenso zunehmend selbst, da er auch alltägliche Herausforderungen nicht wirklich beantwortet und in einer Scheinwelt zugrunde geht – bei ihm liegt der Grund in einer außerordentlichen Ichschwäche.
196 William Shakespeare, Julius Caesar, 1. Akt, 2. Szene.

[...] Es hat so kommen müssen. Aber was hilft mir das, da ich doch dein Leben zerstört habe!? Ich bekenne, was du auch getan hast, *ich*, nur *ich* bin verantwortlich dafür.»[197]

Von der innersten Möglichkeit der Selbstübernahme oder -ablehnung her erhellt sich noch einmal das Phänomen der Schuld, ja der Mensch läßt sich als Wesen der radikalen Schuldbedrohtheit beschreiben.[198] Religionsphilosophisch läßt sich in der Art der Selbstübernahme weitergehend die in der Genesis symbolisch vorstrukturierte Urschuld finden. Sie bedeutet die Nichtannahme des eigenen Selbst als eines *datum*, sofern es nicht über einen selbsteigenen Ursprung verfügt, sondern in sein Dasein verfügt (geradezu verfugt) ist. Diese Auslegung der Urschuld lautet: Wo der Mensch das Sich-zu-eigen-Gegebensein steigern will: zur Selbstgabe, ursprungslos, danklos, indem er den Geber selbst usurpieren will («sein wie Gott»), ist Ur-Schuld realisiert. Selbsteigener Ursprung zu sein ist die wahnhafte Versuchung. Sie greift allerdings nur, weil sie tatsächlich so nahe am wirklichen Verhältnis zum Schöpfer liegt: am Ebenbild-Verhältnis. Aus *datum* soll aber *factum* werden: *homo faber sui ipsius*. Schuld bedeutet in dieser Hinsicht die verneinende Stellungnahme zum eigenen Gegebensein. «Die Gefahr der falschen Gründung ist der Abgrund, der sich im Menschen auftut.»[199]

Die Lockung der Schuld entspringt insgeheim dem Beharren auf naturwüchsiger Eigenmacht. *Tremendum et fascinosum* muß nicht nur der göttliche Ursprung selbst sein, es kann auch die Provokation sein, sich über das Gebotene hinwegzusetzen, die zitternde Lust, den gezogenen Radius zu verlassen, «und sollte ich sterben». Das Tun selbst lockt, nicht das Ergebnis. So die Selbstbeobachtung von Augustinus, der mit der Analyse seines jugendlichen Birnen-

---

197 Franz Werfel, Der Abituriententag (1928), Frankfurt (Fischer) 1965, 162f.
198 Vgl. Rahner, Grundkurs, 97–121.
199 Jürgen Habermas, Das Absolute und die Geschichte, Diss. 1954, masch., 289.

diebstahls in die Ahnenreihe der Tiefenpsychologie gehört: «Ich stahl, was ich im Überfluß, ja noch viel besser besaß. Auch wollte ich nicht, was der Diebstahl mir verschaffte, genießen, sondern den Diebstahl selbst und die Sünde. [...] Ohne jeden Grund nämlich war ich böse, und meiner Bosheit Grund war nur die Bosheit selbst. Abscheulich war sie, und trotzdem liebte ich sie, liebte mein Verderben, liebte meinen Fehltritt. Nicht den Gegenstand, der mir zum Falle wurde, nein, den Fall selbst liebte ich.»[200]

Die Tiefe dieser möglichen und offenbar naturhaft naheliegenden Verschuldung wird als «Erbe», als unausweichlicher *slippery slope* erfahren. Dennoch ist ihre Aktualisierung, das Abgleiten in die Ich-Sucht, je vom einzelnen zu verantworten. Darf Kain deswegen nicht erschlagen werden, damit das Mal an seiner Stirne als Warnzeichen des Brudermords nicht aus der kulturellen Aufmerksamkeit verschwindet? Konkret ist Erbsünde als Mißbrauch der Freiheit vorfindlich: Eigenes Selbstsein wird dem anderen vorgeordnet.

In der maximalen Ausdehnung von Verschuldung am anderen wird dieser andere sogar vernichtet: entweder leiblich oder seelisch (wirksam getränkt mit der Empfindung seines eigenen Nichtseins, Nichtigseins) oder – in einer weniger offenbaren Weise – durch anderweitigen Ersatz, sogar technische Nachbildung seiner Funktion für das Ich. Damit kommt jene Verdinglichung ins Spiel, die aus dem anderen ein Werkzeug der eigenen Daseinssteigerung macht. Soweit – auch maschinenhafte – Surrogate der Beziehung im intimen, vor allem sexuellen Bereich zwischen Menschen auftauchen, tragen sie Züge des Dämonischen.[201] Schon Hugo von St. Victor leitet in seinem *Didaskalion*, 1128 erschienen, die Kunst der Mechanik ab von dem griechischen Wort für Ehebrecher oder Verführer, *moichos*. Das *tertium comparationis* liegt in der Werkzeuglichkeit selbst, in der Gefügigkeit der Verwendung, die dem eigen-

---

[200] Aurelius Augustinus, Confessiones/Bekenntnisse, in: Gesammelte Werke 7, München (Kösel) 1914, 31f.
[201] Vgl. Henry, VIII, 35.

süchtigen Sich-selbst-Wollen keinen Widerstand mehr entgegensetzen kann. Diese Gefügigkeit des Unterworfenen muß sich als Hohlraum präsentieren, in den der Überlegene sich ergießt.

Am offenkundigsten geschieht dies in zwei Momenten, die in die Mitte der Beziehung führen: in der Liebe (der Ur-Relation) und im Leben selbst (dem Ur-Vollzug von Dasein). Surrogate der Liebe und Surrogate des Lebens zählen zu den eindrücklichsten Verschuldungen am anderen, die ihm Freiheit und Selbstsein vorenthalten und in der Rückwirkung auch den «Vorenthalter» selbst treffen: ihn ins «Nichts» einer eigensüchtigen Leere versiegeln.[202]

28. Schuld als Selbstverschließung ins Nichts: Romano Guardini

«Daß der Wille beugsam ist zum Bösen, das ist ihm eigen [...] kraft seines Ursprungs aus dem Nichts»[203], so Thomas von Aquin.

Was meint «Ursprung aus dem Nichts»? Guardini hat dieser Frage ein Meisterwerk gewidmet: *Welt und Person*, Frucht anthropologischer Vorlesungen in Berlin und abgeschlossen 1939 nach dem Entzug seines Lehrstuhls. In vielem ist es eine untergründige Auseinandersetzung mit Heidegger[204]; «Person» wird zur Antwort auf «Existenz».

Dasein – nicht nur des Menschen – ist nach Guardini von sich aus markiert durch das von innen und von außen heransteigende Nichts. Nichts meint das reale Nicht-Gewesen-Sein

---

202 Vgl. Ferdinand Ulrich, Gabe und Vergebung. Ein Beitrag zur biblischen Ontologie. Schriften V, hg. u. eingeleit. v. Stefan Oster, Einsiedeln (Johannes) 2006.
203 Quaestiones disputatae de veritate, 22, 6 ad 3.
204 Vgl. H.-B. Gerl-Falkovitz, Romano Guardini e Martin Heidegger. Annotazioni a un dialogo che non è mai avenuto direttamente, in: Humanitas 4 (2007), 790–805.

aller Dinge, die einem zeitlichen Anfang entspringen, und das Angrenzen des Endlichen an sein künftiges Nichtsein im Tode.[205] Nichts kann gelesen werden als «Wüste», in die der Mensch erschreckend hineingehalten oder «geworfen» ist, ohne den Wurf mitzubestimmen. Es kann aber auch gelesen werden als jenes Nichts, aus dem geschaffen wurde – eben damit aber zeigt es gegen alle Schrecklichkeit ein ins Dasein Setzendes, personal formuliert «die von Innen her tragende Hand Gottes»[206]. In beiden Fällen muß sich die Selbsterfahrung dem Abgrund des Nichts stellen; im ersten Fall weglos «entschlossen» (Heidegger), im zweiten Fall auf den gewiesenen Weg vertrauend (Guardini). Sich als Geschöpf begreifen heißt, dem eigenen Weg vom Nichts zum Sein nachdenken.

Für das Vertrauen gegenüber diesem Weg spricht, daß die Erfahrung des Nichts keineswegs einfach gemacht wird, sondern erst ansichtig werden kann an einem Kontrast. «Dieses Daseinsganze ist umgrenzt; nicht nach einem darumher liegenden leeren Raum, der ja ebenfalls zu ihm gehören müßte, sondern nach dem Nichts hin. Das wirkliche Nichts kommt aber erst in einem religiösen Akt zur Gegebenheit: als jenes, das Gott zwischen sich selbst und jedes Geschöpf gestellt und ‹aus dem› er die Welt geschaffen hat. Erst an der Gotteserfahrung wird endgültig klar, daß die Welt eingegrenzt ist.»[207]

Das bedeutet auch, daß ein Gang in das eigene Innere so lange ziellos und insofern unkonturiert bleibt, solange er nicht wirklich, religiös vermittelt, vor dieses Nichts gerät, das dem eigenen Anfang vorausliegt. Damit aber, durch die bis zum Erschrecken wahrgenommene Endlichkeit in die «Schranken gewiesen», ist es

---

205 Vgl. Romano Guardini, Theologische Briefe an einen Freund. Erfahrungen an der Grenze des Lebens, hg. v. Felix Messerschmid, Paderborn (Schöningh) 1976.
206 Romano Guardini, Welt und Person. Versuche zur christlichen Lehre vom Menschen, Würzburg (Werkbund) 1939, 47.
207 Ebd., 46.

erst möglich, «die Ganzheit meines Selbst, stehend in der Ganzheit des Daseins überhaupt, zu Bewußtsein» zu bringen.[208]

Guardini wendet damit den Gedanken des Nichts in den Ermöglichungsgrund für Selbstsein; anders: Selbstsein ist Folge von Geschaffensein aus Nichts und von realer Erfahrung der Angrenzung an den «Ganz-Anderen». Es ist offenbar ein unabhängiger (göttlicher) Ursprung, der die Erfahrung des Nichts ebenso wie die seines schöpferischen Rufes ins Dasein machen läßt. Beides in je eigener Weise: «Das echte ‹Nicht› und ‹Nichts› kommt von der Wirklichkeit Gottes. Er ‹weist die Welt in ihre Grenzen›, indem er deutlich macht, daß sie nicht er; daß er über ihr und innert ihrer; daß er der aus sich selbst und eigentlich Seiende, ‹der Herr› im ontologischen Sinne, sie aber das Geschaffene und nur ‹vor ihm› seiend, ontologisch im Gehorsam Bestehende ist. [...] Das eigentliche ‹Nicht› und ‹Nichts› ist jenes, welches der Satz meint, die Welt sei ‹aus Nichts geschaffen›; und ebenso der andere, die Welt bestehe immer als geschaffene, das heißt, sie sei ‹nicht Gott›. Erst von Gott her kann wirklich Welt erfahren werden.»[209]

Gegen diese Wirklichkeit und ihre Deutung ist eine Verschließung kraft einer anderen Deutung möglich. Wird nämlich das Nichts als reine Leerstelle genommen, in welche das Dasein «hineingeworfen» ist, dann wird dieses Nichts absolut, es wird numinos-dämonisch. Es ist nicht mehr Grenze, von der sich die Gabe des Daseins aufleuchtend abhebt, sondern nur noch Ende, Nichts wird zur «Pseudomorphie des Gottesbegriffs»[210], wo nicht mehr erschaffen, nur noch unbestimmt und ungefragt ins Dasein gesetzt und daraus ebenso ungefragt wieder aufgesogen wird. Wo Sinnlosigkeit am Beginn zufälligen Existierens steht (nicht mehr Sinn «im Anfang» selbst ruht), erhebt sich konsequent ein «Dennoch und Trotzdem» zum Endlichen: im Protest, in der

---

208 Ebd., 46f.
209 Ebd., 61.
210 Ebd., 65.

Revolte des Menschen gegen das Sinnlose. Guardini sieht mehrere neuzeitliche Varianten desselben gedanklichen Trotzes: ein pantheistisches Hinausschieben von Grenze, bis Endliches und Unendliches ineinander verschwimmen, wie bei Giordano Bruno, ein Bestehen auf der Kostbarkeit des Endlichen, gerade aufgrund seiner Vergänglichkeit, in Überkompensation: wie bei Nietzsche und bei Heidegger.[211] Welt «ist, je nachdem der Affekt sie betont, die leuchtende, von trotziger Kraft gespannte, oder die verzweifelt, in starrer Einsamkeit zusammengeschlossene Klammer um die Welt, die im Nichts nicht einmal ‹hängt›, sondern in es ‹geworfen› ist – wobei es dann freilich nur eine Frage der inneren Konsequenz bleibt, wann das umgebende Nichts zu einer dämonischen Wirklichkeit, zum Verzweiflung erzeugenden Gespenst des verdrängten Gottes wird.»[212]

Abgesehen davon, daß es so zu einer ungeheuren Steigerung des Daseinsgefühls kommen kann, skizziert dieses Denken den immer schon verlorengegangenen Wettlauf mit der Zeit. Es skizziert aber auch den Willen, sich nicht (mehr) zu betrügen; Harmonisierungen sind unmöglich und unredlich. Das «Fragwürdige» darf nicht mehr verstellt werden; das Pathos dieser Generation spricht vom «Wahrhaftigen». «Und wo ein Persönlichkeitsleben mit innerer Wahrhaftigkeit auf dem Wege der Vollendung ist – u. wir sind doch wesenhaft unterwegs – da gehört ihm notwendig zu die Herbheit des Gespaltenseins, der Rückfälle u. neuen Anläufe,

---

211 Ebd., 62f. Ähnlich Thomas Mann, Reden und Aufsätze (2), in: ders., Gesammelte Werke in 13 Bdn., 10, 323: «(Vergänglichkeit) ist die Seele des Seins, ist das, was allem Leben Wert, Würde und Interesse verleiht, denn sie schafft Zeit. – Wo nicht Vergänglichkeit ist, nicht Anfang und Ende, Geburt und Tod, da ist keine Zeit – und Zeitlosigkeit ist das stehende Nichts [...] Zu den wesentlichsten Eigenschaften, welche den Menschen von der übrigen Natur unterscheiden, gehört das Wissen von der Vergänglichkeit [...] Ihm ist gegeben, die Zeit zu heiligen [...] und mit ihrer Hilfe dem Vergänglichen das Unvergängliche abzuringen.»
212 Guardini, Welt und Person, 64.

das unaustragbare Leiden am Problematischen u. Fragwürdigen – das sind Wesensstücke, zugehörig dem Ethos des wahrhaft wissenschaftlichen und geistigen Menschen», so Heidegger 1919.[213]

In solchen gedanklichen Entwürfen ist ein «Zurandekommen» mit dem Tod unternommen. Ebenso ist – in philosophischer Einklammerung des «Über-den-Tod-hinaus» – eine Weise der Befriedung des Menschen in der Welt und an der Welt sowohl vorausgesetzt wie erstrebt. Der Keim eines Numinosen, tief Berührenden wird in der Welt selbst, dem Inbegriff der Endlichkeit, gesucht: Absolut gesetzte Endlichkeit trifft auf die innere Absolutheit des Menschen, nämlich die Unbedingtheit seines Entschlusses, den Tod als innerweltliches Ende anzunehmen. Tod trägt demnach seinen Sinn immer schon an sich, denn zuhandene Welt wird als solche sinngesättigt behauptet. Fragen nach Sinn und Unsinn des Todes werden in die Welt selbst hineingebogen.

Dabei wird betont: Aufgrund der Endlichkeit kämen sowohl Glück als auch Schmerz, Sinn als auch Sinnlosigkeit zur Steigerung. Ist aber der Wunsch nach Erfülltheit tatsächlich umzubiegen in das Aushalten der Unerfülltheit – was einem Entsagen des Wunsches gleichkommt? Sinn meint grundsätzlich Richtung als zielhaftes Ankommenwollen, nicht kreisende Selbstbezüglichkeit. Erschließt und verhüllt sich – durch den Index des Todes – am Grunde des Daseins nicht mehr als dieses Dasein? Doch in der Nachfolge Heideggers läßt sich eine «Inversion» des Todes, also nicht sein Hinausführen aus, sondern sein Hineinführen in Welt denken, ja damit gleichsam eine Vergöttlichung des Endlichen vollziehen.[214]

---

213 Martin Heidegger, Brief vom 15. Juni 1918 an Elisabeth Blochmann, in: M. Heidegger/E. Blochmann, Briefwechsel 1918–1969, hg. v. J. W. Storck, Marbach 1989 (Marbacher Schriften Bd. 33), 7.

214 Vgl. die Textsammlung in: Der Tod in der Moderne, hg. u. eingel. v. Hans Ebeling, Meisenheim 1979. – Günter Schulte, Philosophie der letzten Dinge. Liebe und Tod als Grund und Abgrund des Denkens, München (Diederichs) 1997.

Zu einem Phänomen der Grammatik des Nichts wird auch der westlich transformierte Buddhismus. Es kann offenbleiben, ob der historische Buddha selbst den Trug, die Illusion der Welt nur als negativen, weil nicht anders möglichen Ausdruck einer gänzlichen Andersartigkeit der Gottheit formulierte.[215] Jedenfalls nahm die buddhistische These von der scheinhaften Welt und der illusionären Existenz in Verbindung mit einer abendländischen Skepsis deren «Müdigkeit und Sinnlosigkeitserfahrung» an. «Da wird das Erlebnis des Scheins zur Basis einer verzweifelten Autonomie des in seiner Sinnlosigkeit versiegelten Daseins.»[216]

Guardini macht die verborgene religiöse Komponente dieses Vorgangs deutlich, er dechiffriert die Thesen atheistisch konzipierter Autonomie als Thesen einer religiös grundierten Revolte. «Der Autonomiewille löst die Geheimnisfülle, die Gott seinem Werk mitgibt, von Ihm, dem Überweltlichen, Freien, Souveränen, Heiligen ab und schlägt sie zum Geschaffenen. Aus ihr, die wie ein Strahl dorthin führen will, von wo sie herkommt, macht er eine Tiefendimension der Welt selbst. Ein Unternehmen, dessen Leistung, was Subtilität, Geschicklichkeit und Organisation aller benötigten Vorgänge angeht, unbegreiflich groß ist. Im Maße das gelingt, wird das Religiöse zu einem Mittel, die Welt in sich selbst zu verschließen. Das religiöse Suchen, welches eigentlich nach dem geht, was anders ist als die Welt, wird durch die Usurpation des Numinosen in die Welt selbst geleitet und in diese eingeschlossen.»[217]

Dieses Ausgespanntsein zwischen zwei verschiedenen Erfahrungsweisen ein und desselben begrenzenden Nichts führt tiefer nach innen und reißt zugleich höher hinauf. Tiefer nach innen:

---

215 Leider ist die Vorlesung Guardinis über Buddha (WS 1936/37 in Berlin) nicht erhalten. Zu seiner langen ambivalenten Auseinandersetzung mit dem Buddhismus s. Hanna-Barbara Gerl-Falkovitz, Romano Guardini. Konturen des Denkens, Spuren des Lebens, Mainz (Grünewald) 2005.
216 Welt und Person, 64.
217 Ebd., 66.

denn hier kann die «Beugung des Willens zum Bösen» (Thomas von Aquin) arbeiten – in der Selbstverschließung, in der Abschottung des eigenen Ich vor dem (göttlichen) Ursprung, aber auch im schaudernden Erkennen des eigenen Nicht-sein-Könnens und des Nicht-immer-Gewesenseins. Oder die Erfahrung reißt «höher hinauf»: denn in der Blickwendung zum Sein kann auch die Anerkennung dieses Ursprungs erfolgen, das Glück des eigenen Sein-Könnens. Im ersten Fall ist die Urbeziehung abgelehnt, zweifellos auch aus Angst vor dem darin verborgenen, abgründigen Nichtsein, aus dem der Ursprung herausbefohlen hat. Im zweiten Fall ist die Urbeziehung aufgenommen, auch gegen die eigene Angst vor demselben Nichtsein, aber im Blick auf das gewährte Sein. Freilich kann auch hier das Sein-Können wieder entkräftet werden durch das gedankliche «Vorlaufen in den Tod». Damit schwelt die Angst weiter vor dem zweiten Nichts des künftigen Endes.

Als entscheidende Differenz zwischen Heideggers und Guardinis Analyse der menschlichen Existenz ist hervorzuheben die *Ursache* der existentiellen Angst. Angst ist nach Guardini nur Reaktion, und zwar keineswegs auf ein vorgängiges Nichts, sondern auf ein erstes, ursprüngliches Versagen des Menschen, auf ein traumatisches Sich-nicht-gründen-Wollen im Grund der Herkunft. Insofern ist Angst gerade kein *Existential* im Sinne ursprünglicher menschlicher Verfaßtheit angesichts der Endlichkeit, sondern sekundäre Folge primär anders, sogar gegenteilig angelegter, nämlich vertrauensvoller, gegen das Nichts abgeschirmter, unbedrängter Beziehung. Angst ist nicht Konstatierung des bedrohenden Nichts, gleichursprünglich mit dem immer schon nichtigen Dasein, sondern Frucht einer (zu verantwortenden) Beziehungsstörung zum eigenen Ursprung. Setzt man die Analyse solcherart an, dann wird Angst relativ und revidierbar; sie läßt sich – grundsätzlich lösbar – wieder in die ursprüngliche Beziehung des Menschen zu seinem Grund (Gott) rückführen.

Statt dessen ruft die Revolte den Menschen als den geheimnisvoll Sinnlosen auf, welcher seiner Sinnlosigkeit die Intensität von

Glück und Leid als Teilerfahrung – da sich ihm das Ganze ins Absurde verschließt – entgegensetzt. Die Bedeutung des Augenblicks, des abgerungenen Glücks nimmt zu, immer vor dem verdunkelten Hintergrund eines insgesamt endlichen und ziellosen Daseins.

In solchen Denkmodellen ist eine Art Befriedung des Menschen in der Welt und an der Welt erfahren und erstrebt. Welt selbst wird ein Gegenüber, das den Menschen zwar aus seinem Autismus herauszieht, ihm aber kein Du, sondern nur ein rätselhaft Großes anbietet. In den Erfahrungen und Theorien solcher Anziehung steckt der Keim eines tief Berührenden: Das *fascinosum* der Welt erklärt sich für Guardini durch ihren Hervorgang aus dem Ganz-Anderen; zugleich zwingt er nicht, sondern weist nur auf diesen ihren Hervorgang hin. Ebenso besitzt Welt drei Eigenschaften, die «profan» anheben, aber sich ins Numinose steigern können und philosophische Antworten herausgefordert haben: Endlichkeit, Selbstverschließung, Autonomsetzung. In Bruno kommt es zur Sprengung der Endlichkeit durch die These von der unendlichen Wiederholung; Nietzsche liebt die tragisch-selbstbezügliche Welt; Buddha wie die moderne Skepsis, auch Heidegger, behandeln die Autonomie der Sinnlosigkeit, die ausschließliche und zugleich lähmende Intensität des Endlichen, die Fixierung auf den Tod.

Der Mensch antwortet diesen (Fehl-)Entwürfen mit einer darauf abgestimmten Kontur. Um der Endlichkeit zu begegnen, unterwirft er sich ihr, begnügt sich mit der Konzeption quantitativer Unendlichkeit, gedacht als zeitliche Wiederholung des Immer-Gleichen oder als räumliche Ausdehnung ins Unendliche. Zugleich faßt er sich selbst als austauschbares Element des Alls, «akzeptiert» für sich selbst die Grenze (in einer Biologisierung und Heroisierung des Todes), während Grenze «für das Ganze» allerdings nicht gelten solle (dafür steht die Metapher vom Untergang des Tropfens im Ozean des Alls).

Um der Selbstverschließung der Welt in sich, ihrer Fassung als selbst Absolutes, zu antworten, denkt sich der Mensch tragisch: als trotziges Dennoch, als Absoluter trotz und in aller Begrenzung.

Was dabei auffällt: Daß in diesem welthaften Gegenüber Glück und Schmerz, Sinn und Sinnlosigkeit zur Steigerung kommen – das Phänomen Welt ist vieldeutiger Wandlungen fähig. Jedenfalls werden die Fragen nach Sinn und Unsinn neuzeitlich in Welt hineingebogen. Andererseits könnten die Antworten, die aus der Numinosität der Welt aufsteigen, eine Grenze berühren, ja öffnen: Woher Glück und Schmerz? Wohin der Sinn? Sinn meint «über hinaus», nicht Kreisen. Erschließt und verhüllt sich am Grunde des Daseins doch die «Ankunft einer fernen Huld», wie Heidegger verfremdend sagt?[218]

Guardini setzt bei letzterem an: bei der biblischen Vorgabe, die eine Denkmöglichkeit vorgibt (und Erfahrung einschließt!), daß die Welt aus einem anderen hervorgeht, als sie selbst ist. Ihre Numinosität muß nicht in sie selbst zurückgebogen werden: Sie weist wirklich auf den Ursprung, ihr großes «Voraus», ihr älteres Du. Guardini nennt dieses Weisen «das Gnadenhafte im Dasein»[219]. Das Dasein bedarf, von der Offenbarung geöffnet, des heroischen Tragizismus nicht, der auch Heidegger affekthaft kennzeichnet.[220]

Um den Unterschied der beiden tief verwandten und ebenso tief getrennten Denker letztlich zu kennzeichnen: Heidegger spricht von Existenz als einem «Hinausstehen ins Nichts», Guardini von Person als einem «Anruf ins Sein»: «Sein schöpferisches Meinen: das ist mein Anfang [...] im Maße ich im Geheimnis dieser Kundwerdung heimisch werde, findet mein Leben seinen Sinn.»[221]

---

218 Martin Heidegger, Brief an Anita Kästner vom Dezember 1975, Widmung «Erhart Kästner zum Gedächtnis»: «Sind, die das Geläut der Stille hören, anvertraut der Ankunft einer fernen Huld?», in: Martin Heidegger – Erhart Kästner, Briefwechsel 1954–1974, hg. v. H. W. Petzet, Frankfurt (Insel) 1986, 131.
219 Romano Guardini, Freiheit – Gnade – Schicksal. Drei Kapitel zur Deutung des Daseins, München (Kösel) 1948, 140ff.
220 Ms. Mensch 191, zit. nach Gunda Brüske, Anruf der Freiheit, 107, Anm. 38.
221 Romano Guardini, Der Anfang aller Dinge. Meditationen über Genesis, Kapitel I–III, Würzburg (Werkbund) 1961, 17.

Nach Martin Buber öffnet erst das lösende, in Stand setzende Zwiegespräch mit dem «Grund» die Verschließung: «Ich werde am Du; Ich werdend spreche ich Du. [...] Im Anfang ist die Beziehung: als Kategorie des Wesens, als Bereitschaft, fassende Form, Seelenmodel; das Apriori der Beziehung; *das eingeborene Du*.»[222]

29. Die Schuld Babels, oder: Sakralisierung von Politik. Simone Weil

Es gibt wohl keine schonungslosere moderne Kritikerin der kollektiven politischen Selbstbehauptung als die französische Existenzphilosophin Simone Weil (1909–1943). Mit ihrer Aufdeckung der «Wir-Qualität» von Schuld läßt sich der Mythos vom babylonischen Turmbau reformulieren: zur Schuld kollektiver Verschließung gegenüber der Transzendenz.

Weil arbeitete bis zum Ende ihres Lebens, wenn auch in unterschiedlichen Phasen, an einer unmittelbaren gesellschaftlichen Option. Ihre revolutionären Bemühungen sind beeindruckend; zugleich sind sie ohne Zweifel gespeist von einer immer schon begleitenden metaphysischen Idee der Gerechtigkeit. «Bevor Simone Weil eine Revolutionärin der Mystik wurde, war sie eine Mystikerin der Revolution.»[223] So bei der versuchten Neustrukturierung der Fabrikarbeit und der Aktivierung von Arbeiterinnen, während ihrer kurzen marxistischen Phase als *vierge rouge*, beim versuchten Kampf auf der Seite der spanischen «Unabhängigen» 1936, der durch einen Unfall jäh beendet wird, bei ihrer (erfolglosen) Tätigkeit im französischen Widerstand ab 1941; nicht zu

---

222 Martin Buber, Ich und Du (Leipzig 1923), in: ders., Die Schriften über das dialogische Prinzip, Heidelberg 1954, 7–171; hier: 15 und 31; vgl. ebd. 32: «Der Mensch wird am Du zum Ich.»

223 Karl Pfleger, Kundschafter der Existenztiefe. Simone Weil, Max Picard, Peter Wust, Paul Claudel, Georges Bernanos, Reinhold Schneider (1952), Frankfurt (Knecht) 1979, 27.

vergessen die Theorie: ihre frühen journalistischen Warnungen – bereits seit dem Berliner Sommer 1932 – vor dem «Hitlerismus». Dennoch zeigt schon ihr eigentlich durchgängiges Scheitern (oder Nicht-gehört-Werden) bei diesen Vorhaben, daß ihr realpolitischer Einsatz ein konterkarierendes Moment an sich trägt. Eine ihrer letzten Notizen lautet: «Don Quixote. Die Unwirklichkeit des Strebens nach dem Guten in dieser Welt.»[224]

Die Versuchung des «Großen Tieres»: Kollektive Selbstanbetung
Die Gefahr des Nur-Politischen liegt nach Weil in der Vergötzung des Staates, auf den sie ohne Abschwächung das Bild aus der *Politeia* Platons[225] vom *Großen Tier, méga thrémma*, anwendet (vielleicht taucht darin hintergründig auch das Bild der Apokalypse 13, 4 auf, wo das endzeitliche Tier aus der Tiefe steigt). Antike Protagonisten des Großen Tieres sind für Weil Rom und – ärgerniserregend – Israel; dahinter schwelen die akuten Bedrohungen durch den Nationalismus Frankreichs und Deutschlands, gut religiös verbrämt. «Rom: das atheistische, materialistische Große Tier, das nur sich selbst anbetet. Israel: das religiöse Große Tier. Keines von beiden ist liebenswert. Das Große Tier ist immer abstoßend.»[226] Analog zu Rom, das die – in den Augen Weils – höheren Kulturen Griechenlands, Karthagos, Galliens auslöschte und verdrängte, sieht sie auch in Frankreich nach 1792 die Kulturen des Languedoc, der Bretagne, der Bourgogne und anderer verschwinden, indem «der Staat» sie von ihren Wurzeln abschnitt.[227] Da er die eigent-

---

224 Simone Weil, Cahiers/Aufzeichnungen. Übers. v. Christine Edl u. Wolfgang Matz, 4 Bde., München (Hanser) 1991–1998; Bd. 4, 10.
225 Platon, Politeia VI, 493 B–C.
226 Simone Weil, Schwerkraft und Gnade. Aus d. Franz. übers. u. mit e. Nachwort v. Friedhelm Kemp, München (Piper) 1989, 268.
227 Simone Weil, Die Einwurzelung, Einführung in die Pflichten dem menschlichen Wesen gegenüber. München (Kösel) 1956, 131. Vgl. Simone Fraisse, Die Nation im Denken Simone Weils, in: Heinz-Robert Schlette / André Devaux (Hg.), Simone Weil: Philosophie, Religion, Politik, Frankfurt (Knecht) 1985, 235–251; hier: 239.

liche Heimat ausradiert, kann man nur noch ihn, alternativlos, lieben – im schleichenden Übergang zu einem blasphemischen Absolutum.

Der Staat wird in doppelter Hinsicht Tier: wenn er sich nicht mehr der übernatürlichen Liebe öffnet oder sie zuläßt und wenn er sich auf eine bestimmte *Nation* abschottet: «Aber eine Nation als solche kann nicht ein Gegenstand der übernatürlichen Liebe sein. Sie hat keine Seele. Sie ist ein Großes Tier.»[228]

Aber auch der liberale Staat schottet sich ab, indem er das *Gesetz* verbindlich macht, ohne dessen transzendente Begründung im Recht zu wollen, ohne dieses Gesetz am übernatürlichen Licht zu prüfen, nämlich am Guten schlechthin und nicht einfach am sozialen Ruhigstellen seiner Bürger. «Die soziale Tugend ist der Gehorsam gegen das Große Tier, das dem Guten gleichgesetzt wird. Ein Pharisäer ist ein Mensch, der tugendhaft ist aus Gehorsam gegen das Große Tier.»[229]

Der Staat setzt sich damit selbst als Endzweck, dem – aufgrund des Schutzes seiner Bürger – Unterwerfung und Anbetung gebühren: als dem *Götzen*. Der einzelne überläßt sich willenlos dieser Vorgabe, vernebelt durch Propaganda und Parteidenken bzw. durch die Spaltung von Volk und professionellen Politikern/Gesetzgebern. So wird auch das Gesetz zu einem Mittel der Massenpropaganda, statt die übernatürliche, vorpolitische Gerechtigkeit zum Maß der Politik zu nehmen. Ein solcher Staat besitzt keine Spiritualität, keine *Gnade*; er degradiert seine Bürger zur Masse von Schutzbefohlenen und entpersonalisiert sie; sie werden Pharisäer des Eigennutzes, der mit dem Eigennutz seiner Herrschenden kollaboriert. Dieser Eigennutz kann, ja muß durchaus als *Ordnung* organisiert werden, auch als Ordnung im Dienste eines Größeren, der die eigene kleine Identität übernimmt: «Der Mensch weiht sich immer einer *Ordnung*. Nur daß – außer im

---

228 Simone Weil, Schwerkraft und Gnade, 271.
229 Ebd. 272.

Falle übernatürlicher Erleuchtung – im Mittelpunkt dieser Ordnung entweder er selbst oder ein anderes Einzelwesen steht (das eine Abstraktion sein kann), in welches er sein Ich hineinverlegt hat. (Napoleon für seine Soldaten, die Wissenschaft, die Kunst usw.)»[230] Insofern sind für Weil die Partei oder ähnliche institutionelle Größen Versuchungen der Selbstabgabe: Ordnung macht sich bezahlt um den Preis der Unterordnung. Alle Parteiungen sieht sie als tendenziell totalitär an; sie sind daher – nach ihrem letzten großen Werk *L'enracinement* – grundsätzlich abzuschaffen (Ausnahmen vom kollektiven ‹Wir›, wenn auch nicht durchgängig, sind nur die nicht gleichgeschalteten Gewerkschaften, das Vaterland im Sinne von *cité* und die Kirche im Sinne der *memoria* an das Kreuz).[231]

Eine drohende Vergötzung erfährt zeitgenössisch in Weils Augen auch die Nation. 1943, kurz vor ihrem Tod eben mit der «Einwurzelung» als einer Art Summa beschäftigt, schrieb Weil vertieft an dem Kapitel «Entwurzelung und Nation» und kennzeichnete Nation in Widerspruch zum Vaterland. «Es war vor 1940 Mode, vom ‹ewigen Frankreich› zu sprechen. Diese Worte sind eine Art Blasphemie. Man muß dies auch von den so ergreifenden Seiten sagen, die große katholische französische Schriftsteller[232] über die Berufung Frankreichs und andere vergleichbare Themen schreiben. [...] Richelieu sah sehr viel klarer, wenn er sagte, daß das Heil der Staaten nur im Diesseits entschieden wird. Frankreich ist eine zeitliche, irdische Angelegenheit.»[233]

Es sind nach Weils harter Analyse Stolz und Ungerechtigkeit, die den Götzen «Nation» aufbauen und ihm auch im Kolonialismus huldigen; statt dessen müßten für das ungleich tiefer im Menschlichen verankerte «Vaterland» Gerechtigkeit (verbunden mit Scham über die eigene ungerechte Geschichte), Treue (zur

---

230 Ebd. 137.
231 Fraisse, Nation, 244–245.
232 Anspielung auf Charles Péguy.
233 Weil, Die Einwurzelung.

Vergangenheit und ihren Monumenten) und Mitleid (mit den Opfern) entfaltet werden.[234] Mitleid aber ist bereits «grenzüberschreitend» und «unterscheidet nicht nach Vaterländern»[235]. Schon von daher steht es im Schatten des Übernatürlichen.

Dem Sog der politischen oder nationalen Selbstabgabe an die dämonische Gewalt eines undifferenzierten ‹Wir› widerspricht eine entscheidende Anlage des Menschen: das Denken. «Es gibt kein kollektives Denken.»[236] Dennoch, gerade deswegen, bietet sich das Kollektiv als Schutzmantel des einzelnen an – gegen das Denken. Auch Platons Großes Tier ist nichts anderes als die «Meinung der vielen, wenn sie zusammentreten»[237]. «Das Fleisch treibt uns, ‹ich› zu sagen, und der Teufel treibt uns, ‹wir› zu sagen ...»[238] «Die größte Gefahr liegt nicht in der Neigung des Kollektivs, die Person zu erdrücken, sondern in der Neigung der Person, sich ins Kollektiv hineinzuwerfen, in ihm unterzugehen.»[239] Eben hier liegt der Rausch, die Orgiastik des Untergangs im Bewußtlos-Allgemeinen. Selbst die Fabrik kennt und nutzt diesen Rausch, um die willenlose Einstimmung in den anonymen Arbeitsprozeß zu erzielen: «Alle Geräusche haben einen Sinn, sie sind alle rhythmisch, sie vermischen sich gewissermaßen in der großen Atmung der kollektiven Arbeit, an der teilzuhaben berauschend ist. Da das Gefühl des Alleinseins nicht beeinträchtigt wird, ist die Teilnahme um so berauschender. Es gibt nur Geräusche von Metall, Räder, die sich drehen, das Schlagen von Metall auf Metall; Geräusche, die weder von der Natur noch vom Leben sprechen, sondern allein von der ernsten, standhaften, ununterbrochenen Tätigkeit des Menschen

---

234 Fraisse, Nation, 243–245.
235 Ebd. 245.
236 Weil, Schwerkraft und Gnade, 261. Vgl. dies., Die Einwurzelung, 40: «Die Intelligenz findet sich nur im einzelnen Menschen. Es gibt keine kollektive Ausübung der Intelligenz.»
237 Platon, Politeia 493 A.
238 Weil, Aufmerksamkeit auf das Gute.
239 Weil, Die Einwurzelung.

an den Dingen. Man ist verloren in diesem großen Lärm und beherrscht ihn zugleich; denn was auf dem Hintergrund dieses andauernden, beständigen und ständig wechselnden Basses aufsteigt – und sich darin verliert –, das ist der Klang der Maschine, die man bedient. Man fühlt sich nicht klein wie in der Menge, man fühlt sich unersetzlich. [...] In den dämmrigen Stunden in der Früh und an den Winterabenden, wenn nur das elektrische Licht brennt, haben alle Sinne teil an einem Universum, das in nichts an die Natur erinnert, in dem nichts umsonst gegeben ist, alles ein Zusammenstoß, ein harter und zugleich bezwingender Zusammenstoß des Menschen mit der Materie. Die Lampen, die Riemen, die Geräusche, das harte und kalte Eisen, alles läuft zusammen in der Verwandlung des Menschen zum Arbeiter.»[240]

Weil zieht an dieser Stelle keinen Vergleich zur bergenden Gewalt des Herrengötzen Staat. Analog aber läßt sich von der fast wohligen, halb freiwilligen Verwandlung des Menschen in den Sklaven sprechen: wirft er sich doch selbst in das große Allgemeine, das birgt und trägt.

Gemeinschaft aus dem Übernatürlichen

Was rettet den Menschen vor dem naturhaften Aufgehen-Wollen in einem *totum*? Genauer: vor der Vorstellung, in diesem Leben immanent Befriedung, eine endliche Ankunftsstätte zu finden? Nach der Erfahrung von Weil rettet eine Unterscheidung: jene zwischen dem Bedingten und dem Unbedingten. «Das ist das Kriterium. Den wahren Gott verehrt *jeder, der die bedingten Dinge nur bedingt liebt, ohne Ausnahme.*»[241]

Politik aus dem Übernatürlichen? Politisch heißt das tatsächlich für Weil: Staat ist erst dann gerechtfertigt, wenn er in Verbindung zur Ewigkeit steht (also den hypertrophen Charakter

---

240 Weil, L'expérience ouvrière et l'adieu à la révolution 290; zit. nach Angela Büchel Sladkovic, Verborgene Frauenwelten. Simone Weils Experiment «Fabrikarbeit» in den Dreißiger Jahren. In: Labyrinth 2 (Wien 2000).
241 Weil, Cahiers, 4, 128.

als immanenter Gott aufgibt). Zugleich verschwindet er damit keineswegs in einer unmittelbaren Theokratie. Dies gerade nicht; vielmehr stabilisiert das Ewige das Zeitliche: «Ein höchstes Gut, das heißt ein Gut, das jedes mögliche Gut einschließt. [...] Das bedeutet, daß es keine Unvereinbarkeiten zwischen verschiedenen Gütern gibt. Man verzichtet um des höchsten Gutes willen nicht auf ein begrenztes oder zweitrangiges Gut. [...] die Güter sind gut nur als Schatten des höchsten Gutes.»[242]

Moralität und Humanität wurzeln in der Geistigkeit einer Gemeinschaft von einzelnen (niemals der Masse), die sich dem Dualismus der Wirklichkeit – vom hier auf ein Dorthin – öffnen. Erst dann kann das Licht wirklich einbrechen. Sich freimachen ist die Einfallsstelle von Gnade; sie ist es, die die Notwendigkeit dieses irdischen Daseins bearbeitet. Nichts kann sich selbst von seiner Schwerkraft befreien, es sei denn durch götzenhaften Ersatz, den Raub von Freiheit. Politisch konkretisiert heißt das: Gesetze haben sich durchlässig zu halten für das *vorstaatliche, vorpolitische* Recht, für die Wahrheit der Gerechtigkeit (durchaus im platonischen Sinn).

Das geschieht zum einen über eine Konversion der *einzelnen*: zum Gewissen, zum partei- und interessefreien Denken, vor allem am Gradmesser der Nächstenliebe. Dessen Voraussetzung wiederum ist die Aufmerksamkeit (*attention libre*): die volle, ichfreie Konzentration auf den anderen, auf seine leiblichen Nöte ebenso wie auf seine geistigen Ansprüche, mit einem Wort: auf sein Leiden. Gewissen schult sich an der Aufmerksamkeit für die Leiden des anderen. Bei solcher Konzentration wird der Widerspruch zwischen Gesetz und Gerechtigkeit immer erneut fühlbar; Weil hat dazu mehrfach auf das Beispiel der *Antigone* zurückgegriffen.

Zum zweiten ist aufgrund dieser individuellen Konversion zum Ewigen das aktive politische Verändern nötig, sogar verpflichtend. Übernatürliche Gerechtigkeit muß – soweit dies freilich möglich ist – in soziale Gerechtigkeit transferiert werden. Allerdings bedarf

---

242 Ebd., 4, 8.

es gerade hier einer Unterscheidung der Geister. «Man müßte eine Aufstellung der Dinge machen, die man mit menschlichen Mitteln bekommen muß und nicht von Gott erbitten darf – und jener, die man von Gott erbitten muß und niemals versuchen darf, mit menschlichen Mitteln zu erreichen.»[243] Das Gesetz wird geschichtliche Wirksamkeit unter übernatürlicher Verpflichtung; nur von daher erhält es seine moralische Kraft. Immer aber unter der Voraussetzung bleibender Differenz zwischen göttlichem und gesellschaftlichem Raum. «Die Grundlage des Übernatürlichen ist die Asymmetrie, die nicht reziproken Beziehungen [...]»[244]

Im einzelnen kommt Weil in der *Einwurzelung* zu den Vorschlägen: nur wenige und dauerhafte Gesetze zu erlassen; sie verständlich zu formulieren, um die je eigene Einsicht und Zustimmung zu ermöglichen (Klarheit als Wirkung der *attention*); die Notwendigkeit dieser Gesetze immer erneut den Menschen aus der Transzendenz zu begründen; sie gedanklich und gefühlsmäßig zu verinnerlichen – ohne Propaganda, ohne Zwang. Aus diesem Grund verwarf sie den Marxismus, da die Revolution nur das Verhältnis zwischen Ausbeutern und Ausgebeuteten umdrehe, noch dazu zwanghaft, aber kein übergeordnetes Regulativ eines neuen, befreiten, gleichwertigen Verhältnisses im absoluten Guten kenne. Im Gegenteil: Ein solches Regulativ wird atheistisch ausgeschaltet.

Zur Durchsicht der Gesetze hin auf die übernatürliche Gerechtigkeit und das Gute bedarf es nach Weil weniger der Politiker als der Richter. Sie werden bei ihr zum eigentlichen Berufsstand der erforderlichen Aufmerksamkeit. Gerade auch für den Verbrecher ist der Richter die Einleitung eines neuen Verstehens: der eigenen verbrecherischen Entfremdung von dem Guten, die durch Strafe und Einsicht geläutert werden muß. Insofern wird der ideale Staat bei Weil ein Richterstaat mit einem gewählten Präsidenten; in den Händen der Richter sind Legislative, Exekutive und Jurisdiktion

---

243 Ebd., 4, 53.
244 Ebd., 40.

vereinigt. Zur Kontrolle dieser Macht ist eine sorgfältige Auswahl, verbunden mit einer tiefen spirituellen Schulung der Richter, notwendig.[245]

Wieweit Simone Weil hier einem Anarchoidealismus anhängt und wieweit sie die komplexe Eigensteuerung politischer Systeme unterschätzt, ist schon andernorts beleuchtet worden.[246] Dennoch bleibt der Grundgedanke nachdenkenswert: die offensichtliche Tendenz zur Selbstvergötzung einer nur dem Relativen verpflichteten, moralisch selbstdefinierten Staatlichkeit und die daraus notwendig folgende Ent-Eignung der Staatsbürger. «Es gibt zweierlei Gutes, gleichen Namens und doch grundsätzlich verschiedener Art: das Gute, welches das Gegenteil des Bösen ist, und das Gute, welches das Absolute ist. Das Absolute hat kein Gegenteil. Das Relative ist nicht das Gegenteil des Absoluten; es ist von dem Absoluten abgeleitet und steht zu ihm in einem nicht umkehrbaren Verhältnis. Was wir wollen, ist das absolute Gute. Was wir erreichen können, ist das dem Bösen zugeordnete Gute. Wir neigen ihm aus Irrtum zu wie der Prinz, der sich anschickt, die Magd statt der Herrin zu lieben. [...] Das Soziale unter der Aufschrift des Göttlichen: berauschende Mischung, die jede Willkür in sich schließt. Der verkappte Teufel.»[247]

Wird Politik von Weil mystifiziert? Einer der frühen Weil-Interpreten, der Elsässer Karl Pfleger, sprach von einer – zumindest zeitweiligen – «Mystik der Revolution» bei Weil, sofern darin rauschhaft Neues, «Göttliches» aufscheine.[248] In dieser Charakteristik wäre unterschwellig eine Verschmelzungsmystik angezeigt, die sich

---

245 Weil, Die Einwurzelung.
246 Vgl. Diogenes Allen/O. Springsted, Spirit, Nature and Community. Issues in the Thought of Simone Weil, Albany 1994. Richard H. Bell, Simone Weil. The Way of Justice as Compassion, Lanham 1998.
247 Weil, Schwerkraft und Gnade, 265f.
248 Karl Pfleger, Kundschafter der Existenztiefe. Simone Weil, Max Picard, Peter Wust, Paul Claudel, Georges Bernanos, Reinhold Schneider (1952), Frankfurt (Knecht) 1979, 27.

dem unbefragt Größeren anheimgibt im Sinne einer Abgabe der Verantwortung, einer Entrationalisierung des Erlebenden. Eben dies ist aber die «Versuchung des Großen Tieres»: subjektlose Prozesse freizusetzen, deren kriteriale Steuerung niemand mehr übernimmt. Weil lehnt diese Versuchung zweifellos als Götzendienst ab, wobei sie das Rauschhafte allerdings auch als eine (ambivalente) Variante des Göttlichen, etwa in der Figur des Dionysos, kennt. Dennoch überwiegt in ihrer politischen Theorie ebenso zweifellos der Nachdruck auf der Verantwortung, der beschwörend eingeforderten Aufmerksamkeit. Niemals, um es vorwegzunehmen, ist aus dem politischen Auge zu verlieren das Ziel aller Politik, das seit Sokrates und Platon formuliert ist: das Gute oder, in seiner politischen Verwirklichung, das Gerechte. Dies kann gerade nicht orgiastisch eingeholt werden. Schon deswegen nicht, weil es nicht als Transzendentes, sondern als wirklich und wirksam für die Welt eingefordert wird: «Man darf nicht vergessen, daß eine Pflanze von Licht und Wasser lebt, nicht von Licht allein. Es wäre also ein Irrtum, nur auf die Gnade zu zählen. Es braucht auch irdische Energie.»[249]

Die zweite Frage lautet: Wird Mystik bei Weil politisch umgesetzt? Die Antwort kann bejaht werden, denn die Grammatik der Politik wird von der übernatürlichen Gerechtigkeit her gelesen und einem erneuerten Verständnis von Gemeinschaft («Vaterland») im Unterschied zu Liberalismus, Chauvinismus und «Tyrannei». Nur: Simone Weil analysiert Politik nicht erst seit ihrem mystischen Erleben in Begriffen des Vorpolitischen und Transzendenten, nämlich bereits aus ihrer kenntnisreichen Liebe zu Platon. Platons Ideenlehre eröffnet ihr die Unterscheidung des Vorläufigen und Irdischen vom Gültigen und Ewigen, der menschlichen Satzung von der Ordnung des Guten, des Gerechten. Dieser Grunddualismus wird politisch umgesetzt. Aber: «Der Gegenstand meiner Suche ist nicht das Übernatürliche, sondern diese Welt. Das Übernatürliche ist das Licht.»[250]

---

249 Weil, La connaissance surnaturelle, 321.
250 Weil, Cahiers 2, 49.

VII
Rache und Reue im Widerstreit um die Gerechtigkeit?

30. Rache als triebhafte Gerechtigkeit

Rache ist ein menschliches Grundbedürfnis. Auge um Auge, Zahn um Zahn – dieses Recht des Ausgleichs, *ius talionis*, entspricht offenbar einem unbedingt und selbstverständlich verankerten Bedürfnis nach Gerechtigkeit. Noch dazu ist der berüchtigte Satz nicht einmal zügellos, denn er findet sich im Alten Testament als Rechtsgrundsatz, um die überschäumende Vergeltung einzuschränken: Wer ein Auge einbüßt, darf den Täter dafür nicht am ganzen Leib strafen, sondern ausdrücklich nur ein Auge rückfordern.

Wer Rache übt, ist zuvor beleidigt worden. Möglicherweise geht das Leid so tief, daß auch nach der gerechten Bestrafung das Unheil fortdauert, ja nie mehr behoben werden kann. Wie läßt sich der Mord an einem Kind, einem Freund, einer Geliebten rächen? Umgekehrt durch den Tod des Mörders, gewiß – wie in den streng verpflichtenden Kulturen der Blutrache –, aber damit ist die bleibende Lücke nicht gefüllt, kein Ermordeter kehrt wieder, nicht einmal das Auge des Feindes läßt sich in die ausgeschlagene Augenhöhle rächend einsetzen. Bestenfalls gelingt es, Sachhaftes zurückzuholen, Gestohlenes zum Beispiel. Aber auch Sachen ersetzen keine empfundene Kränkung; im Bestohlenwerden liegt ja auch ein ärgerlicher Treubruch gegenüber dem alltäglichen Anstand. Eben das läßt das Rachegefühl aufschäumen: Rache klagt das «Mehr» ein, denn über alles Entwendete hinaus wurde das Netz des üblichen Zusammenhaltes zerstört. Daraus erklärt sich, weshalb in manchen alten Rechtsüberlieferungen Stehlen mit dem Abhacken der Hand geahndet wird: Für das Gemeinwesen ist

Empfindlicheres verschwunden als nur ein Stück Brot, das gegenseitige Vertrauen nämlich, Grundlage allen Zusammenlebens.

Rache ist also nicht nur etwas durchaus Verständliches, sondern sogar sozial Begründetes, und eben darum wurzelt sie so tief in einem Gruppen-Wir, das Verstöße gegen die Gruppe im kollektiven Gedächtnis speichert, oft über lange Zeiträume und Geschlechterfolgen hin, und bei günstiger Gelegenheit ahndet. In Ablösung vom verletzten Wir-Gefühl verleiht Rache auch dem Ich eine (besessene) Identität, in entweder kochender oder kalter Leidenschaft, die sich das Ihre wieder holen will.[251] Etymologisch hängt Rache mit Rechnen zusammen: Es gibt «offene Rechnungen» menschlicher Existenz; sie werden im Laufe der Zeit mit Dreingabe, mit Zins und Zinseszins beglichen – auch hier wirkt eine «Ökonomie» des Tausches.

Justiz als Anwältin der Gerechtigkeit ist nicht eigentlich gegen die Rache, sie versucht sie nur zu «hegen», was heißt, die Leidenschaft ins Sachliche zurückzunehmen und nach dem sozial verträglichen Augenmaß – gegen das überschäumende Unmaß – zu bestimmen.

Hält ein Phänomen wie Vergebung gegen das Fühlen des Unvergebbaren stand, und wer darf überhaupt vergeben? Steht Vergebung nicht in einem Raum der Überforderung oder sogar umgekehrt von Instinktschwäche, indem sie einfach die rationale Forderung nach Gerechtigkeit, ja selbst den naturhaften Trieb zum Ausgleich überfliegt? Wird damit nicht das elementare Bedürfnis nach «Rückzahlung» des Geraubten unterlaufen, im Sinne Nietzsches eine Kastration des Ich verlangt, eine «unmenschliche» Zähmung und Brechung des Instinkts? Kann es dadurch psychologisch und pädagogisch nicht auch zu Schwächungen und Verformungen der Seele kommen?

---

251 Rache als Instinkt-Verhalten kann auch einem Tier gegenüber vollzogen werden; Herman Melville zeichnet in *Moby Dick* die dämonisch unterlegte Besessenheit von Ahab gegenüber dem Weißen Wal.

Tatsächlich gibt es ein flaches Verständnis von Vergebung, das sie mit einer Art von zahnlosem Wohlwollen gleichsetzt. Solch lauwarmes Gutsein verrät aber eine Unbetroffenheit, von der geschützt die Nicht-Beleidigten den Beleidigten zur Vergebung raten und damit den Ernst, das Bedürfnis nach ausgleichender Gerechtigkeit umgehen. Wenn Gerechtigkeit wirklich ein offenbar menschliches Grundanliegen ist, dann muß auch, ja gerade die Vergebung dem notwendigen Ausgleich selbst gerecht werden. Und dies gilt nicht nur für die Seite des Vergebenden, sondern auch für den Täter, dem die Vergebung ja nicht ungefragt nachgeworfen werden soll – wäre dies nicht auch dessen eigenem Empfinden nach «zu billig»? Bleibt Ungesühntes, oberflächlich Vergebenes nicht doch im Geheimen – auf beiden Seiten – wirksam? Wie aber verhält sich Rache zu Reue?

31. Reue: Mittlerin zur Gerechtigkeit?

Erste Einkreisung
Von der Wortwurzel hriuwa (althochdeutsch) und riuwe (mittelhochdeutsch) her gelesen, ist Reue der Schmerz über etwas *objektiv* Verlorenes. Mit der neuzeitlichen Reue ist, tiefer gesehen, die Gegenwendung, die Kehre gegen das durch *subjektive* Schuld Verfehlte, das selbstverantwortlich Verpaßte eingeleitet. Dies deutet hin auf ein Auffächern unterschiedlicher Grade und Vollzüge von Reue. Da Reue ein *intimum* des Menschen vorstellt, gibt es wohl so viele Facetten der Reue wie individuelle Gänge in das eigene Innere. Sprachlich spannt sich im Griechischen das Wortfeld zwischen *metameleia*, Bedauern, und *metanoia*, Umkehr, auf; im Lateinischen zwischen *contritio*, Zerknirschung, und *poenitentia*, Buße. Mit barocker Kraft spricht die Arie in Bachs Matthäus-Passion davon: «Buß und Reu, Buß und Reu knirscht das Sündenherz entzwei.»

In einer anderen Metapher läßt sich von einer *Farbe* der Reue sprechen: Liturgisch ist es die Farbe des Amethystes, das Violett. Es enthält symbolisch zusammengefügt das Verschattete des

Schwarzen, der Todesfarbe, aber auch den Purpur des Königlichen. In dieser Zusammenfügung ist es die Farbe leidvoller Hoffnung, des Neuaufstiegs aus einer Brechung, die Farbe der heilenden Wunde.

Einzuschlagen ist solche Suche nach der Selbst-Änderung freilich in der Regel nicht unmittelbar, nur aus dem Willen des Augenblicks allein. Platon schreibt im *Phaidros* von einer kathartischen *mania*, einem Herausgerissenwerden durch den Gott, welche schmerzhafte Ekstase selbst schon Reinigung bedeutet.[252] Reue wird erlitten, der Bereuende wird aus seiner Selbstmächtigkeit geworfen. Dieser Vorgang geschieht auf Dauer, bis zu einer bestimmten «Sättigung» der Umkehr.

Schuld wurde im Vorangehenden an ihrer tiefsten Stelle als Bruch von Beziehung gedeutet: aufgekündigtes Wir, zerbrochenes Du und ursächlich ein in Einsamkeit oder Selbstherrlichkeit eingeschweißtes Ich. In der Reue werden die schuldhaft ausgebluteten Beziehungen bis zur Erschütterung gegenwärtig. Sie verlangen nach neuer Belebung, anderem Neuansatz, und dies – wenn es einmal begonnen hat – immer unwiderstehlicher, auch im Sinne räumlicher und zeitlicher Heimkehr nach langer Selbstverbannung, kurzsichtigem Selbstausschluß. *Sero te amavi*, «spät habe ich Dich geliebt», oder noch bitterer: «zu spät habe ich dich geliebt, o ewige Schönheit»[253] – das ist ein Schrei, keine Rhetorik bei Augustinus. Ein solcher Schrei über das verlorene – nie wirklich gekannte – Du wirkt auf das Ich zurück. Auch hier gilt, daß Reue zwar die eigene Zerstörung erfährt, aber sie auslösend am Leiden, an der Enttäuschung der anderen spürt, überaus schmerzvoll und beschämend – und dieses Spüren zuläßt. Auch diese Beschämung könnte noch einmal abgedichtet werden, etwa in einer Form neuer Aggression. Wird aber die Reue sehr tief, so bereut sie gar nicht das eigene, sondern das fremde Leid.

---

252 Phaidros, 244d. Josef Pieper, Begeisterung und göttlicher Wahnsinn, München (Kösel) 1962, 98–105, entwickelt unter den fünf Arten der von Gott verhängten *mania* an zweiter Stelle die Reue.

253 Augustinus, Bekenntnisse X, xxvii, 38.

Im Phänomen der Reue finden sich demnach zwei Schritte:
– eine Distanz zu sich selbst, ein Sich-Abwenden vom eigenen unkenntlichen Dasein, unter «stürzenden Tränen»[254], von der Mitte der Person aus, und ein Verharren in der Distanz: ein Schritt des *Fühlens* mit dem zerbrochenen anderen und mit dem eigenen Zerbrochensein;
– eine tätige Entscheidung, ebenfalls schmerzlich, zur Änderung auf Zukunft hin: ein Schritt des *Willens*. Der zweite Schritt trägt das Kennzeichen der «Buße» im Sinne von «Besserung» und ist Überwindung der Verzweiflung, das Getane (zunächst) nicht mehr rückgängig machen zu können. Gregor von Nazianz, griechischer Kirchenvater des 3. Jahrhunderts, formulierte, Buße sei «gewissermaßen eine mühevolle Taufe»[255] – ein mühsames Untertauchen des alten Menschen in die Wasser der Schuld, sein «Ertrinken» darin, und das Herausgezogenwerden zu neuem Dasein, das die Erinnerung an den tödlichen Durchgang behält.

Es bedarf also einer Selbstdistanzierung in zwei Schritten, um zwei Versuchungen zu entgehen: im ersten Schritt der Versuchung zum Selbstmitleid, im zweiten Schritt der Versuchung zur Verzweiflung. Vor allem der erste Schritt der Reue bedarf der Zeit: eines längeren Verharrens in der eigenen, bisher getrübten Selbstwahrnehmung, während der zweite Schritt das Festschrauben auf das Verlorene überwinden muß. Ist das Fallenlassen in das Gefühl des Unwiederbringlichen auch im Geheimen eine Selbstbezogenheit, die sich dem Ausweg nicht öffnen will?

Judas Ischkarioth, Sinnbild nicht-bestandener, sich ins Unumkehrbare verbohrender Verzweiflung, spricht in einer expressiven Meditation Hans Urs von Balthasars: «Es gab eine Zeit, da war ich ein Sünder wie andere Sünder, und ich durfte das Geschenk deiner Gnade, das Geschenk meiner Reue auffangen, wie der Bettler den Kupferpfennig, den man ihm hinwirft in den runden Hut, ich durfte

---

254 Friedrich Nietzsche, Also sprach Zarathustra, GW: «und in stürzende Tränen ausschütten all dein Leid».
255 Gregor von Nazianz, Orationes 39, 17; PG 36, 356A.

mir Brot und Suppe damit kaufen und leben durch dich. Ich durfte das Glück der Reue kosten. Ich durfte das Bitterkraut der Zerknirschung kauen als eine Wohltat deiner Gnade; gnädige Bitterkeit übersüßte die Bitterkeit meiner Schuld. Aber heute?»[256] Reue läßt dem beleidigten und getroffenen Du eine Antwort, Verzweiflung versagt sich auch dieser Antwort noch einmal, läßt niemanden und nichts mehr eindringen: läßt das Nichts eindringen. Das vernichtete Ich wird dem vergebenden Du vorgezogen: Keiner kann und darf in den Abgrund der eigensüchtig verteidigten Leere hinabsteigen. Auch Reue wird noch einmal als Ausdruck gedemütigter Abhängigkeit vom Beleidigten verstanden und abgewehrt.

Reue: Ausdruck von Freiheit
Fühlen des Vergangenen in Empathie mit dem Zerstörten, Wollen des Zukünftigen in der Buße, in tätiger Abkehr, sind die zwei Schritte der Reue – sie bricht damit einen naturhaften Schutzraum der Seele auf: die Selbstbezüglichkeit des Menschen. Selbsthabe wird zur Freiheit erweitert, zur Freiheit der Selbstdistanz. Immer wieder bringt sich das Subjekt kraft der Reue vor seine Freiheit und radikale Bedrohtheit, das heißt: vor sich selbst. Es verwirft bereuend die falschen Alternativen, dem Guten zuwiderzuhandeln. Reue braucht dazu – neben dem Fühlen – ein kognitives Werkzeug: das Gewissen. Gewissen (als wörtliche Übersetzung von *conscientia*) trägt den Charakter des Mit-Wissens: Es ist Bewußtsein seiner selbst unter dem Maßstab des Guten als des Gesollten, also dem, was vom Ich gegenüber anderen und sich selbst (!) zu erbringen ist. Daher ist das Gewissen, das klagend oder freudig oder stumm geworden das Tun begleitet, Anwalt der Freiheit, des Spielraums eigener Entscheidung vor dem erkannten Guten. Dieses Bewußtsein begleitet das Handeln des Ich, seine Fähigkeit zur Freiheit und Bejahung des Guten, aber auch seine beängstigende Möglichkeit zum Bösen.

---

256 Hans Urs von Balthasar, Das Herz der Welt, Zürich (Arche) ²1945, 107.

Ob Reue wirksam zur Freisetzung des «besseren Ich» führt, hängt von ihrer «Tiefe» ab. Zwar ist endgültiges Gutsein in Zeit und Geschichte nicht zu erreichen, aber angekündigt oder angezielt ist es doch in den einzelnen Handlungen, die im Horizont eigener Freiheit getan sind. Zweifellos bleibt die Entscheidung über ein zeitfrei gültiges Ja oder Nein zum Guten verhüllt, vor allem für die Augen anderer – denen jedes Urteilen über diese inneren Vorgänge untersagt ist. Verhüllt bleibt aber auch das eigene Ja oder Nein zum Guten bis zu einem gewissen Grad, da es in der Lebensgeschichte immer widerrufen werden kann. Aber auf das Ganze des Daseins bezogen ist der Mensch sich selbst verantwortlich aufgegeben und zu einer entschiedenen Antwort befähigt. Auch davon weiß der Mythos, der in einem zufälligen Augenblick gleichwohl endgültig wählen läßt: Leben oder Tod, Glück oder Unglück, und sei es in der scheinbar einfachsten Form wie bei einer der zehn «Mühen» des Herkules: am Scheidewege zwischen rechts und links zu wählen. Herkules wählt richtig die Richtung nach rechts; die «Linkung» wäre Tod.[257] Solches Handeln im einzelnen darf daher nicht verstanden werden, als würden viele kleine Entscheidungen letztlich zur Bilanz addiert. Vielmehr sind auch alltägliche, immer neu zu bestätigende Teil-Entscheidungen nur aus dem Raum einer Vorentschiedenheit zu lesen, die sich jeweils einlöst.[258]

---

257 Daß die Richtungswahl ein Heraustreten aus dem Unbestimmten und damit auch Raumgewinn bedeutet, hat nachgewiesen Jean Gebser, Ursprung und Gegenwart, Jean Gebser, Ursprung und Gegenwart, München (dtv) ³1988, I, 35–59.

258 Thomas Mann, Meine Zeit, 1950, reflektiert sein gesamtes Schreiben unter dem Gesichtspunkt des «Gutmachens»: «Wenn es christlich ist, das Leben, sein eigenes Leben als eine Schuld, Verschuldung, Schuldigkeit zu empfinden, als den Gegenstand religiösen Unbehagens, als etwas, das dringend der Gutmachung, Rettung und Rechtfertigung bedarf, – dann haben jene Theologen mit ihrer Aufstellung, ich sei der Typus des a-christlichen Schriftstellers, nicht so ganz recht. Denn selten wohl ist die Hervorbringung eines Lebens – auch wenn sie spielerisch, skeptisch, artistisch und humoristisch schien – so ganz und gar, vom Anfang bis

Freiheit ist in der Tat nur zu denken als Vermögen über sich selbst, und zwar im Ganzen. Ich bin Urheber, nicht Ursache meines Tuns – auch wenn sich Freiheit nur in zeitlicher Erstreckung und sogar unthematisch, in alltäglichen und eher nebensächlichen Handlungen an Dingen und Menschen zeigen kann. «Jede geschöpfliche Freiheit ist bedingte Freiheit.»[259]

Für die Reflexion erschließt sich: Freiheit hat wenig oder nichts mit «Auswahl zwischen» Dingen oder Gütern zu tun, sondern mit Wahl des Guten: sie schließt Wahl eines Du und Selbstwahl ein. Die entfaltete Gestalt von Freiheit heißt Kehre aus der Verschlossenheit in die Öffnung zur Welt der anderen: zur Tiefe der Welt und zur Tiefe des Du, und zugleich heißt sie Kehre aus der Selbstentfremdung in ein bislang unentdecktes «Innen»[260] – eine Kehre durch Tun oder durch Zulassen von Erleiden. Und nicht selten überkreuzt sich beides: Wo man nichts tun kann, kann man leiden.

«Freiheit (ist) gerade nicht die Fähigkeit des Immer-wieder-Revidierbaren, sondern das einzige Vermögen des Endgültigen, das Vermögen des durch diese Freiheit in seine Endgültigkeit und Unwiderruflichkeit zu bringenden Subjekts, in diesem Sinne und von daher ist die Freiheit das Vermögen des Ewigen. [...] Die

---

 zum sich nähernden Ende, eben diesem Bedürfnis nach Gutmachung, Reinigung und Rechtfertigung entsprungen, wie mein persönlicher und so wenig vorbildlicher Versuch, die Kunst zu üben.»
259 Edith Stein, Endliches und ewiges Sein. Versuch eines Aufstiegs zum Sinn des Seins, ESGA 11/12, hg. v. Andres Uwe Müller, Freiburg (Herder) 2006, 342.
260 Raumbilder für dieses Selbst sind klassische Metaphern. Teresa von Avila spricht in der *Seelenburg* von einem innersten siebten Raum, ringförmig umschlossen von sechs nach außen gelagerten Räumen; Edith Stein von einer dem Selbst unerschöpflichen Tiefe nach unten. Franz von Sales nimmt darüber hinaus einen «Augenblick» bis in die Tiefe des Selbst reichender Entscheidung im Sterben an, nämlich in der Begegnung mit dem Schöpfer, den Augenblick eines letztgültigen, in voller Klarheit gesetzten Ja oder Nein zum eigenen Ursprung.

Freiheit ist nicht, damit alles immer wieder anders werden könne, sondern damit etwas wirklich Gültigkeit und Unausweichlichkeit erhalte. [...] Freiheit ist das Ereignis des Ewigen, dem wir freilich, weil wir selber die sich in Freiheit noch Ereignenden sind, nicht von außen zuschauend beiwohnen; sondern im Erleiden der Vielfältigkeit der Zeitlichkeit tun wir dieses Ereignis der Freiheit, bilden wir die Ewigkeit, die wir selber sind und werden.»[261]

32. Gewissen: Kognitives Werkzeug der Reue

Die Unrast der Reue, ihr nagendes Gefühl, verlangt nach einer Aufhellung des Gefühlten im Verstehen. Gewissen ist von seinem «Mitwissen» her das klärende Instrument, das zugleich auf eine Lösung drängt: von der Diagnose des Geschehenen zur Therapie. Ein Blick auf die begriffliche Ausbildung dieses «Werkzeuges» zeigt mehrfache mögliche Fassungen in der Geschichte.

Frühe Schritte zum Gewissen: Griechenland
Das vorklassische Griechenland[262] kennt noch keine individuelle Verantwortlichkeit, sondern «das Unrecht eines einzelnen könnte göttliche Strafe für das gesamte Land nach sich ziehen»[263]. «Manche büßen gleich, andere folgen später, und während wieder andere sich flüchten [...], büßen die Unschuldigen für deren Taten, ihre Kinder nämlich oder ein späteres Geschlecht.»[264] Von der epischen Zeit bis zur Philosophie und vor allem der klassischen Tragödie Athens läßt sich der allmähliche begriffliche Übergang von einer von oben

---

261 Karl Rahner, Grundkurs des Glaubens. Einführung in den Begriff des Christentums, Freiburg (Herder) ²1976, 103.
262 Vgl. Otto Seel, Zur Vorgeschichte des Gewissens-Begriffes im altgriechischen Denken, in: Fs F. Dornseiff, hg. v. H. Kusch, Leipzig 1935, 291–319.
263 Hesiod, Werke und Tage, 240ff., vgl. 260f.
264 Solon, Fragment 1, 25ff.

verhängten theonomen und von den Göttern gewollten Verblendung zu einer eigenen schuldhaften inneren Blindheit des Herzens verfolgen. In dieser Verblendung des Menschen sind die Götter nicht nur undurchschaubar, selbst zwischen Gut und Böse schwankend, sondern auch heimtückisch. «Erst hast du Fuß gefaßt, dann heben die Götter dich empor und werfen dich auf den Rücken», so die unheimliche Formulierung von Archilochos, die im 7. Jahrhundert vor Chr. das mythische, zweideutige Hell-Dunkel der göttlich-dämonischen Welt beschreibt. Ebenso bezeichnete Homer den unsinnigen Streit zwischen Agamemnon und Achilles als von Zeus verhängte, den Verstand trübende Wirrnis, *áte*[265]; auch er unterscheidet noch nicht zwischen einer sittlichen Schuld und einem unfreiwilligen Versehen oder absichtslosen Tun. Eine Wertung nach Gut und Böse erfolgt noch vorwiegend nach dem Erfolg oder Ergebnis des Handelns, so daß gesellschaftliche Ehre und Ansehen zum Ausweis des Guten oder Rechten werden. Umgekehrt entspringt gesellschaftliche Schande einer Sanktion der Götter. Ebensowenig ist es das eigene Innere, das den Menschen vor Unrecht warnt, sondern eine von außen eintreffende Botschaft der Götter. Das bedeutet aber: Menschliche Rache und göttliche Strafe im Vollzug des Götterspruchs sind noch ununterscheidbar.[266] Erst ab dem 5. Jahrhundert v. Chr. kommt es bei Herodot zur *inneren* Stimme und bewußten Furcht vor unrechtem Handeln: *syngignóskein* heißt miterkennend sich den eigenen Fehler eingestehen.[267]

Die «Aufklärung» der Achsenzeit bei den Tragikern Aischylos und Euripides macht den zerreißenden Widerspruch zwischen einer absichtslosen Verstrickung in Schuld und einer inneren Selbstbestrafung deutlich.[268] In der *Orestie* des Aischylos stellen die

---

265 Homer, Ilias 19, 95–144; 268–274.
266 Vgl. U. Stebler, Entstehung und Entwicklung des Gewissens im Spiegel der griechischen Tragödie, Bern 1971; M. Class, Die Gewissensregungen in der griechischen Tragödie, 1964.
267 Herodot 6, 61; 7, 13; 9, 122 u. a.
268 Eumeniden, 94–116.

Erinnyen das fühlbar-grausame Gewissen dar, das Orest zu Recht verfolgt; dabei drängen sie ihn einerseits zum Muttermord[269], andererseits bürden sie ihm aus demselben Grund ein qualvolles Schuldbewußtsein auf. Die verzehrende Krankheit, an der Orest leidet, heißt Mitwissen, *sýneisis*, «weil ich mir nämlich bewußt bin, Furchtbares vollbracht zu haben».[270]

Sophokles wiederum psychologisiert den inneren Kampf zwischen politisch notwendigem Gesetz und göttlichem Recht (*nómos*): Antigone entscheidet sich für das blutsmäßige, göttlich-archaische Sippenrecht (den Bruder zu begraben) gegen das königliche Gebot (ihn wegen Hochverrats nicht zu begraben).[271] Umgekehrt wird Kreons innere Verblendung (*áte*), mit welcher er dieses von den Göttern stammende Sippenrecht zu brechen sucht, von den Furien gerächt.[272] Bei Ödipus schließlich verdichtet sich der Zwiespalt von schicksalhaftem Verhängnis und ethischer Normverletzung zur tragischen Auswegslosigkeit.[273]

So wird das menschliche Innere etwa dem 5. Jahrhundert v. Chr. zum Sitz des göttlichen *nómos*, und zwar unabhängig von äußerem Erfolg und gesellschaftlicher Durchsetzung, vielmehr getragen vom Wunsch nach dem Tun des Göttlich-Guten. Der Gehorsam gegenüber den Göttern wird zugleich identisch mit Selbstachtung; so werden zum Beispiel die Furien als personifizierte fremdwüchsige Gewissensqualen «entmythologisiert», und das heißt, zur Selbstanklage des Individuums umgewandelt; nach Polybios ist «kein menschlicher Zeuge so furchtbar, kein menschlicher Ankläger so entsetzlich wie das im Inneren jedes einzelnen

---

269 Orestie 396.
270 Ebd.
271 Sophokles, Antigone 450–460; 921.
272 Ebd., 1075.
273 Trotzdem ist Ödipus' Blindheit unterschwellig schuldhafte Frucht eines Nicht-Sehen-Wollens, wie Otto Küster treffend herausgearbeitet hat: Über die Schuld des Königs Ödipus, in: Beiträge zur geistigen Überlieferung, Godesberg (Küpper) 1947, 167–183.

verborgene Gewissen»[274]. Dabei vertritt das Gewissen allerdings nicht im neuzeitlichen Sinn das Subjekt, sondern die Gerechtigkeit des *nomos*: Er bleibt noch undurchschautes Gesetz und wird noch nicht zum einsichtsvollen Streben nach dem unverrückbar Guten geläutert.

So kommt es in den Texten auch der griechischen Aufklärung nicht eigentlich zur Reue: zum schmerzenden Wunsch, das Getane nicht getan zu haben; Orest *mußte* die Mutter – gerade nach göttlichem *nomos* – töten. Vielmehr wirkt in seinem Bewußtsein die Verstrickung in Schuld als Verstrickung in eine unklare Theomachie, den Götterkampf, der auf dem Rücken des Menschen ausgetragen wird: Während Apollon den mütterlichen Mord am Vater zu rächen verlangt, verlangen die Erinnyen ihrerseits Rache für den folgenden Mord an der Mutter.

Noch weniger kommt es zu einer sachlichen oder menschlichen Lösung von den Gewissensbissen, sondern die Götter, auch die Erinnyen lassen zu gegebener Zeit ab von dem Gequälten – nach eigenem Gutdünken. Sich abwenden vom eigenen Unrecht im Sinne einer Selbstanklage erfolgt, wenn sie reflektiert wird, umdüstert von Verzweiflung: vom Wunsch, nicht geboren zu sein. Ein Wiedergutmachen, sei es in eigener Anstrengung oder mit göttlicher Kraft, ein Neuwerden aus der Tiefe erfolgt noch nicht. Für Aristoteles ist daher derjenige ein Weiser, der keinen derartigen Stimmungen unterliegt, weil «sozusagen über die Reue erhaben»[275]. Frucht der Philosophie ist es – gegen alle *metanoia* –, «sich niemals etwas gereuen zu lassen»[276]. Wieder einmal trennen sich hier das griechische und das jüdische Denken.

---

274 Polybios, Gnome 18, 43, 13.
275 Nikomachische Ethik 1166a 27–29. In ähnlicher Begründung Baruch Benedikt de Spinoza, Ethik, Hamburg 1955, 235: «Der Weise, der ganz aus der Einsicht heraus lebt, wird deshalb keine Reue kennen.»
276 Seneca, Epistulae 115, 18.

Genealogie des «Herzens» aus der Vergebung: Altes Testament
Die Besonderheit Israels beruht darauf, daß es zunächst in seinem eigenen Stammesgott und später im ausgebildeten Monotheismus eine entschiedene Vertiefung der Zugehörigkeit und Zwiesprache[277] von Gott und Mensch erfährt. Diese Jahrhunderte lange Entwicklung führt zu weitreichenden, geschichtsmächtigen Innovationen des Menschenbildes, das zu anthropologischen Spannungspolen ausgebaut wird: Einerseits kommt es zu einer Individualisierung des Ichs im namentlichen Anruf durch Gott, wie bei Abraham und den – teils unwilligen – Propheten, andererseits zu einer Wir-Bildung in der Bundestheologie des erwählten Volkes, denn Gott schließt aufbauend drei Bünde, *berith,* mit Noah, Abraham und letztlich mit Mose, dort im Zeichen der Thora. Aus dem letzten Bund ergibt sich noch keine notwendige Spannung zwischen Thora (der Allgemeinheit) und Herz (des einzelnen), denn der Bundestext, das Zehnwort, steht durch seine Präambel im Raum zugesagter Freiheit: «Ich habe euch herausgeführt aus dem Sklavenhaus Ägypten.»[278] Das Zehnwort liefert die Grammatik sozialer, göttlich gegründeter Ordnung gegen die sklavenhafte Unordnung, schützt die Freiheit aller und jedes einzelnen in der gemeinsamen Regelung.

Bedeutsamerweise kennt das Alt-Hebräische weder ausdrücklich ein Wort für Reue noch für Gewissen. Zwar gibt es biblisch die Wortwurzel *nhm* für «Atem holen», «aufatmen» als Urbedeutung für eine Art «Reue», sie umfaßt aber auch die Bedeutungen: Mitleid haben, sich trösten, sich rächen – also in verschiedener Hinsicht Luft holen.

Im Blick auf den Menschen erscheint der Wortstamm *nhm* nur viermal im AT, aber dreißig Mal von Gott, in der Bedeutung von göttlicher Mißbilligung oder Rücknahme seines geplanten

---

277 So übersetzt Buber das griechische Wort Dialog; vgl. seinen berühmten Essay *Zwiesprache* (1929). Der *locus classicus* für dialogische Zugehörigkeit ist Gen 1, 28.
278 Ex 20, 2.

Vorhabens. Mißbilligung meint Strafe, freilich verbunden mit neuer Heilsaussicht; Rücknahme aber meint Herzensumsturz Gottes und Verschonung. Reue ist also eine Farbe in der göttlichen Barmherzigkeit und weniger eine Wandlung im Menschen selbst.[279]

An die Stelle von «Gewissen» tritt – analog zum Altägyptischen *ib* – das Wort *leb,* das Herz. In der Thora kommt es idealtypisch zu einer Befruchtung von Wir-Gesetz und Herz als Ich-Träger. Es steht an über 850 Stellen im Alten Testament als klassische Metapher – neben den Nieren – für das «Innere» des Menschen. Die Thora formt das Herz, indem sie die Bedingungen des Freiseins definiert und so zum Mittler des Ichs und seines Selbstgewinns wird. Daher kann das Gesetz als Licht und Freiheit des Herzens gefeiert werden im Fest der Gesetzesfreude, *simchat thora*: «Deine Vorschriften sind auf ewig mein Erbteil, denn sie sind die Freude meines Herzens. Mein Herz ist bereit, dein Gesetz zu erfüllen bis ans Ende und ewig.»[280] Oder noch deutlicher: Das Herz kann sich selbst als die lebendige Thora verstehen.[281] So wird nach dem Babylonischen Exil des 6. Jahrhunderts v. Chr. statt von Gesetzestafeln auch von den «Tafeln des Herzens» gesprochen[282]: «Ich lege mein Gesetz in sie hinein und schreibe es auf ihr Herz»[283]; «Ich nehme das Herz von Stein aus Eurer Brust und gebe Euch einen neuen Geist [...], daß Ihr nach meinen Gesetzen lebt und meine Gebote achtet und erfüllt.»[284]

Im Unterschied zum griechischen *Gewissen*, das dem wenn auch uneinsichtigen *nómos* der Götter Folge leistet, ist das jüdi-

---

279 Artikel «Reue», TRE 29, 99–109.
280 Ps 119, 111f:
281 Eberhard Schockenhoff, Wie gewiß ist das Gewissen?, Freiburg 2003, 72–79; L. Landmann, Gesetz und Gewissen aus jüdischer Sicht, in: J. Blühdorn (Hg.), Das Gewissen in der Diskussion, Darmstadt 1976, 50–73.
282 Jer 17, 1; Weish 7, 3.
283 Jer 31, 33; vgl. Hebr 10, 10.
284 Ez 36, 26ff.; vgl. Ez 11, 19.

sche *Herz* auf eine klärende Zwiesprache mit Gott verwiesen. Die Erwählten, Lauteren erreichen ihn nicht mehr allein über den Kult, sondern ebenso über das Tun am Nächsten; Herz ist der Ort von göttlich bewirktem *schalom*, von befriedeter, rücksichtsvoller, zukunftsöffnender Ordnung. Gehorsam des Herzens ist reaktiv, antwortend, nicht autonom und selbstkonstitutiv aus eigener Vernunftmächtigkeit oder vernunftbetonter Sittlichkeit gedacht.

Im Alten Testament geschieht ferner ein Überschritt zur Wandlung des Herzens. Wenn es im Sinne von Gewissen diagnostisch verstanden wird, so ist Herz auch zur Besserung = Buße befähigt. Wiederherstellung, Neuwerden des Herzens kann mit Hilfe Jahwes gedacht und ersehnt werden. Anders als die letztlich selbst dem unlöslichen Netz der *ananke* unterworfenen griechischen Götter führt Gott im Verständnis Israels heraus aus Selbst-Verblendung und Verstrickung, er leitet die «aus der Grube» aufsteigende Bewegung ein.

Urtypus der Buße wird der große königliche Held Israels. In der Dreizahl von Judas Königen Saul, David und Salomo kommt David eine von tiefer Doppel-Schuld belastete Stellung zu. Der König entbrennt gegen die Frau Bathseba seines Feldherrn Uria, die er beim Bad im Garten beobachtet; danach wird Uria planmäßig in die erste Reihe des Schlachtfeldes gesandt. Diese Schuld nimmt erneut in einem Garten ihren Anfang: Der Ehebruch wird zunächst lüstern «im Herzen» vollzogen und auf dem (Schlacht-)Feld fortgesetzt durch Mord; ihm folgt die widerrechtliche Heirat. Diese abgründige Doppelschuld verletzt die beiden wichtigsten sozialen Gebiete: die Ehe und das Leben. Dem Verbrechen entspringt der Thronfolger Salomo, der andere, rechtmäßige Brüder überflügelt. Mit ihm endet die kurzlebige, von Untaten umwitterte Königslinie Judas, die Saul begonnen hatte – auch er insgeheim ein Mörder, der den Speer auf den jungen David warf.

David, ursprünglich der «Liebling» Gottes, wird zum großen Sänger der Selbstanklage. Ihm werden sieben Bußpsalmen, ja der gesamte 150teilige Psalter zugeschrieben, was sicher unhistorisch ist. Dennoch gibt es keine antiken Texte, die wie die Psalmen eine Entblößung des Inneren, einen Schrei der Reue, eine Offenlegung des Herzens enthalten. Und dieser Schrei wird nur möglich, weil es das Ohr eines Retters gibt: «Reiß mich heraus und rette mich in deiner Gerechtigkeit, wende dein Ohr mir zu und hilf mir!»[285] Buße wird möglich, weil es wirkliche Umkehr, nicht nur ein Weitertaumeln im Elend gibt. Die Strafe des Ödipus bestand in der Blendung, die ja nur die längst vorhandene innere Blendung offenkundig macht. Sie bestand also im Aufdecken des Hoffnungslosen. Wo aber Verzweiflung die Antwort auf Schuld ist, gibt es keine Wandlung. Israel kennt Buße nicht als Strafe, sondern als Voraussetzung zur Wende: Wegnahme der Blendung, Wiedergabe des Augenlichts, wenn auch zur entsetzlichen Selbsterkenntnis, damit aber entschiedene Einleitung des Besseren. Wandlung gibt es nur, wo Erbarmen über alles Erbarmen aufscheint. Am Erbarmenden wird aber zugleich deutlich, wer der Beleidigte, die Geschändete, der Ermordete war. Davids Begreifen erreicht eine neue Kategorie, die über das unmittelbare Verbrechen am Nächsten in die Schändung Gottes hineinreicht: «Gegen dich allein habe ich gesündigt, ich habe getan, was dir mißfällt.»[286]

Es ist Israel, das den Gedanken und die Erfahrung des Neuwerdens durch das «Herz» einleitet, während eine positive Sinngebung der Reue im griechischen Denken vergebens zu suchen ist.[287] Vor allem in den Texten des Jesaja öffnet sich ein unerhörter Klang, welcher die Umwandlung des gesamten Volkes begleitet: «Gott spricht: Siehe, ich will ein Neues schaffen, jetzt wächst es auf, erkennt ihr es denn nicht? Ich mache einen Weg in der Wüste und Wasserströme in der Einöde.»[288]

---

285 Ps 71, 2.
286 Ps 51, 6.
287 TRE 29, 99–109: Artikel «Reue»; hier: 102.
288 Jes 43, 19.

Der Charakter dieses Neuen bedarf einer weitergehenden Reflexion; sie sei anhand jener Kategorie vollzogen, die das Neue Testament mit den Aussagen über das *pneuma* Gottes entwickelt. Die Erfahrung dieses *pneuma* erhält seine volle Ausfaltung dort, wo Vergebung als Neuschöpfung erlebt und gedacht wird. Zuvor aber ein geschichtsmächtiger Widerspruch, der zu stärkerer Konturierung von Herz und Gewissen zwingt.

Entlarvung des Gewissens, Sinnlosigkeit der Reue?
Nietzsche und Freud
Daß sich Reue nur vor dem neumachenden Erbarmen eines Gottes zeigen kann, fordert in der religionskritischen Moderne Gegenthesen heraus.

Nietzsche entwirft als erster – wie nach ihm Freud – eine «historische» Genese des Gewissens, um es als Ausdruck der Dekadenz einer denaturierten Kultur zu entlarven.[289] Im Zuge seiner grundsätzlichen Kritik sieht er in der europäischen Denkgeschichte jenes Nein zu Leben und Welt am Werke, das mit der ebenso platonischen wie biblischen Erfindung der «Hinterwelt» alle vitalen, aber auch alle Bewußtseinskräfte in ein fiktives Jenseits, gleich Abseits, verlagert habe. Damit sei eine Störung, eine «tiefe Erkrankung» des «Halbtieres» Mensch[290], seiner vor- und außermoralischen Instinkte, eingetreten. Die entstandenen Spaltungen lauten: Gesellschaft und Friede versus Wildnis und Krieg; Denken mit seinen kausalen Zwängen versus Instinkt und Trieb, Innenwendung zu einer «Seele» versus äußeres, auch grausames, zerstörerisches Tun zur Stillung des Leibes, Enge der Sitte versus «Heimweh der Wüste».[291] Die Wendung ins Bewußtsein wird bei Nietzsche zum entscheidenden Sündenfall der Natur in die Unnatur; sie führt zu einer Überlastung des Innen, zur Selbst-

---

289 S. Sonns, Das Gewissen in der Philosophie Nietzsches, Winterthur 1955.
Vgl. Paul Rée, Die Entstehung des Gewissens, Berlin 1885.
290 Genealogie der Moral II, § 16.
291 Ebd.

zerstörung, kurz: zum Ursprung des «schlechten Gewissens» als der «Folterstätte», wo das «Leiden des Menschen am Menschen»[292] zelebriert werde.

Nietzsches Gegenkonzept bedeutet den Widerruf dieser Unnatur: durch den Tod Gottes, den Tod des Sollens (des «Ideals») und den Tod des nach innen verlagerten Bewußtseins. «Tod» meint die Rücknahme des fälschlich und betrügerisch Ausgelagerten und anschließend die Rückkehr der Selbstmächtigkeit in das unentzweite, warumlose Dasein. Dort kommt es zum Ersatz des Gewissens durch den «Willen zur Macht», der außermoralisch im Sinne des einzig sich selbst verpflichteten Individuums agiert. Gewissen als Vertretung eines auf Menschheit gerichteten Ethos gilt in seiner Gesamtstruktur als lügenhaft-zerstörerisch, als «Gewissens-Vivisektion und Selbst-Tierquälerei von Jahrtausenden»[293]. Erst in der künftigen Überwindung der Krankheit Gewissen, das immer im Kontext der Allgemeinheit steht, kommt es wieder zur «großen Gesundheit»[294] des freien, gottlosen, antiidealischen, selbstbezogenen einzelnen.

Solche rückeroberte Gesundheit ist sündelos, daher reuelos. Der Reue, diesem «ganz eigentlich unphilosophischen Gefühl», darf kein Raum gegeben werden, «denn dies hieße ja, der ersten Dummheit eine zweite zugesellen»[295]. Allerdings verbleibt der wieder zu sich selbst erstarkte Einzelne nur in der Selbstbeziehung ohne Zwiespalt; er bleibt der Einsame ohne Gesellschaft, die doch nur wiederum ein Ethos, eine Herdentier-Ordnung erzwingen würde.

John Henry Newman, selbst ein Kind des 19. Jahrhunderts, formulierte im Blick auf ähnliche Umkehrungen auch der englischen Tradition: «Doch in diesem Zeitalter besteht bei einem

---

292 Ebd.
293 Unzeitgemäße Betrachtungen, 24.
294 Ebd.
295 Menschliches Allzumenschliches II, 323, Werke I, hg. v. Karl Schlechta, München 1969, 1001.

großen Teil des Volkes [...] die Freiheit des Gewissens darin, vom Gewissen zu dispensieren.»²⁹⁶ Mit dem Verdacht besessener Selbstquälerei verschwindet in der Tat die Möglichkeit der Reue als einer «Kehre». Anstelle von Reue, die bereits Dialog wäre, wird das Gewissen zurückgestuft auf einen Monolog mit sich selbst, und zwar auf jenen unfruchtbar-dekadenten Monolog, der als «Krankheit» zum Verstummen gebracht wird.

Weniger gefühlslastig als Nietzsche, aber ebenfalls betont kulturkritisch und entwicklungsgeschichtlich behauptet Freud, zwei Quellen des Gewissens psychoanalytisch aufzudecken, ja sie der «phylogenetischen Entwicklungsgeschichte» und dem Schuldgefühl wegen des historisch (!) verstandenen Vatermordes (Ödipus-Komplex) als Gesetz entnehmen zu können.²⁹⁷ Zuerst kommt es beim Kind zur Unterdrückung eines Triebes, weil es die Fremdunterscheidung von Gut und Böse übernimmt: aus Angst vor Liebesverlust. Soziale Angst steht am Anfang des «schlechten Gewissens»: Übermächtige Autorität entzieht beim Tun des «Bösen», Triebhaften, ihre Zuneigung, wahrt sie aber beim «guten» Triebverzicht.²⁹⁸ Zweitens wird diese äußere Autorität durch Innenwendung (Introjektion) zum Über-Ich, dem als dem eigenen Inneren nichts mehr verborgen bleiben kann. «Der (uns von außen auferlegte) Triebverzicht schafft das Gewissen, das dann weiteren Triebverzicht fordert.»²⁹⁹ Genauer: «das strenge Gewissen entstehe aus [...] der Triebversagung, welche die Aggression entfesselt, und der Liebeserfahrung, welche diese Aggression nach innen wendet und dem Über-Ich überträgt.»³⁰⁰ Anders als Nietzsche sieht Freud allerdings diese Entwicklung als kulturwüchsig und daher unum-

---

296 J. H. Newman, Brief an den Herzog von Norfolk, 5, in: Leben als Ringen um die Wahrheit, Ein Newman Lesebuch, hg. v. G. Biemer und J.-D. Holmes, Mainz 1984, 272.
297 Das Unbehagen in der Kultur, Wien 1930, 112.
298 Ebd., 101f
299 Ebd., 108.
300 Ebd., 111.

kehrbar an: «Ist Kultur der notwendige Entwicklungsgang von der Familie zur Menschheit, so ist unablösbar mit ihr verbunden, als Folge des mitgeborenen Ambivalenzkonflikts, als Folge des ewigen Haders zwischen Liebe und Todesstreben, die Steigerung des Schuldgefühls vielleicht bis zu Höhen, die der Einzelne schwer erträglich findet.»[301] Mittelbar bestätigt Freud damit Nietzsches Lesung einer «Urgeschichte» des einzelnen vor aller Masse, vom ungebunden-freien, a-sozialen Dasein, das im allgemeinen Ethos untergeht. Diese Genese unterminiert aber bei ihm nicht die währende sittliche Geltung des «schlechten» Gewissens, das nicht rückgängig zu machen ist, ohne den viel zu hohen Preis des Kultur- und Sozialzerfalls zu zahlen.

Auch hier kann es Reue nur im Sinne einer Entfremdung geben, freilich ist diese Entfremdung oder sogar Brechung des einzelnen letztlich zugunsten der Gruppe und des gemeinsamen «Weideplatzes» (so die anschauliche Urbedeutung von *ethos*) vertretbar.

Wandlung der Reue in Sorge: Heidegger
Heidegger setzt gegen die kulturgenealogische Deutung des Gewissens eine existential-ontologische: Sie verankert das Gewissen im Phänomen des Daseins schlechthin, nämlich in seiner Endlichkeit, und will weder psychologisch noch biologisch noch theologisch argumentieren.[302] Er öffnet die klassische Metapher von der «Stimme» des Gewissens mit zwei Fragen: einmal nach dem Dasein, das der Ruf erschließt (wer, was wird angerufen?), und zum zweiten nach dem Rufenden (Wer, was ruft?).

Im Horizont der Antworten erscheint zunächst die berühmte Analyse der Verlorenheit in das Man. «Die Vermeintlichkeit des

---

301 Ebd., 115.
302 Sein und Zeit, Halle 1927, §§ 54–60. Vgl. I. M. Feher, Eigentlichkeit, Gewissen und Schuld in Heideggers «Sein und Zeit», in: Man and World 32, 1 (1982), 153–171; J. M. Hollenbach, Sein und Gewissen. Über den Ursprung der Gewissensregung. Eine Begegnung zwischen Martin Heidegger und thomistischer Philosophie, Baden-Baden 1954.

Man, das volle und echte ‹Leben› zu nähren und zu führen, bringt eine Beruhigung in das Dasein, für die alles ‹in bester Ordnung› ist, und der alle Türen offen stehen. Das verfallende In-der-Welt-Sein ist sich selbst versuchend zugleich beruhigend. [...] Wir nennen diese Bewegtheit des Daseins in seinem eigenen Sein den Absturz. Das Dasein stürzt aus ihm selbst in es selbst, in die Bodenlosigkeit und Nichtigkeit der uneigentlichen Alltäglichkeit. Dieser Sturz aber bleibt ihm durch die öffentliche Ausgelegtheit verborgen, so zwar, daß er ausgelegt wird als ‹Aufstieg› und ‹konkretes Leben›.»[303]

Die Kunst bestünde darin, sich von einem «Man» freizuhalten (man sagt, man denkt ...), das das je eigene Verhalten zum allgemeinen Gesetz erklärt und keine existentielle Bewältigung braucht. Das gelassene Einstimmen in das existenzdurchwirkende Enden erfordert auch das Einstimmen in das «Nichts» irgendeines Sinns. Eben wegen des Nichts erweist sich der Grundgestus des Lebens als ein Verwinden und Sich-Abfinden. Freilich muß und kann diesem Sein-zum-Tode neuer Sinn abgetrotzt werden, führt das bis an die Wurzel der Existenz reichende Todesbewußtsein doch zu einer Wandlung des Bewußtseins überhaupt: Aus seiner Verfallenheit ins Alltäglich-Betriebsame findet es zu seiner Eigentlichkeit, jener Todesbestimmtheit, die es nicht nur abwehrend im Denken abdrängt, vielmehr mittig ins Denken aufnimmt.

Gegen das «Man» bezeugt die Stimme des Gewissens den «*Anruf* des Daseins auf sein eigenstes Selbstseinkönnen und das in der Weise des *Aufrufs* zum eigensten Schuldigsein»[304]. Anstelle des alltäglichen Man ruft das Gewissen zum Selbstsein, zur existentiell gewählten Entschlossenheit, zur Erschlossenheit. «In der Erschließungstendenz des Rufes liegt das Moment des Stoßes, des abgesetzten Aufrüttelns. Gerufen wird aus der Ferne in die Ferne. Vom Ruf getroffen wird, wer zurückgeholt sein will.»[305]

---

303 Sein und Zeit, 177f.
304 Ebd., § 54.
305 Ebd., § 55.

Zurückgeholt nämlich aus dem besorgenden «Sich-immer-schon-verstehen» im Mitsein mit anderen auf das Selbst. Dem Ruf entspricht nicht ein Inhalt, ein Etwas der Rede, dem ein Selbstgespräch folgen könnte. Vielmehr enthält er nichts, nichts als den Aufruf zum Seinkönnen.[306]

Um so mehr bleibt die Frage nach dem Rufer dringlich, der sich aus dem Gesagten klar bestimmt: «*Das Dasein ruft im Gewissen sich selbst.* [...] Der Ruf kommt *aus* mir und doch *über* mich.»[307] Daß er dennoch als «fremd» empfunden wird, liegt am verstellten Angstcharakter des Daseins: Angesichts des «Nichts der Welt» ängstet es sich «um das eigenste Seinkönnen»[308]. Es ruft aus seiner Verlassenheit in der Unheimlichkeit des In-der-Welt-Seins mit jenem Ruf der Sorge, der sich zugleich als Ruf der Schuld zu erkennen gibt. Schuld ist dabei völlig außerhalb der Moral gedacht, nämlich existential: als Schuld des Nichtigseins im Man, dem sich das Dasein entringen müßte.[309] Denn Nichtigsein wird schuldhaft durch das Man vergegenwärtigt und zugleich verdeckt. Gewissen ist daher Selbstbezeugung der Sorge des Daseins um sein eigenstes Seinkönnen; diese Sorge kommt hoch vor dem (schuldhaften) Hintergrund des Man, welches das Nichtigsein nur scheinbar verstellt.

Ist solcherart Sorge eine Spielart der Reue?

Gegenrede: Romano Guardini
Guardini sieht in der Daseinsanalyse Heideggers ein monistisches Schema wirksam: Selbsterschließung durch Gewissen und «Hervortreten aus der eigenen Verborgenheit in die eigene Offenheit» vermeidet zwar die naive Gegenüberstellung von Subjekt und Objekt, als ertöne die «Stimme des Gewissens» abgetrennt von außen. Sie vermeidet aber auch den Charakter

---
306 Ebd., § 56.
307 Ebd., § 57.
308 Ebd.
309 Ebd., § 58.

des wirklichen Erkennens, nämlich als «Getroffenwerden vom Gegenüber»[310]. Statt dessen deutet gerade das Gewissen auf ein interaktives Begegnen: einerseits ist es aufnehmendes, hörendes Organ, zugewendet einem von ihm unterschiedenen Sprechen, andererseits aber ist es energetisches, umsetzendes, schöpferisches Organ. Guardini bringt damit eine bisher verborgene Sicht ein; er ist der erste, der Gewissen thematisch ausdrücklich mit *Zeit und Geschichte* zusammendenkt. Denn im Wissen um das Gute, das sich vernehmen läßt, erhebt sich zugleich das Eigene, die Verantwortung, die den Sinn von Person ausmacht: unvertretbar angesprochen und aufgefordert zu sein. Eben daraus ergibt sich das Gewicht der Geschichte, bei Guardini immer kostbarer Auftrag einer Mitarbeit am Werdenden: «Das Gewissen ist das Organ, mit welchem die ewige Gutheitsforderung, beständig neu, gedeutet wird aus dem konkreten Geschehen; mit dem immer aufs neue erkannt wird, wie das ewig-unendlich Gute in der Besonderung der Zeit bewältigt werden muß. Es ist ein Gehorchen und Neuschaffen zugleich, [...] etwas Schöpferisches. Ein Erschauen und Verwirklichen von etwas, was noch nicht war. Ein Hineingestalten des Ewig-Guten in die strömende Zeit. Ein Hineingestalten gleichsam des Unendlich-Einfachen in die beschränkte Tatgestalt.» «So ist das Gewissen auch die Stelle, wo das Ewige in die Zeit eintritt. Es ist die Geburtsstunde der Geschichte.»[311]

Neben diese schöpferische Verantwortung tritt notwendig die Freiheit als Bedingung des Gewissens: Es übernimmt die freie Initiative, und zwar aus Motivation, nicht aus Kausalität: Es handelt aus Anziehung, nicht aus Notwendigkeit und Getriebensein. Gewissen ist Urheber, nicht Ursache eines Tuns.[312] «Damit

---

[310] Romano Guardini, Ethik. Vorlesungen an der Universität München 1950–1962, hg. v. Hans Mercker, Mainz (Grünewald) 1993, I, Kap. 3: Das Gewissen, 99.

[311] Romano Guardini, Das Gute, das Gewissen und die Sammlung, Mainz (Grünewald) 1929, 35, 41, 30.

[312] Guardini, Ethik, 115.

das Gewissen wirklich reden könne, muß also der innere Raum der Freiheit offen sein; der Angerufene muß seine eigene Mitte fühlen; Herr seiner Anfangskraft sein.»[313] «Geistig existieren heißt, in Freiheit existieren. [...] Die Handlung urspringt in mir. Ich bin nicht nur ihre Transformationsstelle [...] Indem ich sie realisiere, realisiere ich mich als in mir selbst stehender Anfang.»[314] Guardini wehrt damit auch funktionalistische Genesen des Gewissens ab, die – wie Freud – kausal vom gesellschaftlichen Nutzen, vom Triebverzicht zugunsten der Kultur, von der Notwendigkeit sozialer Normen ausgehen oder – wie Nietzsche – von Selbstaggression in Befolgung des «Herdentriebs». Solche Unterbestimmungen verfehlen die Hauptkriterien des personal verstandenen Gewissens: Verantwortung gegenüber dem Guten und Freiheit aufgrund des Guten.

Um wirklich ein motivierendes = anziehendes «Gegenüber» zu sein, bedarf der Begriff des Guten aber einer genaueren Hinsicht. Guardini intoniert eine Unterscheidung: Die Neuzeit hatte das Sittlich-Gute vom Heilig-Guten getrennt und das Sittliche nur in der Vernunft verankert: Sittengesetz wird bei Kant Vernunftgesetz. Die Kulturkritik Guardinis nach 1945 sieht diese behauptete Einheit von Vernunft und Sittengesetz als zerstört an; denn: erst die Verankerung des Ethos im Heilig-Guten schlechthin hält gegen (durchaus rationale) Argumente der Nützlichkeit, des Gemeinwohls, der Interessen stand. Das Gute ist keine «bloße Idee. Kein ortlos schwebender Sinn. Es ist etwas Lebendiges. [...] die Wertfülle des lebendigen Gottes selbst. [...] Die Tapferkeit; die Treue; die Ehre; die Güte; die Gerechtigkeit; die Milde ... mit einem Wort: ‹Das Gute›, in seiner Unendlichkeit und lauteren Einfachheit – das ist Gottes lebendige Heiligkeit, und nichts sonst.»[315] Erst von der Personalität Gottes aus – augustinisch gedacht – erhebt sich

---

313 Ebd., 109.
314 Ebd.
315 Guardini, Das Gute, 46ff.

auch unbestechlich das Selbstbewußtsein: «Darin erst werden mir Blick und Urteil frei. Ebendarin werde ich meiner selbst mächtig; meines Eigensten; meines Namens, der zwischen mir und Gott ist und lebendig wird, sobald ich ‹seinen Willen tue› und ‹seinen Namen heilige›. Dieser mein Wesensname geht ein in das, was ich zu tun habe, und macht es unverwechselbar mein eigen. Hierdurch werde ich im eigentlichsten Sinne ‹Persönlichkeit›. Dieses Geheimnis, in dessen Gefüge [...] Gott steht; und das Gute, von ihm herkommend; und ich, als ich und von Gott benannt – das ist die Innerlichkeit des Gewissens.»[316] Person wird von dieser Werterfahrung her greifbar, vom Angeblicktwerden, Angerufenwerden. Das Gewissen drängt nach dem Sehen, dem Sehen des anderen und sogar ganz anderen, es ist erstrangig nicht ein Selbst-Sehen, sondern ein Blickaustausch, ein Sich-ansehen-Lassen.

Herzraum Personalität
Das Bedeutungsfeld des Gewissens in seiner Spannung zum Gesetz wird in den Evangelien erweitert und vom Geist, dem *pneuma* der Neuschöpfung her vertieft.[317] Vor allem in der Bergpredigt wird die Bestätigung und übersteigende Erfüllung der Thora in den «Antithesen» deutlich. Wider den Legalismus des Pharisäertums und seinen Fremdbezug auf den Buchstaben des Gesetzes wird die Selbstbesinnung auf das «Lebendige» im Herzen herausgestellt. Nicht Repression des Tuns von außen, sondern Sich-Lösen von innen, oder: Umkehr (*metanoia*) vom *forum externum* zum *forum internum* bildet das neue «Gesetz». Die Triebstruktur des Ich wird vom Begehren beherrscht[318]; im neuen geistvollen (pneuma-

---

316 Ebd., 61ff.
317 Die Evangelien – in Fortsetzung des AT – enthalten den Begriff Herz (*kardia*), nicht aber Gewissen (*syneidesis*), mit der Ausnahme Joh 8, 9 (in einer Handschrift des 8. Jh.). In den Paulus-Briefen dagegen und in der nachpaulinischen Literatur ist *syneidesis* geläufig in unterschiedlicher Bedeutung.
318 Mt 5, 27f.

tischen) Ich ist aber das Begehren überflüssig geworden. Die (Über-)Forderung, vollkommen zu sein wie der Vater[319], wird vom Heilig-Guten selbst her ermöglicht.

Dem Gesetz «voraussein» in der Vorwegnahme, in der Doppelerfüllung von Forderungen, verlagert den Ursprung des Tuns in eine gelöste Autonomie, überwindet das verborgene Ja-Nein des Menschen gegenüber dem Guten[320], die Selbsttäuschung einer doppelbödigen Natur, die das Gute will und das Böse tut[321].

Paulus adaptiert die griechische *syneidesis* in dem angestrebten Universalismus des Heils[322], um mit ihr das Konzept eines zur Freiheit befreiten Gewissens weiterzuschreiben – in «Aufhebung» des Gesetzes. Er zeichnet eine biographisch anmutende Genealogie des schlechten Gewissens durch das Gesetz, eine eindrucksvolle psychologische Dialektik: Das Gesetz enthüllt die potentielle Schuld, Unfreiheit, sogar Ich-Spaltung schon beim Kind; es überwindet diese ferner durch Negation, durch klares Wissen vom Nicht-sein-Sollen. Damit aber fixiert es das Gewissen zugleich auf das Verneinte; so offenbart es den Zwiespalt zwischen Geist und Fleisch.[323] Um das Gesetz zu «erfüllen», was wegen seiner zahllosen Regelungen schlechthin unmöglich ist, kommt es entweder zu einer «pharisäischen» Ausblendung von Schuld oder zur Gewalt gegen sich selbst: alles gerät unter den Charakter des Verbotenen, unter welchem die widerstrebende Natur zu disziplinieren ist. Selbsthaß und angstvolle Unerlöstheit sind zwanghafte Folgen der «Gerechtigkeit» des Gesetzes – anstelle der erwartbaren Freudigkeit. Gegen den Zirkel immer tieferer Verschuldung und Gewissensqual stellt Paulus den Begriff Freiheit, den er selbst in seinem Damaskus-Erlebnis gewonnen hatte: ein durch den Messias gelöstes Gewissen.

---

319 Mt 5, 48.
320 Mt 5, 33f.
321 Röm 7.
322 1 Kor 7, 19.
323 Röm 7, 7–25.

Gott, der Unverfügbare[324], vermittelt im Gewissen den Weg: den Gläubigen vorläufig durch die Thora und endgültig durch Christus, allen aber durch die naturhafte Kenntnis der Schöpfung überhaupt[325]; das Gewissen legt «von Natur aus» Zeugnis von Gott und dem Guten ab. An diese beiden Vorgaben, die Kenntnis Gottes und die Kenntnis des Guten, ist jedes Gewissen inhaltlich gebunden. Es ist ein Mitwissen des absoluten Maßstabes von Gut und Böse geworden, insofern es dieses Wissen unmittelbar zugesprochen bekommt[326], wenn auch die Belehrung des Glaubens die naturhafte Kenntnis stützt.

Unfrei bleibt das Gewissen jedoch, wenn es anstelle Gottes, des Heilig-Guten selbst, historisch-partikulare Normierungen und Gewohnheiten übernimmt, also nur ein jeweilig Sittlich-Gutes befolgt. Solche sekundären Überformungen führen zu pluralen oder Gruppen-Ethiken[327], denen eine sekundäre Gewissens-Pflicht entspricht. So wird das Essen von Götzenopferfleisch für das ängstliche Gewissen unmöglich, dem freien Gewissen aber möglich, weil – ob Essen oder Nichtessen – gleichermaßen gleichgültig; nur die Rücksicht auf den «schwachen Bruder» nimmt das freie Gewissen um der Unfreiheit des anderen willen in Pflicht.[328]

In diesem Befreitsein durch den Heilig-Guten arbeitet Paulus einer christlichen Aufklärung vor: Funktion des Gewissens ist das Bewußtsein der Heiligkeit Gottes.[329] Dadurch setzt das Gewissen die Freiheit des Menschen in Kraft: Im Raum der Offenbarung dieses Heiligen werden nachrangige Überschreibungen gelöst, wird die Unverfügbarkeit des Heilig-Guten gewahrt. Gewissen wird Ideologiekritik. Relative Norm hat absoluten Wert durchsichtig zu

---

324 1 Kor 4, 4.
325 Röm 2, 15.
326 Hebr 10, 20ff.
327 Hebr 9, 9 und 14.
328 1 Kor 8, 10ff.
329 1 Kor 10, 23ff.

halten: den Wert vor Gott. «Alles, was nicht aus Glauben (*pistis*) geschieht, ist Sünde (*hamartia*).»[330]

Generationen später ist das große Verdienst von Augustinus, am Gewissen, *conscientia,* eine polare Spannung herauszuarbeiten, in welche er ebenso Paulus und das Judentum wie die hellenistische Philosophie einarbeitet. Dieser Philosophie verdankt er den Imperativ des Selbstbewußtseins gemäß dem delphischen Orakel: «Erkenne dich selbst.» In die Analyse des Bei-sich-Seins aber wird nicht allein eine monologische Selbstkenntnis eingebracht, sondern – als biblisches Erbe – ein Dialog: *Conscientia* ist unmittelbares Organ für den Anruf ihres Schöpfers und antwortet darauf.[331] Dieser Anruf kann bereits das naturhaft gegebene Maß für Recht und Unrecht sein: «Das ewige Gesetz ist die göttliche Vernunft oder der Wille Gottes, der die Beobachtung der natürlichen Ordnung der Dinge gebietet und deren Verwirrung verbietet.»[332]

Gewissen wird erstrangiger Ort von Begegnung, «wohin keiner der Menschen hinzutritt, wo keiner bei dir ist, wo du allein bist und wo Gott mit dir ist.»[333] Es ist Gespräch mit dem Heiligen und eben dadurch in der Lage, die Strenge der Forderung als Anspruch der Liebe und des Geliebtseins zu erkennen. Norm wird in persönlicher Aneignung zum Wert, Richtigkeit des Gesetzes wird Schätzung durch das Herz, Vorschrift wird Erleuchtung des Herzens. Gewissen rückt so bei Augustinus in den Herzbereich und dessen «erotische» Bewegtheit ein; zugleich aber behält es den Charakter des sachhaften Bewußtseins: Die Bezogenheit auf Gott konstituiert das Eigensein.[334] Selbstvergewisserung im Gewissen geschieht im Selbstüberstieg; diese dialogische Bewegung zwischen

---

330 Röm 14, 23.
331 J. Stelzenberger, Conscientia bei Augustinus. Studie zur Geschichte der Moraltheologie, Paderborn 1959, 26f.
332 Augustinus, zit. von Newman, in: Leben als Ringen um die Wahrheit, 270.
333 Enarrationes in psalmos 54, 9.
334 Confessiones 1,1: «Unruhig ist unser Herz, bis es ruht in Dir.»

Innen und Oben ist Grundvollzug von Menschsein, nichts anderes als Personalität. *Conscientia* wird Resonanzraum zwischen Selbst und Gott, dies aber nicht nur intellektuell-philosophisch, sondern lebendig-seelisch: «Er betrachtet aufmerksam sein Gewissen und sieht Gott in ihm. Wenn die Liebe nicht darin wohnt, so wohnt auch Gott nicht in ihm.»[335] Reue, Umkehr, tätige Liebe gehören wie anderes gefühlsmäßiges und willentliches Tun zum Prisma der *conscientia*.[336] An Augustinus wird die Entwicklung des Gewissensbegriffs bis zur Genese des Selbstbewußtseins sichtbar, mehr aber noch bis zur Genese eines Herzraums: der leidenschaftlichen Wertung des überhaupt Wertvollen.

33. Reue und Gerechtigkeit

Die beiden Testamente der Bibel wissen glaubend, glauben wissend, daß es die große Reue gibt. Bereuen heißt im Bild der Landschaft: in äußerster Ferne, am Weltende angekommen sein und dort «in stürzende Tränen ausbrechen» über das Vertane. Dem entspricht ein Heimholen und mehr noch ein Sich-heimholen-Lassen. Hildegard von Bingen verfaßte das Hohelied der Reue: «Sie reinigt, sie heiligt, sie trägt alles, sie stützt alles, sie festigt alles, sie setzt alles in Bewegung, sie zieht alles an sich und sie durchdringt alles. Auf der Reue ruht die Welt.»[337] «Alle bösen Werke werden durch die bittere Reue ausgeschieden wie Speise und Trank.»[338]

Reue ist die Gegenwehr gegen das Übergewicht der Schuld: zehrend, alle Kräfte erschöpfend. Schwierig ist, wenn sie kaum noch über Kraft verfügt und das Letzt-Verbliebene verbrauchen muß: den

---

335 Enarrationes in psalmos 149, 4.
336 Contra Faustum 19, 18.
337 Zit. nach Caecilia Bonn, Die Reue in der Schau Hildegards von Bingen, Abtei St. Hildegard, Eibingen (Selbstverlag) o. J., 4.
338 Ebd.

glimmenden Willen. Denn das Weggehen von der eigenen Nichtigkeit ist schwere Arbeit. Es arbeitet nicht nur der Selbstverliebtheit entgegen, der «Verzweiflung dessen, der verzweifelt er selbst sein will» –, sondern auch dem rettungslosen Verfangensein in das eigene Unglück, «der Verzweiflung dessen, der verzweifelt nicht er selbst sein will»[339]. Beide Arten von Verzweiflung können sich als Bitte ausdrücken: «Laß mich das Stück Elend sein, das ich bin.»[340] Hildegard von Bingen kommentiert scharfsichtig: «Ihr habt sogar die Freude am gemästeten Kalb verloren»[341]. Platon skizzierte den eigentümlichen Schmerz, die Höhle der Schatten zu verlassen und ans Licht nicht zu eilen, nein, gewaltsam gezerrt zu werden. Denn die erste Wirkung des Lichtes ist Blendung, ein furchterregender Verlust des Haltes, und sei er nur ein Kauern am Boden gewesen.

Das Gleichnis vom verlorenen Sohn kennt die Rückkehr ins Haus des Ursprungs, es kennt den überschwenglichen Augenblick, wo der ersehnte und gefürchtete Herr wider Erwarten erneut zum Vater wird, immer schon der Vater geblieben war, wo das Nichts des tierhaft Gewordenen wieder in das Alles des Sohnes einspringt.[342]

Nicht zu vergessen ist über der Geschichte: Der Vater ist auch die Gerechtigkeit, ja die Allgerechtigkeit, die eines jüngsten Tages offenbar werden soll – in einem Finale, das zu Recht mit Scheu erwartet wird, um die Unrechtssummen der Weltgeschichte endgültig der gerechten Tilgung zuzuführen. Das Blut Abels schreit zu Gott, wissen schon die ersten Seiten der Bibel, die Tränen der Witwen und Waisen schreien, noch die leisesten Seufzer der Ermordeten schreien überlaut. Im Blick auf das zu erwartende Urteil kann es

---

339 Sören Kierkegaard, Die Krankheit zum Tode, München (dtv) 1976, 99.
340 Sören Kierkegaard, Der Begriff der Angst, ebd., 609.
341 Zit. nach Caecilia Bonn (Anm. 87) in Anspielung auf das Gleichnis vom verlorenen Sohn (Lk 15), wo der Vater das Mastkalb schlachten läßt wegen der Heimkehr des Sohnes.
342 Eine großartige Auslegung des Gleichnisses gibt Ferdinand Urich, Gabe und Vergebung. Ein Beitrag zur biblischen Ontologie, Einsiedeln (Johannes) 2006.

sich also nicht um ein «faules» väterliches Verzeihen handeln, auch nicht im Falle des verlorenen Sohnes. Im entscheidenden Augenblick wird der ältere, rechtschaffene Bruder in die Erzählung eingeflochten, der die Sache der Gerechtigkeit vertritt und Auskunft darüber verlangt. Dieses Verlangen wird keineswegs abgewiesen; es erhält die sachbezogene Antwort, und sie lautet lakonisch, der Verlorene sei vom Tod ins Leben zurückgekehrt; das heißt aber: aus freien Stücken, ungenötigt außer durch sich selbst.

Das Verzeihen bedarf also eines Grundes, und diesen muß der Schuldner beibringen, willentlich oder unwillentlich. Die Suche nach diesem Grund greift tief in die menschliche Verworrenheit hinein. Schuld läßt sich in ihr erfahrungsgemäß nicht vermeiden (wie gezeigt, sprechen unterschiedlichste Religionen – zwar nicht dem Wort, aber dem Sinn nach – von Erbsünde: der ererbten, verfallenen, verstörten Ausgangslage des Menschen). Entscheidend ist, ob die begangene Schuld bereut, in ihrer Fehlerhaftigkeit eingesehen und der Absicht nach zurückgenommen wird – mehr als das, ob ein noch so bescheidener Versuch des Heilens und Wiedergutmachens unternommen wird. Der verlorene Rückkehrer bittet ja nur darum, im Hause wenigstens den untersten Platz einnehmen zu dürfen, um dort das Verscherzte im kleinen Maßstab zu ersetzen. Er bittet also nicht als Sohn, sondern als Knecht; er bittet nicht um den Vater, sondern um den Herrn.

Ein Gegenbeispiel der Verstockung: Shakespeare läßt den Herzog nach seinem verbrecherischen Bruder fragen: «Hat er Reue im Gefängnis an den Tag gelegt? Scheint er gerührt zu sein?», und der Schließer antwortet: «Ein Mensch, dem der Tod nicht fürchterlicher vorkommt als ein Weinrausch; sorglos, unbekümmert, furchtlos vor Vergangenheit, Gegenwart und Zukunft; ohne Scheu vor dem Tod, und ein ruchloser Mörder!»[343] Dieses Sich-

---

343 William Shakespeare, Maß für Maß, IV. Akt, 2. Szene. Ebd., II. Akt, 2. Szene, Fazit: «Der Größe Mißbrauch ist, wenn von der Macht / sie das Gewissen trennt.»

Verschließen ist mit dem Tod so verschwistert, daß der Tod schon vollzogen ist: Ein Rückkehren aus solcher Ferne, dem gewollten Tod, ist nicht mehr möglich. Freiheit verweigert sich. (Allerdings kann in der Verweigerung selbst noch einmal ein Hilferuf stecken: Kurt Tucholsky schrieb in einem Brief an Marierose Fuchs, in ihm verlange nichts nach Erlösung.[344] «Wenige Jahre später endete Tucholsky in Verzweiflung, durch eigene Hand. War das nicht ein unübersehbarer Beweis dafür, daß etwas in ihm nach Erlösung schrie und nicht freigesetzt werden konnte?»[345])

Das meint: Bereute Schuld wird verziehen, unbereute Schuld bleibt bestehen. Nicht-Reue bleibt – freiwillig! – im Abseits des Nichts. Es gibt keinen blinden Automatismus der väterlichen Liebe. So sagt das furchterregende, in seiner Klarheit freilich aufbauende Wort von Henri-Dominique Lacordaire (1802–1861): «Täuscht euch nicht, meine Brüder: Nicht die Gerechtigkeit ist ohne Erbarmen, sondern die Liebe.» Die Gerechtigkeit könnte nämlich, im Abwägen «mildernder Umstände», vielleicht Entlastungsgründe ausfindig machen, aber die Liebe kann eines nicht verzeihen: wenn sie nicht wiedergeliebt wird. Dem Toten kann das Leben nicht aufgezwungen werden. Im Bild gesprochen: Der Vater kann dem Sohn nicht auf die Gastmähler mit den Dirnen nachlaufen, ihn zwanghaft zurückholen – er ist *ohnmächtig* angewiesen auf den Sohn, bis dieser zurückkehren will. Das ist es, was die Liebe fordert: geliebt zu werden; diese Forderung ist ihr Wesen. Aber *erzwingen* kann sie die Erfüllung der Forderung nicht. Daher quillt die Liebe sofort an Verzeihung über, wenn sie nur die Reue wahrnimmt, das «Heben des Fußes», wie Therese von Lisieux sagt.

Unter dieser Bedingung erhält die Gerechtigkeit ihren Anteil, denn sie verlangt Einsicht und Willen zur Besserung gleich Buße. Und sie verlangt ihn nachhaltig, von Schmerz unterlegt und nicht

---

344 Kurt Tucholsky, Briefe an eine Katholikin, Reinbek (Rowohlt) 1969.
345 Schalom Ben-Chorin, Was ist der Mensch?, Tübingen 1986, 151.

obenhin. Reue ist weltbewegendes «Rufen und Schluchzen»[346]. Noch im Vorgang der Entlastung von Schuld wird Reue gefühlt, vielleicht nie so wie dort. Ist Vergebung also an eine Bedingung gebunden aufgrund der Forderung nach Gerechtigkeit? So einfach bedingt ist die Zuordnung von Reue und Vergebung nicht, wie sich zeigen wird. Vergebung enthält «weit mehr», als die Reue ersehnen kann, das macht ihre bestürzende Wirkung aus.

«So hoch die Flut des Leides ging / In meinem Herzen / Sind nun die Wonnen deines Trostes kommen / Auf meine Seele // Das Weib aus Kanaan / Und auch den Zöllner / Riefst du zur Reue.»[347]

---

346 Hildegard von Bingen, zit. nach Caecilia Bonn.
347 Romano Guardini (Übers.), Heilige Zeit. Liturgische Texte aus Missale und Brevier, Burg Rothenfels am Main 1925, 78. – Hans Urs von Balthasar, Das Herz der Welt, 121: «Laßt den Pharisäern diese genauen und gerechten Bemessungen zwischen der Schuld und der Reue, zwischen dem Gewicht eurer Sünde und der Dauer und Heftigkeit eures Schuldgefühls».

VIII
VOR DER VERGEBUNG:
DIE UNVORDENKLICHKEIT DER GABE

34. Freilegungen

Der Wortstamm des Gebens klingt im phänomenologischen, von Husserl geprägten Begriff der Gegebenheit nach. Gegebenheit meint ein Phänomen, das ursprünglich und nicht dem Bewußtsein entspringend in Erscheinung tritt. Was sich zeigt, ist dem Blick, näherhin dem Bewußtsein zunächst gegeben, und sei es als Halluzination oder Phantasiegebilde, in der Regel aber als ein zu erkundendes Wirkliches in seiner Wirkung auf das Bewußtsein. Mit dem Phänomen ist daher die reine Bewußtseinsphilosophie aufzubrechen, denn auch die transzendentale Subjektivität wird vor das Sich-Zeigen eines Objektes gestellt, das sie nicht einfach wieder in den Zirkel des Selbstverständlichen, immer schon Gewußten rückbinden kann: Es stellt sich zunächst einfach dar.

Auch religiöse Erfahrung kann durch solcherart Phänomenologie freigelegt werden: als eine Theorie des Erscheinenden, das den Angesprochenen überrascht, ihn zu einem Sehen nötigt, möglicherweise zu einem Antwortenden an das Sich-Zeigende macht.[348] Das Subjekt ist damit nicht einfach als helles, in sich autonom verwurzeltes, als selbstmächtiges zu denken, sondern als vor ein Licht (*phos*) gebrachtes, in eine Reduktion des Selbstverständlichen, sogar in eine «Blendung» (wie beim erwähnten Austritt aus Platons Höhle), die bis zu einem Nicht-Erkennen, zu einem Verlust der Selbstmächtigkeit führen kann.

---

348 Vgl. Beate Beckmann, Phänomenologie des religiösen Erlebnisses. Religionsphilosophische Überlegungen im Anschluß an Adolf Reinach und Edith Stein, Würzburg (Königshausen & Neumann) 2003.

Anders formuliert: Das Sich-Zeigende läßt sich als «Ereignis», als Selbstgabe eines Unvordenklichen lesen.[349] Mit der Methode der phänomenologischen Freilegung trifft man dabei auf der Seite des Subjektes auf ein Wahr-Nehmen, eine aller Aktivität vorgängige Passivität des erkennenden Empfangens. Auch Entgegennehmen ist zweifellos ein Tun, dennoch liegt die Initiative dabei auf der Seite des Sich-Gebenden. Solches Erleben als ein originäres entzieht sich weder der Darstellung noch dem reflexen Urteil. Beispielhaft in ihrem fruchtbaren Oszillieren zwischen Entgegennehmen und aktivem Gestalten sei herausgestellt die *Gabe des Lebens*. Sie führt in analoger Weise an das Ereignis, das Sich-Zeigen, die Gabe einer unvordenklichen Vergebung heran: Ihr antwortet ein Wahr-Nehmen und Zustimmen des Schuldners, der im Wahr-Nehmen zum Ent-Schuldigten wird.

35. Von der Urgabe des Daseins: Michel Henry

Der französische Phänomenologe Michel Henry[350] deckt in komplexer Weise den verwirrenden und zugleich unerschöpflichen Doppelcharakter des Lebens auf: Einerseits gehört Leben sich selbst und kann autonom gelebt werden, andererseits ist es dennoch herkünftig, weil vorgegeben – und zwar gerade und ausdrücklich in der Weise seiner Autonomie.

---

349 Zur französischen Phänomenologie der letzten Jahrzehnte vgl. Marc Rölli (Hg.), Ereignis auf Französisch, München (Fink) 2004. – Luc Rosenzweig, La jeune France juive, Paris 1980. – Bernhard Waldenfels, Deutsch-französische Gedankengänge, I und II, Frankfurt (Suhrkamp) 1995 und 2005.

350 Michel Henry (1922 Indochina [Vietnam] – 2002 Paris) lernte in Asien den Buddhismus neben anderen religiösen Traditionen kennen. Beim Studium der Philosophie in Frankreich vertiefte er sich in die Phänomenologie Husserls, die Existenzphilosophie Heideggers und den Existentialismus Sartres, die er als große Augenöffner, aber auch

Im einzelnen fächert Henry die Frage nach dem Leben und seinem Ursprung über den Gang des Erkennens auf: Wie wird das Phänomen «Leben» in seinem zweifachen Charakter sich selbst faßlich?

Leben als Sich-Gegebensein
Leben wird seiner selbst zunächst von «Außen», in seinem Vollzug an Menschen und Dingen ansichtig, kann sich nur anhand von «etwas» Erlebtem greifen. Dennoch öffnet sich darin dem Nachdenken ein unmittelbares, zugrundeliegendes Leben: Tun oder Erleiden kommen aus einem unmittelbaren «Innen», aus einem Sich-Gegebensein (*donation de soi*), welches zwar niemand bewußt vor Augen hat, in welchem jeder sich aber beständig berührt («affiziert» nach Henrys Ausdruck). Was heißen will, daß das Leben nicht nur «ist» (Henry sieht «das Sein» als unzureichende, da vorwiegend statische Bestimmung des Grundes), sondern Leben verhält sich zu sich selbst. «Ich verhalte mich» schließt ein «ich» und ein «mich» ein – diese Grundspannung macht das Lebendige aus und mangelt zugleich dem Sein, sofern es verhältnislos und erstrangig als Substanz gedacht wird.

Henry argumentiert somit im Gegenzug zu Edmund Husserls basaler Kennzeichnung von Phänomenologie. Husserl hatte Erkennen als immer schon «gerichtet» bestimmt (ich erkenne intentional immer «etwas»), als grundsätzlich gegenstandsbezogen. Mit diesem «etwas» zielt aber Erkennen immer auf ein «Außen», weg von sich selbst als dem Vorausgesetzten. Anders: Das Auge sieht alles, aber sich selbst nicht. Im Sehen verläßt es sich oder erfährt sich nur in einem Sein-bei, in einer Selbstdistanz. Dieser Überstieg deckt aber eine andere, vorgängige Qualität zu: daß Erkennen

---

als große Feinde betrachtete. An wichtigen Arbeiten liegen vor: Radikale Lebensphänomenologie. Ausgewählte Studien zur Phänomenologie, 1992. «Ich bin die Wahrheit.» Für eine Philosophie des Christentums, 1997, ²1999. Inkarnation. Für eine Philosophie des Fleisches, 2002; alle übers. v. Rolf Kühn, Freiburg/München (Alber).

zunächst in seiner eigenen präreflexiven Selbstbeziehung bestehe und dort aufzusuchen sei, wo es sich in einer Selbstgebung gibt: im Leben. Dieser lebendige, radikale Grund des Erkennens «sieht» sich nicht, sondern vollzieht sich ursprünglich, unreflexiv, «von selbst». Im Sichtbarwerden eines Gegenstandsbezugs verbirgt sich dieser Grund, die unanschauliche «Nacht» der Selbstaffektion.

In dieser verdeckten, gleichwohl nach-denkbaren radikalen In-sich-Gegründetheit des Erkennens zeigt sich nach Henry auch der eine verborgene Charakter des Lebens: *Es ist sich gegeben*, und zwar in der Weise nicht selbstgemachter Lebendigkeit, denn es findet sich immer schon in seiner radikalen Immanenz vor und konstituiert sich nicht erst. «Das Leben wirft das Offenbarte nicht nach außen, es hält es in sich und hält es in einer so engen Umschlingung fest, daß das so Festgehaltene und Offenbarte es selbst ist.»[351] Leben entspringt der Urtatsache, sich geschenkt zu sein.

Leben «sieht» sich nicht und «macht» sich nicht und läßt sich – sogar empirisch – überhaupt nicht «machen», sondern nur erhalten und weitergeben. Selbst wenn – in dem häßlich-verqueren Ausdruck – die Eltern ein Kind «machen», geht der Vorgang des Zeugens und Empfangens weit über ein biologisches Verfertigen hinaus: Auch Eltern müssen das Kind in seiner ihm eigenen Lebendigkeit erst (unabschließbar) kennenlernen; es ist gerade nicht ihr gezieltes «Produkt». Selbst In-vitro-Fertilisation, selbst Klonen bedient sich schon vorhandener lebendiger Materialien. Die Kette des Lebens reicht durch die Generationen hindurch, wird nicht jeweils vom Nullpunkt aus neu installiert. Leben ist Vor-Gabe, selbst unbegriffen, unbegreiflich, uneingeholt, auch aller Selbstreflexion vorweg. «Unser Leben wird niemals gesehen und kann auch nicht gesehen werden. Somit ist es ausgeschlossen, daß es in einer E-videnz erfaßt wird, die imstande sein soll, es selbst so zu geben, wie es in sich ist.»[352]

---

351 «Ich bin die Wahrheit», 48.
352 Radikale Lebensphänomenologie, 74.

Leben als Selbstand
Andererseits ist Leben als sich gegebenes dennoch unbezweifelbar selbständig: Es ist Gabe eines Verhaltens, eines Wachstums, eines Weltbezuges *aus sich heraus*, auch im Sinne der aus der Welt selbständig bezogenen, eigentätig angeforderten Materialien seines Daseins. Das meint: Leben ist natürlich abhängig von Nahrung, den Elementen, von je spezifischen «Lebensmitteln», mit deren Hilfe es sich entfaltet; dennoch trägt es das *Prinzip* seiner Ausgestaltung unabhängig von den *Mitteln* immer schon in sich. Woher immer Leben stammt (die Frage nach dem Geber ist damit noch nicht beantwortet), handelt es sich um eine Gabe des Selbstseins; anders: eine Gabe der Autonomie, eigener, ihm zu eigen überantworteter Kraft. Aus unerschöpflichem, unergründlichem Anfang ist Leben wirklich geworden, *je eigenes selbstgehöriges* Leben. Anschaulich wird das in einem nicht von Henry gewählten Bild: Wenn eine Kerze eine zweite entzündet, brennt die zweite Flamme aus sich heraus, obwohl sie sich der ersten verdankt. Ebenso ist verliehenes, abkünftiges Leben dennoch selbst-unmittelbares Leben; seine Entfaltung vollzieht sich von selbst, ist wiederum ständig neu bei sich «ankünftig» und wird aus sich heraus weiter vorangetrieben. Es gehört zur Größe der Gabe «Leben», daß sie die eigene Mitwirkung freisetzt. Sich-Gegebensein und Selbstgebung schließen sich also nicht aus: Gerade Selbstand ist verliehen. Mit diesem Selbstand greift Leben in Welt und wird dort seiner selbst ansichtig, auch in Gestalt der Freiheit; es übersetzt sich aus seiner Immanenz ins Außen. Dies ist nichts anderes als das Eingehen in die Zeitlichkeit, in welcher Leben wird, sich entwickelt und auch stirbt.

Nächtiger Kern des Lebens: Sprung aus dem Ursprung
Was hier freigelegt wird, öffnet sich dem wahr-nehmenden phänomenologischen Blick und liegt nicht einfachhin zutage. Nochmals: In der alltäglichen Weise des Besorgens veräußerlicht sich Leben im Vollzug, entfaltet sich in Welt und muß dies auch tun. In der Regel vergißt man aber dabei die Rückbindung an die ursprüng-

liche Selbigkeit: ich beziehe mich auf mich selbst (Ipseität) und an die «pathische Unmittelbarkeit»: ich besitze mich empfangend selbst. Eben dieses Selbstverhältnis ist verdeckt, und es entzieht sich völlig, wenn das Ich sich dem Raum der Welt öffnet: Das Verdeckte ist ein «sich», das sich vorfindet, sich empfängt, sich bewegt, sich lebt.

Aber vom Ich als «sich» wandelt sich dieser lebendige Kern zum Ich als «Ego», zum Bezugspunkt von Welt-Dingen, zum «Außer-Sich» in der Bewegung der «Sorge»[353]. Das darf nicht als Bewegung eines «Abfalls» verstanden werden, als ungehöriger Selbstverlust (etwa wie bei Heidegger ins «man»[354]), vielmehr gehört diese Bewegung zur Realisierung des Lebendigen. Auch das Hinaustreten nach außen, *processio ad extra* (Thomas von Aquin), ist zutreffender und sogar notwendiger Vollzug von Leben. Allerdings verstellt das Leben im Außen seinen eigenen Ursprung im Sich-Gegebensein, an den immer wieder rückbindend erinnert werden muß. Die Entzogenheit und Sich-selbst-Unbegreiflichkeit des Menschen verlangen eine spezifische Weise der Offenlegung seines «nächtigen Kerns». Dieser Kern ist der Charakter des Lebens als «Gabe» schlechthin: als Sprung aus dem Ursprung, als Leben aus einem Urleben.

Im Doppel-Verhalten des Lebens nach außen und innen herrscht derselbe Unterschied wie zwischen dem, was das Auge sieht, und dem Auge selbst, das sich nicht sieht. «Sehen ist nur in einer ‹Welt› möglich. [...] Sehen setzt die Distanzierung des zu Sehenden voraus, und damit dessen Außenwerden, genauer gesagt, [...] das Außenwerden des ‹Außen› selbst, das heißt die Bildung des Welthorizonts.»[355] Erkennen als intentionales Erkennen ist immer schon «von dieser Welt» und läßt in deren Horizont oder Lichtung die Dinge sehen. Welt wirft die Dinge «außer sich», weil

---

[353] Michel Henry, Radikale Lebensphänomenologie, 200.
[354] Vgl. oben 32: Wandlung der Reue in Sorge: Heidegger.
[355] Ebd., 41.

deren lebendiger Ursprung in ihrem Rahmen nicht zur Darstellung kommen kann. So verschiebt Erkennen in der Welt die Wahrheit des Lebens zu einer Wahrheit der Dinge.

Der Unterschied zwischen Henrys Leben und Nietzsches Selbstbehauptung
Henry deckt in seiner Analyse das Vergessen des Doppelcharakters von Leben auf. Einerseits ist Leben tatsächlich Entäußerung: Sich vollziehend entfaltet es sich in der Welt, entwickelt sich, ändert sich, scheint seinem lebendigen Träger selbst in großen Teilen verfügbar, verschwindet wieder im Tod – all dies bedeutet ein «Außer-Sich», eine Bewegung der «Sorge» um sich. In diesen unumgänglichen «Äußerungen» verstellt aber Leben zugleich seinen eigenen Ursprung. Von Henry aus gesehen gründet diese Fähigkeit zum Vergessen im Charakter des Lebendigen selbst: Sein Selbstand enthüllt sich in ihrem Grund als unvordenkliche Gabe. Das setzt zwei Möglichkeiten des Umgangs damit in Kraft. Daß Selbstand gegeben ist, kann verschleiert, kann usurpiert werden – zur scheinbar von sich aus erworbenen, wenn nicht ertrotzten Freiheit. Oder Selbstand kann überhaupt verleugnet, «zurückgegeben» und gar nicht angetreten werden, in den vielfältigen Formen eines willkommenen Determinismus. Nochmals: Leben ist Gabe eines Urlebens, das von sich aus zukommt im genauen Bild eines Lebenswassers, das gratis, unangestrengt, unverdient fließt. Und doch bleibt das solcherart Zufließende der eigenen Zustimmung und Einsicht unterstellt, wie Gregor von Nyssa (um 335 – um 400) kühn formuliert: «Unsere geistige Geburt ist das Ergebnis einer freien Entscheidung, und in gewisser Weise erzeugen wir uns selbst, indem wir uns so erschaffen, wie wir selbst sein wollen und uns unserem Willen entsprechend formen [...]»[356]

---
[356] Vita Moysis 2, 3, SC 1 bis 108. Schöpfungstheologisch formuliert Gregor von Nyssa diese Freiheit als königlich; De hominis opificio 4, PG 44, 136B: «Gott, der beste Künstler, formt unsere Natur auf eine Weise, daß sie zur Ausübung der Königswürde geeignet ist. Durch die Überlegenheit der

Wenn Nietzsche Leben als einzig sich selbst gehörig, jede Fremdbestimmung ausscheidend bestimmen will, so reagiert er genau auf den inneliegenden, wirklichen Freiheitscharakter des Lebens selbst. Nicht aber ist verstanden, daß eben diese Freiheit von sich aus gegeben ist und nicht in Abgrenzung verteidigt werden muß – am wenigsten gegen ihren «Grund», der Freiheit in eins mit dem Leben gibt. Der Freie ist selbst so frei, daß er nur Freie um sich duldet. Im diesem genauen Sinn ist das sich mitteilende Urleben offenbar selbstgehörig und teilt diese Selbstgehörigkeit als Selbstand jedem Lebendigen als Mitgift zu, ohne Vorenthalt, ohne Entzug. Was Nietzsche in seinem eigenen Leben als numinose Selbstmächtigkeit des Daseins erfährt und zugleich als Recht einklagt, ist jenes geheime (nicht eingestandene) Angrenzen an die ungeheure Selbstmitteilung des Urlebens. Was ihm als Entfremdung erschien, war gerade der Ursprung des ersehnten eigenständigen Lebens. Sofern Leben aber nicht «geschenkt» erhalten werden will, muß es «gemacht» werden: immerfort aus eigener Anstrengung grünen, immer vital sein – in einer Selbstüberforderung, die der Selbstbestrafung gleichkommt. Obwohl in Wahrheit das Leben nicht verfertigt, sondern nur empfangen werden kann, wird es willentlich «als Raub» festgehalten: Leben wird zur Habe.

Nietzsches Aufbegehren gegen alle Fremdverdankung ist tragischerweise ein Aufbegehren nicht gegen die Unmündigkeit, sondern gegen die (mit dem Leben selbst verliehene) Mündigkeit. Dieser Zusammenhang ist bei Henry weiter entwickelt: Sich-Gegebensein ist vorgängig vor aller bewußten Mündigkeit oder unbewußten Unmündigkeit. Daß die Autonomie des Lebendigseins verdankt ist, macht die Autonomie nicht kleiner; daß die Kraft gespendet ist, beraubt sie nicht der Möglichkeit, von sich aus sechzigfache und hundertfache Frucht zu bringen.

Seele und die Beschaffenheit des Leibes ordnet Er die Dinge so, daß der Mensch wirklich zu königlicher Macht befähigt ist.» Ders., De perfectione christiana, PG 46, 272A: Jeder ist «Maler seines eigenen Lebens» kraft des Willens und der Tugenden, derer er sich als Farben bedienen kann.

Ein weiterer Denkfehler in Nietzsches erwähntem Postulat von der A-Moralität des Lebens wird daran deutlich: Die Unterscheidung von Gut und Böse wird gerade an der Einsicht in den Charakter von Leben zugeschärft und nicht im Rückgriff auf Leben «überwunden». Böse wird nämlich, was dieses Leben abspaltet von seiner Selbstgründung und es in eine absolute statt in eine relative (auf seinen Ursprung bezogene, herkünftige) Autonomie setzt. Mit Henry ist jedoch festzuhalten, daß das eigene Leben sowohl in seiner Selbstgründung wie in seiner Gegebenheit unhintergehbar ist und in beidem sich selbst empfangen hat. Erst die theoretische und praktische Trennung von dieser Vorgabe und ihrer Größe setzt in das Leben den Keim eines Abfalls von sich selbst.

Simulation: das besessene Leben
Weil die Wahrheit des Lebens zu einer Wahrheit der Dinge abgefälscht werden kann, verführt diese Möglichkeit zur mechanischen Nachbildung des unzugänglichen Lebens – insbesondere kraft der Umsetzung von Naturwissenschaften in Technik. Da Leben in seiner Gegebenheit nicht wirklich «gemacht» werden kann, wird es nachgestellt. Leben wird Habe; Selbstsein wird Habe – das will heißen, es wird aus materialen Ursachenketten («Äußerungen» des Lebens) und deren gesetzmäßiger Abfolge mit entsprechender Mechanik «hergestellt». Insbesondere beim «Nachbau» des Erotischen, einem zentralen Bereich menschlicher Selbsterfahrung, nimmt die Analyse Henrys apokalyptische Züge an. «Stellen wir uns jetzt vor, dieses Simulieren wäre in der technisch-wissenschaftlichen Welt ein Verfahren geworden, das nicht nur auf den militärischen Bereich angewandt würde, sondern auf die sozialen Beziehungen, wie beispielsweise auf das erotische Verhältnis von Mann und Frau. [...] Der Schein eines Frauenkörpers wird vor ihm nach und nach seine verschiedenen Aspekte entfalten, aber nicht wie auf einer Filmwand, sondern unter seinen Fingern, so daß sich bei jeder Bewegung seiner Hand oder seines Körpers eine neue Stelle des weiblichen Körpers enthüllt und dessen Bewegungen

entspricht [...], während in ihm die spurenhaft vorgezeichneten Abfolgen erogenen Begehrens und Empfindens erwachen. [...] Unter den Berührungen beginnt der weibliche Scheinleib zu erzittern, die Augen verhüllen sich, der Mund verdreht sich und fängt an zu seufzen, alle Zeichen der Lust sind da. Das Standbild des Tieres wird wieder lebendig, sein fiktives Leben vermengt sich mit dem Leben des Kabinenbenutzers. Wie die Geheime Offenbarung 13,15 sagt, handelt es sich darum, ‹dem Standbild des Tieres Leben zu verleihen, so daß es sprechen konnte›. [...] Sie werden außergewöhnliche Maschinen herstellen, die all das machen werden, was die Menschen tun, was die Männer und Frauen tun, und zwar, um diese Männer und Frauen glauben zu machen, daß sie selbst nur Maschinen sind. [...] Die ‹Wahrheit› ist das ‹Leben›. Das Wunderwerk: das Simulieren des ‹Lebens›. Das Böse: überall dort, wo dieses Simulieren stattfindet. [...] Wenn in der Erotikkabine jener, welcher eine Frau umschlingt, sein Leben dort erprobend erfahren will, dort, wo dieses Leben sich selbsterprobend erfährt, in seinem lebendigen ‹Sich› – nur die Leere, die reine ‹Abwesenheit›, das radikal Böse umschlingt: NIEMANDEN.»[357]

Was hier über das Nachstellen der Liebe, der tiefsten Selbstgebung an einen anderen, gesagt wird, kann unschwer auch für das Nachstellen von Lebendigsein überhaupt verwendet werden. Jedoch können weder Leben noch Liebe, die sich elementar verschränken, wirklich manipuliert werden; das Surrogat bleibt spürbar. Allerdings gibt es das von sich selbst besessene Leben, das sich nicht hergeben will, daher auch nicht empfangen kann. Es widerspricht zutiefst dem Grundcharakter des «Umsonst», *gratis*, das dem Lebensgefühl und der Wirklichkeit von sich aus eignet. Alle Elemente des Lebens «gibt es», sie sind nicht einzutauschen gegen die harte Arbeit an sich selbst mit Hilfe von Wellness, Gymnastik, Operationen, Mental-Training, Cyborg-Transplantationen, embryonalen Stammzellkuren. Vielmehr: *gratis e con amore* ist der

---

[357] Ebd., 381ff.

Grundvollzug von Lebendigsein. «Als Widerschein und Bild des Ewigen Lebens war der Mensch wirklich schön, ja sogar äußerst schön, mit dem strahlenden Zeichen des Lebens auf seinem Antlitz»[358], so in der Diktion des Gregor von Nyssa.

Nach dem bisher Entfalteten ist die Gabestruktur des Lebens nochmals neu akzentuiert zusammenzufassen: Leben ist nicht einfach vorhanden, es kommt ungefragt zu, mehr noch: es kommt aus Fülle zu. Um dieses Zukommen zu konturieren, sei verwiesen auf zwei mögliche Weisen der Zukunft: Die im Zeitablauf automatisch von heute auf morgen wechselnde Zeit heißt im Lateinischen *futurum*, aber die persönliche, umgekehrt von morgen auf heute zulaufende Zeit heißt *adventus* – wovon sich *adventure* ableitet, das Abenteuer schlechthin, dasjenige des Lebens nämlich. Denn Leben ist nicht sparsam ausgegossen und durchwegs kärglich, vielmehr vollzieht es sich fortwährend als eine *creatio continua*, deren Fülle auch morgen noch zu erwarten ist. Was nun «von außen» formuliert ist, läßt sich richtiger noch «von innen» formulieren: Leben selbst *ist* Fülle, ist das schon eingetroffene Ankommen bei sich selbst.[359]

---

358 Gregor von Nyssa, Homilia in Canticum 1, PG 44, 1020C; ebd.: «Der Mensch war mit einer Schönheit geschmückt, die allen anderen schönen Dingen überlegen war. In der Tat: Was anderes hätte schön sein können im Vergleich zu dem, was der reinen und unvergänglichen Schönheit ähnlich war?»
359 Jean-Luc Marion zählt Leben zu den erstrangigen Phänomenen, die er «saturiert» nennt.

Grundvollzug von Lebendigsein. «Als Widerschein und Bild des Ewigen Lebens war der Mensch wirklich schön, ja sogar äußerst schön, mit dem strahlenden Zeichen des Lebens auf seinem Antlitz»[358], so in der Diktion des Gregor von Nyssa.

Nach dem bisher Entfalteten ist die Gabestruktur des Lebens nochmals neu akzentuiert zusammenzufassen: Leben ist nicht einfach vorhanden, es kommt ungefragt zu, mehr noch: es kommt aus Fülle zu. Um dieses Zukommen zu konturieren, sei verwiesen auf zwei mögliche Weisen der Zukunft: Die im Zeitablauf automatisch von heute auf morgen wechselnde Zeit heißt im Lateinischen *futurum*, aber die persönliche, umgekehrt von morgen auf heute zulaufende Zeit heißt *adventus* – wovon sich *adventure* ableitet, das Abenteuer schlechthin, dasjenige des Lebens nämlich. Denn Leben ist nicht sparsam ausgegossen und durchwegs kärglich, vielmehr vollzieht es sich fortwährend als eine *creatio continua*, deren Fülle auch morgen noch zu erwarten ist. Was nun «von außen» formuliert ist, läßt sich richtiger noch «von innen» formulieren: Leben selbst *ist* Fülle, ist das schon eingetroffene Ankommen bei sich selbst.[359]

---

358 Gregor von Nyssa, Homilia in Canticum 1, PG 44, 1020C; ebd.: «Der Mensch war mit einer Schönheit geschmückt, die allen anderen schönen Dingen überlegen war. In der Tat: Was anderes hätte schön sein können im Vergleich zu dem, was der reinen und unvergänglichen Schönheit ähnlich war?»
359 Jean-Luc Marion zählt Leben zu den erstrangigen Phänomenen, die er «saturiert» nennt.

IX
DAS UMSONST DER VERGEBUNG

36. Nachlaß, Vergebung, Verzeihung: Unterscheidungen

Zunächst ist es zwar leicht, Vergebung gegen Rache abzusetzen: Sie vergilt nicht Gleiches mit Gleichem, sie trägt nicht nach, lauert nicht auf die günstige Stunde des Zurückschlagens. Es bleibt aber zu beleuchten, ob und wie die Vergebung mit der nach wie vor geltenden Forderung nach Gerechtigkeit zu Rande kommt. Normalerweise kann man «Verrechnungen» eines genauen Ausgleichs erstellen und sie Punkt für Punkt einfordern, also ökonomisch bilanzieren. Vergebung aber sucht «Gerechtigkeit» auf eine nicht «vermessene» Art und Weise einzulösen. Was das bedeutet, erhellt sich durch den Vergleich mit dem Nachlaß einer Schuld.

Nachlaß enthält einen (Teil-)Verzicht auf Tilgung und entspricht damit der ökonomischen Bilanz. Ebenso wie bei der Ent-Schuldigung bleibt dabei verbal der Hintergrund der Schuld noch gegenwärtig, sie steht unvergessen in der Mitte der Verhandlung.

Vergebung vollzieht demgegenüber einen Kategorienwechsel: den Sprung in das Anökonomische, in die Gestalt der (unverglichenen, ungemessenen) Gabe. Prüft man die unmittelbare Wortbedeutung von Vergebung, so steht das althochdeutsche «geban» für «geben», während die Vorsilbe «ver-» ein «über hinaus», in einem zweiten Sinn aber «verkehrt, gegenläufig» meint. Vergeben wäre also ein «Geben über hinaus», jedoch auch ein «verdrehtes Geben». Das zweite führt in negativer Bedeutung zu «vergebens», wo etwas gleichsam «an die falsche Stelle gegeben» wurde, und zu der Wendung «sich etwas vergeben». Zu unterscheiden davon ist die wieder ökonomisch gedachte «Vergabe», während alle vorher genannten Facetten des Wortes frei vom Rechnen bleiben. Im Vergeben steckt also eine hohe Intensivierung des Gebens: ein richtiger oder – nicht auszuschließen – falsch plazierter Überschuß.

Verzeihung führt als Ableitung von «zeihen» = «zeigen» auf «weisen» und «anklagen», wobei die Vorsilbe «ver-» wiederum ein Weisen in zwei Richtungen nahelegt: «über hinaus weisen» und «nicht anklagen». Im Verzeihen steckt somit ein Anteil an Übersehen, Nichtbeachten, Außer-Kraft-Setzen des Geschuldeten, und zwar auf der Rückseite eines Verzichtes (der im Verzeihen noch hörbar mitschwingt). Verzeihen nimmt selbst den eigenen Verlust in Kauf, um den Schuldner zu entlasten.

Zusammenfassend: Vergebung handelt aus Überschuß, einer einseitigen Vorgabe in großzügiger, unberechnender Geste – sie gibt aus eigenem Reichtum mehr als den Ausgleich. Die Gabe tilgt nicht nur das Soll, sie eröffnet überhaupt ein neues Feld des Wirkens. Ebenso scheint in der Verzeihung ein anökonomischer Überschuß zu walten, zudem bezieht sie einen Verlust des Gebers ein, kostet ihn also etwas, während der Schuldner keinen Gegenwert erbringen muß. Vergebung und Verzeihung sind semantisch eng verwandt: Beide wirken aus einem «mehr als erforderlich», dem auf der Seite des Schuldners keine Gegengabe entspricht und entsprechen muß; sie sind «asymmetrische Vorgabe».

Daraus folgt mehr noch: Die wirkliche Vergebung vergibt nicht aus Schwäche oder Erpressung, sondern aus Kraft: einem «Exzeß». Ebenso wenig verzichtet die Verzeihung aus Schwäche, sondern aus Anteilnahme, möglicherweise gesteigert zur Liebe, die selbst den eigenen Verlust nicht scheut.

Im folgenden werden die beiden Begriffe nach diesen Schattierungen unterschieden gebraucht; sie treffen sich aber in der Asymmetrie des überschießenden Vorlaufs, der – vom gerechten Ausgleich her gedacht – unverständlich bleiben muß und daher einer tieferen Beleuchtung bedarf.

37. Die Gabe von oben und das Umsonst der Gabe: Sören Kierkegaard

Als einer der ersten Denker der Moderne hat Kierkegaard das Nachdenken über die Gabe eingeleitet und sie in ihrer tiefsten Bedeutung als Geschenk des Daseins erfaßt. Mittelbar, mit Hilfe einiger gemeinsamer Merkmale, wurde sie zwingend mit der Vergebung verknüpft.[360] Kierkegaard reflektiert diesen Überschritt in zwei großen Texten, die beide zu den kurz vor seinem Tode geschriebenen *Religiösen Reden* (1854) gehören. Der erste gibt eine Auslegung des Satzes aus dem Jakobus-Brief (1, 17) (wegen Luthers Schmähung als «Stroh-Epistel» im protestantischen Denken wenig kommentiert): «Jede gute Gabe und jedes vollkommene Geschenk kommt von oben». Der zweite, davon unabhängige Text trägt die Überschrift «Die Liebe deckt der Sünden Menge» in bezug auf die namenlose Sünderin beim Gastmahl Simons des Pharisäers (Lk 7, 47) und enthält eine Reflexion zum *vergebenden Blick*.

Gegen alles bisher zum Selbstand des Lebens Gesagte gibt es einen naheliegenden Einwand: Leben sei weder ungefährdet noch ewig. Ein solcher Einwand ist jedoch nach Kierkegaard kurzschlüssig: Denn auch Verlierenkönnen stammt aus Begabtsein. Hiob kann zu Recht formulieren: «Der Herr hat's genommen», hatte der Herr es doch auch gegeben, als schlechthin Unverlangtes. Leben stammt auch im Verlust noch aus Überfluß. Aus unerschöpflicher, anfangsloser Quelle strömend ist Sein gegenüber dem Nichtsein ein Quantensprung, ein Kategorienwechsel. Genauer muß sogar gesagt werden, daß Nichtsein weder

---

[360] Vgl. Klaus-M. Kodalle, Diesseits der Logik des Moralismus. Vom ‹Geist› der Verzeihung bei Kierkegaard, Nietzsche, Scheler, Dostojewskij und Camus, in: Kierkegaard Revisited, Berlin/New York (Springer) 1997, 387–409. Ders., Gabe und Vergebung. Kierkegaards Theorie des verzeihenden Blicks, in: Klaus-M. Kodalle/Anne Steinmeier (Hg.), Subjektiver Geist. Reflexion und Erfahrung im Glauben, Würzburg 2002, 71–86.

eine Vergleichs- noch eine Angriffsebene gegenüber dem Sein öffnet; als pure Negation leiht Nichtsein seine einzige schattenhafte Kraft der Behauptung nur vom Sein und verschwindet mit ihm.[361] Was im Nichtsein als Anfechtung des Seins erscheint, ist nochmals dessen ungewollte Bestätigung. Von allen Gaben ist Sein die Urgabe, um die sich alle anderen gruppieren.

Vom Charakter des Überflusses her erhellt die Urgabe die qualitativen Kriterien der Gabe. So ist Gabe in Wahrheit nicht Antwort auf ein Bedürfnis, und nicht ist sie eine bedingte Antwort; als Ungeschuldetes ist sie einfachhin, unbedingt gut, im Sinne des Unerwartbaren, Überraschenden. Sie läßt wegen ihrer Freiwilligkeit auf einen Geber schließen, der nicht als Drache geizig über Schätzen brütet; wesentlich scheint er wahrhaft *selbstvergessen* in der Gabe anwesend zu sein. Auf ungewohnte Art läßt sich so das Wort «vergebens» beleuchten: Vorrangig hört man darin ein Fruchtloses und Vertanes; ungehört aber bleibt in der Regel das anökonomische Geben, das nicht auf Bewunderung zielt, nicht einmal auf Dank; es zielt auf nichts anderes als das Geben selbst und die Selbstverständlichkeit des Annehmens.

Vor diesem Hintergrund der selbstvergessenen Gabe erhellt sich auch die Geste des Versuchers in der zweiten Versuchung Jesu. Der Trügerische bietet nämlich die Gabe ausdrücklich nur gegen Rückerstattung an und verweigert sie, wenn sie nicht mit Unterwerfung «bezahlt» wird: «All das – die Reiche dieser Welt – will ich dir geben, *wenn* du niederfällst und mich anbetest.»[362] Ver-

---

361 Vom Nichts des Verlustes und vom Nichts des Bösen (vgl. unten 48.) ist noch einmal abzusetzen ein Leersein, wie es buddhistisch (und zum Teil auch christlich) als vorgängig zum Seienden behandelt wird; vgl. Rolf Elberfeld, Kreativität und das Phänomen des ‹Nichts›, in: Günter Abel (Hg.), Kreativität. XX. Deutscher Kongreß für Philosophie 2005, Hamburg (Meiner) 2006, 521–533.
362 Lk 4, 6–7. Vgl. die luzide Auslegung der Versuchungserzählungen durch Joseph Ratzinger, Jesus von Nazareth, Freiburg (Herder) 2007, 53–74.

schleiert wird die Gabe konditional versprochen und mit Zinseszins berechnet zurückerwartet, wird die scheinbare Erhöhung mit der Erniedrigung des Beschenkten ausgeglichen. So wird die Gabe «Falschgeld», bösartiger Wucher, der unter dem Anschein des Schenkens den Beschenkten hemmungslos versklavt.

Das wahrhafte Geben stiftet keine Abhängigkeit und gründet selbst nicht in Abhängigkeit. Menschlich gesehen ist Geben nur möglich, weil man zuvor selbst empfangen hat; Geben ist eigentlich ein Weitergeben – aus der Fülle «von oben». «Umsonst habt ihr empfangen, umsonst sollt ihr geben».[363] Auf diesen Grund hin betrachtet ist der absolute Geber in jeder endlichen Gabe «umsonst» enthalten; «jede gute Gabe und jedes vollkommene Geschenk kommt von oben».[364] Oder anders: Geben und Nehmen sind auf beiden Seiten eine Bereicherung, denn beide Seiten haben empfangen: der Geber sein Gebenkönnen, der Beschenkte sein Nehmenkönnen, beide treffen sich im *tertium* der Gabe. Damit sind auch beide für den Dank offen: sie sind «gleich» im mittelbaren gegenseitigen Empfangen. «Gleich» ist auch, ob die Gabe vom Wert her betrachtet groß oder klein ist, sofern sie nicht absichtlich «dosiert» weitergegeben wird.

Allerdings bedarf es auf Seiten des Empfangenden auch des Mutes. Denn anthropologisch drängt das Erhalten zum Wiedergeben, zur «Revanche», auch wenn sie scherzhaft geäußert wird. Demut, vom Mut her gelesen, heißt hier die qualitative Haltung, sich beschenken zu lassen. Sie ist keineswegs leicht; selbstverständlich übt sie nur das Kind. Dem Erwachsenen kann Demut zur Demütigung werden, wenn er im Zufließenden Hochmut wittert – ein solches Mißtrauen gegen die «unreine Gabe» war wohl die Tragik Nietzsches. Denn alles bisher Gesagte kann noch einmal

---

[363] Ein Wort Jesu in Mt 10, 8.
[364] Jak 1, 17. – Balthasar, Das Herz der Welt, 127f: «Denn freilich steigt jede beste Gabe herab vom Vater der Lichter, und nichts kann ihm gegeben werden, das er nicht selbst im voraus schon dem Schenkenden gewährte.»

von Grund auf angefragt und mißtrauisch hin- und hergewendet werden, bis die Gabe zur Bedrohung wird – zur Bedrohung der Freiheit des Empfängers.

Kierkegaard bleibt unübertrefflich in der Kennzeichnung wahrer Freiheit des Urlebens als einer Gabe höchster Souveränität, leichthändigster Macht – was zugleich noch einmal die Grenze nur menschlicher Bemühung um Geben und Nehmen zeigt: «Darum geschieht es, daß ein Mensch den andern nicht ganz frei machen kann, weil der, welcher die Macht hat, selbst gefangen ist darin, daß er sie hat, und darum doch beständig ein verkehrtes Verhältnis bekommt zu dem, den er frei machen will. Dazu kommt, daß da in aller endlichen Macht (Begabung usw.) eine endliche Eigenliebe ist. Nur die Allmacht kann sich selber zurücknehmen, während sie hingibt, und dieses Verhältnis ist just die Unabhängigkeit des Empfängers. [...] Daß also die Allmacht, die mit ihrer gewaltigen Hand so schwer auf der Welt liegen kann, zugleich so leicht sich machen kann, daß das Gewordene Unabhängigkeit erhält. – Das ist nur eine erbärmliche und weltliche Vorstellung von der Dialektik der Macht, daß sie größer und größer sei im Verhältnis, wie sie zwingen und unabhängig machen kann. Nein, da verstand Sokrates es besser, daß die Kunst der Macht gerade ist: frei zu machen. [...] Die Erschaffung aus dem Nichts ist wieder der Ausdruck, der Ausdruck der Allmacht dafür: unabhängig machen zu können. Der, dem ich absolut alles schulde, während er doch ebenso absolut alles behalten hat, er gerade hat mich unabhängig gemacht.»[365]

Zum Wesen der Gabe gehört ihre Uneigennützigkeit. Ist das Ungeschuldete wahrhaft spürbar, kommt es zu großen Umbrüchen. Und zwar gerade dort, wo die Gabe nicht erwartbar, nicht als «Lohn» kommt, vielleicht ins Leere, sogar Verschleuderte vorstößt. Daß die Arbeiter der elften Stunde denselben ganzen und vollen Denar

---

[365] Sören Kierkegaard, zit. nach: Theodor Haecker: Christentum und Kultur, München/Kempten (Kösel) 1927, ²1946, S. 79f.

erhalten wie jene, die die Last und Hitze des Tages von Anfang an getragen haben[366], gehört zu diesem Unerwarteten. Ist es denkbar, daß sie in dem unverhofften Lohn nur eine Dummheit des Herrn sehen und nicht vielmehr getroffen sind von einer bestürzenden Güte? Für Kierkegaard zwingt diese Güte zur Erschütterung: Reue ist der Spiegel der vollkommenen Gabe; Unvollkommenheit gerät vor das Maß des Vollkommenen – jedoch nicht in der Absicht der Beschämung. Und doch ist absichtslose Güte der eigentliche Anlaß zur *metanoia*, zum Umsturz des Bisherigen. Fülle ruft das Bewußtsein der Leere hervor – aber keineswegs als Anklage von außen, sondern weit erschütternder und folgenreicher als sachhaltige Einsicht von innen.

In ihrem Umsonst kann die Gabe nicht zielgerichtet erkämpft werden wie vieles andere, das aus Übung und Zucht stammt. Sie kommt von anderswo als unerzwingliche Freude. Unerzwinglich auch darin, daß sie den Begabten wählt, nicht umgekehrt; sie zielt auf jemand Bestimmten. Und selbst wenn dieser Umwege, ja Gegenwege einschlägt, ruht sie nicht, bis das Zugedachte ausgehändigt ist. *Gratis e con amore* ist ihr Duft. Ihre Herkunft liegt im Verborgenen, kann auch nicht Schritt für Schritt erobert werden. Zielbewußtheit des Beschenkten greift ebensowenig wie jede andere Form von berechnendem Vorgehen.

Trotzdem gilt: Unter einem anderen Blickwinkel ist die Gabe nicht bedingungslos, allerdings liegen die Bedingungen im Charakter des Beschenkten selbst. Die Gabe schenkt sich ganz und auf einmal, freilich intensiver nach sehnsüchtigem Warten. Denn sie bedarf der ganzen Vorbereitung: des Leibes und des Geistes und der ethischen Erprobung – die mythischen Helden müssen vor dem Eintreffen des Geschenkes eine Überwindung bestehen, die Überwindung des vorzeitigen Genusses. Doch ist diese Vorbereitung nichts gegen die plötzliche Gegenwart der Gabe, nichts gegen ihr herrliches Erscheinen und ihre unbesiegliche Dauer.

---

[366] Mt 20, 12.

Auch Güte, auch Fülle sind im übrigen erst anzunehmen. Die Gabe, so wenig sie bezahlt und erarbeitet werden kann, bedarf immerhin der Annahme, denn sie zwingt zum Ernst der Änderung. «Freude erfordert mehr Hingabe, mehr Mut als der Schmerz. Sich der Freude hingeben heißt, genau so weit das unbekannte Dunkel herausfordern.»[367]

38. Der anklagende und feststellende Blick

Wie das Beschenktwerden durch absichtslose Güte zum Gewahren eigener verborgener Absichten und zum Öffnen des Uneingestandenen verhilft, so ist tragisch auch das Umgekehrte möglich: daß die fremde Anklage zur Verhärtung führt. Eine solche Anklage kann still erfolgen, vielleicht nur halb bewußt und unterschwellig. Eine der stillsten Möglichkeiten ist der anklagende, der böse Blick.

In der Tiefe des Sehens ruht eine Entscheidung: nicht *was*, sondern *wie* gesehen wird. Sehen ist ein Hervorbringen – nicht des Gegenstandes, sondern seiner Bedeutung. *Amor oculus intellectus*, «Liebe ist das Auge der Einsicht», so Richard von St. Victor (1110–1178); aber auch: *odium oculus intellectus*, gleichermaßen sieht der Haß. Kierkegaard nennt den bösen Blick ein Ausspähen des anderen; fremde Schuld dient zwecklich zur Entschuldung eigener Verkehrtheit, zur hämischen Selbsterbauung. Damit wird nach außen ein «erbärmlicher Wahrheitsdienst» geleistet, mehr noch aber das Böse verantwortungslos verbreitet. «Man muß niemanden Zerbrochenheit lehren. Die Künste, die vom Müll der Welt erzählen, vermehren ihn nur.»[368] Unter dem Deckmantel von Anprangern und Widerstand wird das Böse keineswegs eingedämmt, sondern veröffentlicht in seiner Streuwirkung unbe-

---

367 Hugo von Hofmannsthal, Buch der Freunde, in: Reden und Aufsätze III, Frankfurt 1980, 255.
368 Botho Strauß, Aufstand gegen die sekundäre Welt, München (Hanser) 1999, 100.

arbeitbar. Nicht nur der feststellende, auch der böse Blick bannt: sowohl den Betrachter als auch den Betrachteten.

In vormoralischer, phänomenologischer Hinsicht hat Jean-Luc Marion den «feststellenden» Blick in seiner konsequenten (allerdings unbeabsichtigten) sachlichen Einengung untersucht, womit er die Grundfesten der Husserlschen Phänomenologie antastet. Denn bereits Husserls methodische Fassung der Intentionalität führe ungewollt und unreflektiert zu einem «idolisierenden» Blick auf die Phänomene.[369] Erschöpft sich doch der intentionale Blick zielgerichtet im Erblickbaren; er «stellt» seinen Gegenstand, ohne darin die Spiegelung des Eigen-Willens im Idolisierten zu erkennen. Der Kontrollblick macht den Betrachter selbst undurchschaut zum Kontrolleur. Die Fixierung auf Intentionalität, die angeblich alles Erkennen konstituiert, führt dazu, daß vom entschlossenen Blick ein Bild des Wirklichen erstellt wird, aber einzig in der vom Sehenden abgemessenen Reichweite. Es ist die Starrheit des Blicks, die zur (unerkannten) Starrheit des Idols führt. Aber: Das Sichtbare oder Wirkliche begänne da, wo die Ab-Sicht aufhört. (Es sei erinnert an die Doppelbedeutung des deutschen Wortes «aufhören»: aufhorchen und beenden, zusammengenommen: durch offenes Aufhorchen einem Vorgang ein Ende setzen.)

Gleichermaßen wird, religiös gewendet, das Göttliche zum Idol, wenn es im *templum*, wörtlich dem «Abgemessenen» schlechthin, verortet wird.[370] Auch das Wort *sanctum – sancire* heißt einzäunen – führt nicht aus dem quantitativ Abgezirkelten heraus, im Unterschied zu der Wortwurzel heil in *heilig*, die ein qualitatives Ganzmachen oder Ganzlassen meint. So wird das Göttliche verengt, wenn es unter das Maß des menschlichen Blicks gerät; mit dem zugewiesenen Radius mutiert es zum selbsterstellten

---

369 Jean-Luc Marion, Idol und Bild, in: Bernhard Casper (Hg.), Phänomenologie des Idols, Freiburg (Alber) 1981, 107–132.
370 Ebd., 114.
371 Auch dazu von Balthasar, Das Herz der Welt, 97–103: über das Wegsperren Gottes durch seine Frommen.

Götzen[371], während das wirkliche Bild und Bild des Wirklichen von seinem Unsichtbaren lebt, vom Geschehenlassen eines Unfaßbaren. Absichtsloses Sehen erschöpft sich nicht im Angeschauten, will sich vielmehr in dessen unendliche Tiefen verlieren, Tiefen, die gleichwohl durchscheinend bleiben.[372] Zu erinnern ist an die besondere Qualität des Charakters von Heiligkeit und von Genialität, die beide nicht die Klarheit des leicht Eingängigen, sondern die Klarheit des Unergründlichen besitzen.[373]

So enthält das Bild mehr als das Geschaute, es lebt von der Distanz zwischen Blick und unauslotbarer Tiefe des Sich-Zeigenden. Solcher Überschuß verhindert das begriffliche Begreifen; geschaute Welt ist nicht einfacher Spiegel, wiedergekautes Bewußtsein. «Das Wesentliche im Blick [...] kommt ihm von anderswoher zu, oder vielmehr: kommt ihm als dieses Anderswo zu.»[374]

Von da aus erschließt sich die Analogie zum anklagenden Blick: Auch für das Anklagen verhindert die Fest-Stellung, das unbedingte Sehenwollen des Nachteiligen, daß das Ganze in seiner verdeckten, mehrbödigen Tiefe erfaßt wird. Die Suche nach Eindeutigkeit verzerrt das Urteil, gerade weil sie die Beweislast anhäuft. Der Verfolgungseifer wächst mit dem Rechthaben, und das Auge des Anklägers wird starr. Rechthaben setzt merkwürdigerweise von sich aus ins Unrechthaben, *summum ius summa iniuria*. Das ist eine jener Umkehrungen, die im Endlichen als dem Grenzziehenden wirksam sind und erst im Absehen von der selbstgesetzten Absicht Freiheit erlangen.

---

372 Ebd., 120–123. Mit Transparenz ist selbstverständlich nicht simple Erfaßbarkeit gemeint. Vgl. Robert Spaemann, Glück und Wohlwollen. Versuch über Ethik, Stuttgart ²1990, 245: «Niemand ist sich selbst vollkommen transparent, noch ist er es den anderen gegenüber.»

373 Romano Guardini, Von Goethe und Thomas von Aquin und vom klassischen Geist. Eine Erinnerung, in: ders., In Spiegel und Gleichnis, Mainz (Grünewald) 1932, 29: «[...] daß es abgründiger gar nicht hinabgehen kann als in der Klarheit mancher Nachmittage».

374 Marion, Idol und Bild, 128.

Zeitgenössisch zu Kierkegaard skizzierte Hans Christian Andersen in dem Märchen von der *Schneekönigin* den gefrorenen Blick. Wer von ihr einen Eissplitter ins Auge gesetzt bekommt, sieht die Welt kristallinisch gebrochen. Diese Entstellung des Blicks führt zur Mißdeutung der Phänomene; sie fallen von selbst in den Starrkrampf des Zufälligen, Unbedeutenden oder Nichts-Bedeutenden. Selbst die Liebe ist davor nicht gefeit; sie erscheint in Andersens Erzählung nur noch in der abgedämpften Gestalt des Eigen-Interesses, des hintergründig eingefädelten Haben-Wollens.

Guardini notierte 1924 über Menschen von «klassischem Geist» in einer selbst klassischen Aussage: «Dazu gehört vor allem die Weise, wie sie in die Welt schauen, nämlich mit einem ganz offenen Blick, der eigentlich nie etwas ‹will› – daß dieses Ding so sei, jenes anders, das dritte überhaupt nicht. Dieser Blick tut keinem Ding Gewalt an. Denn es gibt ja schon eine Gewalttätigkeit in der Weise des Sehens; eine Art, die Dinge ins Auge zu fassen, die auswählt, wegläßt, unterstreicht und abschwächt. Dadurch wird dem wachsenden Baum, dem Menschen, wie er seines Weges daherkommt, den aus sich hervorgehenden Geschehnissen des Daseins vorgeschrieben, wie sie sein sollen, damit der Blickende seinen Willen in ihnen bestätigt finde. Der Blick, den ich hier meine, hat die Ehrfurcht, die Dinge sein zu lassen, was sie in sich sind. Ja, er scheint eine schöpferische Klarheit zu haben, in welcher sie richtig werden können, was sie in ihrem Wesen sind; mit einer ihnen sonst nicht beschiedenen Deutlichkeit und Fülle. Er ermutigt alles zu sich selbst.»[375]

Kierkegaard stellt den messenden, anmaßenden Blick vor ein einzigartiges Gericht – in dem Sinne, daß er sich selbst nur in einem entmachtenden Umsturz entzogen werden kann; erst dieses Entmachten, das vom Unangenehmen bis zum Schmerzlichen reicht, bedeutet Heilung, Wiedereinsetzen ins Ganze: «Der Predigtvortrag in unsrer Zeit hat zum ersten rein übersehen und zum andern es ganz vergessen gemacht, daß die christliche Wahr-

---

375 Guardini, Von Goethe und Thomas von Aquin, 21.

heit eigentlich nicht Gegenstand von ‹Betrachtung› sein kann. Denn die christliche Wahrheit hat, wenn ich so sagen darf, selber Augen, damit zu sehen, ja, sie ist wie lauter Auge; aber es wäre ja recht störend, ja, es würde mir dadurch unmöglich werden, ein Gemälde oder ein Stück Tuch zu betrachten, wenn ich, indem ich mich anschicke, es zu betrachten, entdecken müßte, daß da das Gemälde oder das Tuch auf mich blickten – und so ist es eben der Fall mit der christlichen Wahrheit; sie ist es, die mich betrachtet, ob ich tue, was sie sagt, daß ich tun soll.»[376]

39. Der übersehende und vergebende Blick

«Die Liebe deckt der Sünden Menge.»[377] Die schwer deutbare Stelle im Johannesevangelium, wo Jesus sich bückend Unleserliches in den Sand schreibt, während die Ehebrecherin der Öffentlichkeit vorgeführt wird, nimmt Kierkegaard als Wegsehen, um die Anklage «in die leere Luft» gehen zu lassen.[378] Vergeben beginnt mit Über-sehen, mit Schweigen, mit Nicht-Beachten der Schuld, auch der offenliegenden. Vergeben heißt Wegnehmen, ohne das Weggenommene demütigend gegenwärtig zu halten.

Doch muß genauer bestimmt werden, wie Vergebung mit dem Bösen zurechtkommt; getilgt ist es ja keineswegs durch das Nicht-Sehen, nur in seiner Verbreitung behindert und nicht mit Häme fortgesetzt. Der nachsichtige Blick könnte durchaus noch als kindlich oder unbetroffen gleichgültig bestimmt werden, dem das unterscheidende Verständnis für das Böse mangelt.[379] Aber

---

376 Kierkegaard, Einübung im Christentum, SW XII, 214.
377 Lk 7, 47.
378 Joh 8, 3–11.
379 G. K. Chesterton, Kugel und Kreuz, Bonn (nova & vetera) 2007: «Und auch wenn sie einige gängige Gotteslästerungen vorgebracht hätten, wäre er unfähig gewesen, sie zu verstehen, was allein der gedankenverlorenen Erfülltheit seines Verstandes zuzuschreiben war.»

das Unbedarfte des Toren und selbst das Kindliche ist noch kein wirksames Ausschalten des Gemeinen. Parzivals Schweigen angesichts der Wunde von Amfortas ist im Sinne törichter Unreife und mangelnden Mitfühlens ausdrücklich Schuld.

Vielmehr darf sich das Gute nicht absondern (damit eine eigene Gestalt von Sünde annehmen), es muß sich elementar auf das Böse einlassen, um es wirksam zu beenden. Schweigen und Übersehen kann nur Auftakt eines bitteren, verzehrenden Kampfes sein mit dem Ziel, das Böse zur Umkehr zu bewegen und nicht nur seine Streuung zu löschen. Anders wäre die Anstrengung des nachsichtigen Blicks nicht begriffen, er wäre nur als ein Aussparen, nicht als ein Lösen beschrieben. Nachsicht aber mündet in ein aktives, anstrengendes Vergeben, und Vergeben ist Kämpfen.

Kierkegaard wählt für die Mühe der Vergebung tatsächlich den Ausdruck «Kampf» gegen das Böse – aber in anderer als rechthaberischer Weise. Vielmehr ist der Kampf deswegen schwer, weil er auch gegen sich selbst geht. Zuerst gegen das Müdewerden im Erfolglosen: Vorauszusetzen ist ja, daß der andere verhärtet bleibt und die Zeit gegen eine Umkehr, aber für ein Erlahmen des Guten arbeitet. Um die fruchtlose Frontstellung *gegen* den anderen aufzubrechen, bedarf es einer Verbündung *mit* dem anderen: Beide stehen ja «eigentlich» auf der Seite des Guten, wenn auch der Böse in Selbsttäuschung befangen ist; zum Bösen gehört häufig paradoxerweise eine moralische Attitüde.[380]

Beide Seiten stehen insofern in symmetrischer Bedürftigkeit, als sie gleichermaßen auf das schlechthin Gute angewiesen sind. Das Gutsein des Guten ist nur relativ, daher darf er keine verschwiegene Überlegenheit und Demütigung des anderen in einer Art geheimer Asymmetrie aufbauen. Beide kämpfen im Angesicht des Guten, von dem sie unterschiedlich tief oder flach ergriffen sind. Jedenfalls kämpft der Gute für den Bösen um die Einsicht in das Gute – dessen sie beide bedürfen. Den Guten muß ausdrücklich Scham

---

380 Vgl. Ratzinger, Jesus von Nazareth: Die Versuchungen Jesu.

erfüllen, daß er es wagt, sich zum Handlanger des Guten zu machen; es ist die Scham angesichts der maßstäblichen Gegenwart des Guten, dafür einzutreten. Kierkegaards Theorie des vergebenden Blicks meint ein Freilassen ohne vorheriges Anklagen, und zwar durch die kämpferische Hinführung des anderen auf die «strenge Wahrheit». Sie ist das *tertium* zwischen beiden, der Maßstab ihrer Entfernung, und der Gute mag ihr näher sein als der Böse, aber doch bleibt es eine asymptotische Näherung, denn auch der Gute steht nicht einfach in der Wahrheit selbst. «Wo Einer fiel, seh jeder seinen Fall!»[381]

Daß der Böse die strenge Wahrheit ergreift, geschieht nur über dieses Freilassen, über die ebenso strenge wie wahre Selbstrelativierung und Bescheidenheit des Guten. Die Güte selbst ist Grund der Umkehr des Bösen – nicht daß der Gute «recht hat». Und so ist der vergebende Blick aus den Augen des Demütig-Guten die Ermöglichung für das Gutwerden des anderen. Nicht aufgrund der Anklage, sondern aufgrund der aufleuchtenden Wahrheit stellt sich der Täter seiner Verfehlung. Das führt zu einem neuen Paradox: daß die Schuld im Eingeständnis bereits am Schwinden ist, *weil* sie nur *angesichts der Vergebung* wirklich eingestanden werden kann. Das Eintreten in den Radius des Guten meint bereits das Eingeständnis des Falschen, Unguten. Die Erinnerung an das begangene Böse erstarkt schmerzlich im Näherkommen, während das Böse selbst schwindet; nicht aber schwindet die Erinnerung an sein Auslöschen: «Daß du vergessen und vergeben hast, will ich dir ewig gedenken.»[382]

Der vergebende Blick bezieht seine Kraft aus dem Dritten: dem Ernst der Wahrheit. Der scheinbare Dialog ist in Wirklichkeit ein Trialog. Denn Wahrheit erlaubt die Distanz zwischen dem Guten und dem Bösen; sie erlaubt den Freiraum der Reue, der

---

[381] J. W. von Goethe, Artemis-Gedenkausgabe 2, 90. Vgl. Ps 13, 3: «Nicht einer ist gerecht; abgewichen sind alle.»
[382] Kierkegaard, Die Liebe deckt der Sünden Menge.

Umkehr. Daher senkt sich der Blick des Guten, gibt die Fixierung und öffentliche Verurteilung des anderen auf; erst aus diesem Abstand erwächst die Beziehung auf das befreiende Dritte. Wahrheit (über die Schuld) ist das wirkliche und wirksame Medium der Vergebung.

Wo nur in der Struktur von Zweien gedacht wird wie in der mythischen Polarität, kann eine solche freigebende Differenz nicht auftauchen. Entweder bleibt der Gute dem Bösen entgegengesetzt, verhindert aber damit dessen Freiwerden aus eigener Einsicht; oder der Gute zirkuliert selbst mit dem Bösen, beide spielen changierend ineinander, so daß das Wollen des Guten sich im Tun des Bösen wiederfindet. «Ich tue, was ich nicht will, das Böse.»[383] Solche Uneindeutigkeit scheint empirisch gedeckt. Wann wäre der Gute schon nur gut, der Böse nur böse? Aber im kreisenden Wechsel bloßer Relativität positioniert man sich nicht endgültig in der Wahrheit, man löst sich nur ab. In solchen zirkelhaften Polaritäten des Halb-Guten, Halb-Bösen bleibt die ontische Schuldverfangenheit oder harmloser die Un- und Vorbewußtheit von Schuld, die Nötigung (*anankia*) zum schuldhaften Dasein unentrinnbar. Bei Kierkegaard trennt die Wahrheit unerbittlich Schuld von der Unschuld, aber nur sie ermöglicht aufgrund der klaren Scheidung die Rückkehr in die Unschuld.

---

[383] Röm 7, 19.

X
Verzeihung des Unverzeihlichen?

40. Die reine Gabe: Jacques Derrida

Die Grenzen der Tauschlogik von Geben und Wiedergeben
Dasein in seiner unabdingbaren gegenseitigen Verwiesenheit erfordert einen Zyklus des Tauschens. Aber darüber hinaus bedarf eine reife Gesellschaft nach Derrida eines Bewußtseins vom «Kalkül» des reziproken Gebens und Nehmens.[384] Denn dem sozialen Zyklus liegt ein jeweiliges «Zurückzahlen» zugrunde, das aus dem Geben das Berechnen nicht ausschließen kann. Tauschlogik ist die Grundlage aller Ökonomie. In diesem Wort steckt *nómos* als jene Gesetzlichkeit, die von einem symmetrischen Wert der Gaben ausgeht und einen pragmatischen Begriff von ausgleichender Gerechtigkeit vertritt. Drastisch erinnert auch das deutsche Wort Heimzahlung an die Tauschlogik, in diesem Fall an die punktgenaue Rückforderung: «Auge um Auge, Zahn um Zahn».

Dennoch steckt im Tausch unvermutet «Falschgeld», tritt dabei doch ein unbedachtes, unentwirrtes Frageknäuel auf. Es ist logisch, eine Gabe mit einer Gegengabe abzuwägen – wie aber wird der gleichgewichtige Gegenwert festgestellt? Sind bestimmte Gaben überhaupt abzugleichen – etwa mit Geld? Ist Geld beispielsweise als Bezahlung einer ideellen Gabe angebracht und nicht als Beleidigung aufzufassen? In Grimms Fassung von *Snewittchen* will der Königssohn den Sarg des schönen Mädchens haben um jeden denkbaren Preis. Auf die abwehrende Antwort: «Wir geben ihn nicht um alles Gold der Welt» bittet er: «So schenkt ihn mir, denn ich kann (sonst) nicht leben ...»[385] Und was er nicht für Gold haben konnte, erhält er *umsonst*.

---
384 Vgl. Jacques Derrida, Falschgeld. Zeit geben I, München 1993.
385 Brüder Grimm, Snewittchen, in: Christian Strich (Hg.), Das große Märchenbuch, Zürich (Diogenes) 1987, 534.

Ist Geld womöglich grundsätzlich «Falschgeld», weil es nur einen fiktiven Wert vorstellt, dessen Dauer von gesetzten Bedingungen abhängt? Die historische Erfahrung erinnert an Entwertungen von Geld, die über Nacht eintraten. Unter welchem Kriterium wird «Gleichheit» verschiedener Gaben ermittelt? Der Verdacht muß geäußert werden, daß dabei Heterogenes verglichen wird. *Do ut des* ist ein Kosten-Nutzen-Kalkül, dessen Maßstab unklar bleibt: Wer setzt wie die Gerechtigkeit des Ausgleichs fest?

In der Praxis der schlechten Endlichkeit verkehrt sich die Tauschlogik sogar ins Horten und Übervorteilen des anderen; ihr entspricht das Übergewicht einer Seite, die ihre Fülle zusammenscharrt und zusammenhält – und wie Midas im eigenen Gold erstickt. So stürzt vorbehaltene Fülle in die Armut des Geizigen ab. Leben verkehrt sich aus wechselseitigem Geben und Nehmen in den Tod des Alleinseins. Anders: Fülle kann als Fülle nicht gerafft, nur mitgeteilt werden. Léon Bloy formuliert mit Schärfe: «Man kann sich die Seele des Reichen vorstellen in der allertiefsten Finsternis, in einem Abgrund, der nur dem der tiefsten Stelle im Meer zu vergleichen ist. Da herrscht absolute Nacht, unvorstellbare, unendliche Stille; es ist die Wohnung der Drachen des Schweigens. Auf der Oberfläche mögen alle Unwetter toben und alle Kanonen brüllen. Die Seele, die in diesem Abgrund hockt, weiß nichts davon. Man darf annehmen, daß es sogar an den dunkelsten unterirdischen Orten bleiche Lichtstrahlen gibt, die irgendwoher kommen und in der Luft schweben wie die Sommerfäden in der Landschaft. Auch in den Katakomben herrscht nicht tiefste Stille. Ein aufmerksames Ohr vernimmt dort noch Laute, die vielleicht die fernen Herzschläge der Erde sind. Aber der Ozean ist unbarmherzig. Licht, Geräusch, Bewegung, unwahrnehmbare Schwingungen, alles verschlingt er, und verschlingt es für immer.»[386]

---

[386] Léon Bloy, Das Blut des Armen (1910), in: ders., Das Heil und die Armut, Heidelberg 1953, 254f.

Aber nicht nur dort, wo das Tauschen zum Übervorteilen wird, sondern auch dort, wo Ungleiches mit Ungleichem verglichen wird: Menschen mit Sachen, Wert mit Preis, Leben mit Geld und Waren, kommt der unscharfe, mehr oder weniger trughafte Charakter des Tausches zum Vorschein. «Und sie nahmen die dreißig Silberlinge, den Schätzpreis des so Geschätzten, den die Israelsöhne geschätzt hatten ...»[387] Dreißig Münzen stellen den «Abgleich» des Menschensohnes dar; nachdem sie in den Tempel zurückgeworfen wurden, wird dafür ein Töpferacker gekauft. In seinem späteren Namen «Blutacker» spiegelt sich noch die Empfindung des Unwürdigen wider, das in diesem Kauf steckte.

Gabe ohne Rückgabe
Im Unterschied zum undurchschaubaren, insgeheim ungerechten Tausch entwirft Derrida den Gedanken der anökonomischen, der «reinen Gabe».[388] Ursprünglich steht sie im Horizont des einfachhin Guten, den Kierkegaard schon entwickelt hatte. Der «Geschmack der Gnade»[389] läßt sich aber auch in dem Sinn übersetzen, wie Derrida Gnade als *Unmögliches*, aber Denkbares liest. Ohne dieses Unmögliche bleibt das Geben, gerade in seiner «unreinen» Form, nicht kritisierbar, kann nicht als Fehlform beurteilt werden. Nur weil wir die reine Gabe vorgängig denken (müssen), wenn auch als Fiktion, immerhin aber als Maßstab für das abgefälschte Unreine, wird daran die Unvollkommenheit

---

387 Mt 27, 9 zitiert diese Stelle aus Sach 11,12 (nach der Übersetzung von Fridolin Stier, München [Kösel] 1989), um den «Abgleich» des Menschensohnes gegen Geld zu brandmarken.

388 Jacques Derrida, Das Jahrhundert der Vergebung. Verzeihen ohne Macht – unbedingt und jenseits der Souveränität. Interview mit Michel Wieviorka, in: Lettre international 48 (2000), 10–18. Analog zur «reinen Gabe» Bernhard von Clairvaux: «Jede wahre Liebe ist ohne Berechnung und hat dennoch zugleich ihren Lohn; sie kann ihren Lohn sogar nur dann empfangen, wenn sie ohne Berechnung ist.»

389 Paul Ricoeur, Das Rätsel der Vergangenheit: Erinnern – Vergessen – Verzeihen, Göttingen 1998, 156.

der Tausch-Kultur erkennbar, genauerhin der Kultur überhaupt, die grundsätzlich auf Tausch, nicht aber auf dem vorbehaltlosen Geben aufruht. Gabe ist «supererogatorisch», über alles Verlangte und Erwartbare oder Geschuldete hinaus überfließend, sie ist das Überflüssige selbst, reine «Huld», Freude am Geben. (Im Vorgriff: «Wenn dich einer um eine Meile Weges bittet, gehe zwei mit ihm; will einer deinen Rock haben, gib ihm auch den Mantel.»[390]) Der Charakter solchen Gutseins läßt sich jedoch in die soziale Welt «übersetzen», um die Tauschgerechtigkeit nochmals zu prüfen und zu überarbeiten. Dann ergäbe sich als wesentliches Korrektiv des Satzes *do ut des* der Satz: «Gib, weil dir gegeben wurde.»[391] Damit ändert sich die punktgenaue Rückzahlung in eine Haltung freier, uneigennütziger Weiter-Gabe. Das deutlichste Beispiel dafür, wie zu erwarten, bildet die Liebe. Sie ist mit Gerechtigkeit nicht abzugleichen, sie besteht von beiden Seiten nur auf der Ebene des Ungeschuldeten, aus freien Stücken Gegönnten. Überfülle wirkt sich aus als Freiheit des Gewährens, als Selbstgabe.

41. Die reine Vergebung

Im Blick auf das mörderische 20. Jahrhundert prüft Derrida analog dazu ein Denken des «reinen Vergebens», des *pardon pur* als Steigerung von *don pur*. Dies geschieht in jener Auseinandersetzung mit den «Bedingungen des Vergebens», die Vladimir Jankélévitch mit seinem bitteren Essay *Pardonner?* (1971) eingeleitet hatte.[392]

Derrida spricht dagegen von der Notwendigkeit einer reinen Absolution von Schuld, und zwar ausdrücklich im Blick auf

---

390 Mt 5, 40.
391 Ricoeur, Das Rätsel, 59.
392 Vgl. oben I, 1.

eine nicht bedingte, nicht durch Gegenleistung ausgelöste, im vorhinein bezahlte Vergebung. Auch *pardon* beruht nicht auf dem ökonomischen Tausch von «Gleichgewichten», etwa von Schuld und Sühne. Deshalb kann Vergebung nicht als Paragraph in das Strafrecht eingeführt werden, steht sie doch außerhalb aller juristischen «Entsprechung». Begnadigung hebt gerade das Recht auf und kann nur als Ausnahme gelten – Vergebung «verrät» also keineswegs die Gerechtigkeit (wie Jankélévitch meinte), sie berührt sie nicht einmal, da sie mit Bestimmtheit aus der Kategorie der Rechtsordnung herausfällt.[393] Das juristisch Unverjährbare ist keineswegs das ethisch Unvergebbare; und: das juristisch Abgesessene ist keineswegs das ethisch Erledigte. Insgeheim wird mit dem Unverjährbaren allerdings ein Kriterium in das Recht eingeführt, das genau betrachtet jenseits des Rechts, weil jenseits der Zeit steht: ein Unvergleichliches, das durch kein symmetrisches «Büßen» des Täters abzugelten ist. Auch die Begnadigung liegt in einem transzendenten Bereich, nämlich im «mystischen Grund» einer Gerechtigkeit, die vom Recht nicht einzuholen ist. In einem genauen Sinn ist sie immer nur adventlich, im Kommen, nicht aber in Gesetzen zu «verleiblichen».[394]

Derrida sieht in Jankélévitch zwei schiefe Ebenen: einmal den Widerspruch zwischen einer unvergebbaren, durch den Tod des Opfers «eingefrorenen» Tat und der mittelbaren Forderung nach Reue und Entschuldigungs-Bitte der Täter. Gäbe es also doch Bedingungen einer möglichen Vergebung? Was könnte Reue letztlich – auf der unhintergehbaren Zeitachse – wirklich-wirksam

---

[393] Man denke in diesem Zusammenhang an die Möglichkeit des mittelalterlichen Rechts, einen zum Tode Verurteilten freizugeben, wenn eine Jungfrau ihn freibitte und zur Ehe nehme. In der Jungfrau leuchtet das Sakrale auf in seiner tatsächlichen «Supererogation», dem Überschuß, der einzig auf nicht nachvollziehbarer «Willkür» beruht und niemals einen «Rechtsanspruch» darstellt.

[394] Vgl. J. Derrida, Gesetzeskraft. Der ‹mystische Grund der Autorität›, Frankfurt (Suhrkamp) 1991.

verändern? Führt diese Bedingung der Reue nicht in einen – von Jankélévitch unbedachten – Raum zeitenthobener Vergebung, wie ihn eine (einzige) religiöse Tradition denkt, die abrahamitische?

Die zweite Fragwürdigkeit liegt nach Derrida darin, daß es «ontologische» Verbrechen gebe, deren Maßlosigkeit überhaupt keine Vergebung, auch nicht bei Reue und im Angesicht des Opfers, mehr zuließen.

Derrida greift in der ersten These an, Vergebung sei – wenn überhaupt – nur unmittelbar, in der *solitude à deux* zu gewähren. Würde die Vergebungsmöglichkeit tatsächlich mit dem zeitlichen Tod des Opfers enden, käme die Reue des Täters regelmäßig zu spät, er hätte überhaupt keine aktive Stelle im Drama mehr. Reue und Vergebung würden logisch getrennt, getrennt aber auch Nehmen und Geben: Vergebung kennt keinen Empfänger mehr, sie wäre tatsächlich sterblich. Kann Vergebung so zeitfixiert, so endlich gedacht werden? (Und im Grunde: Wird sie doch wieder eintauschbar gegen Reue?)

Auch in der zweiten These wirkt nach Derrida jene sich selbst unsichtbare Tauschlogik, nur diesmal in negativer Form: Gegen einige Verbrechen kann nichts mehr als «Gegenwert» angeboten werden. In einer postum veröffentlichten Schrift verweist er auf die Möglichkeit (sogar Notwendigkeit?), den biblischen Gedanken einer Unterbrechung des symmetrischen Kreislaufs nachzuvollziehen: Dort wird von einer Sünde im vorhinein gewußt (Genesis 3), dort wird aber auch von einer Gnade Jahwes im vorhinein gewußt (Exodus 6–10): «Es handelt sich um eine apriorische Vergebung – erbeten, gewährt, oder auch nicht –, die schon immer erbeten wird, gewissermaßen eine ursprüngliche und unendliche Bitte aufgrund einer ursprünglichen, unendlichen oder unbestimmten Schuld oder Schuldhaftigkeit, einer Zurechnungsfähigkeit oder Strafbarkeit.»[395] Schon *merci* ist sprachlich sowohl Dank als auch

---

[395] J. Derrida, Pardonner. L'impardonnable et l'imprescriptible, Paris (L'Herne) 2005, 70. Übersetzung von Claudius Pobbig.

Gnade, mehr noch: Dank für Gnade, für «mehr als» (erdacht, ersonnen, gewünscht).[396]

Vergebung, rein konzipiert, müßte im Radius solchen Begreifens bis zur Verzeihung des Unverzeihlichen gehen, so Derrida zum Millennium 2000 in einem Interview: «Man muß von der Tatsache ausgehen, daß es, nun ja, Unverzeihbares gibt. Ist es nicht eigentlich das einzige, was es zu verzeihen gibt? Das einzige, was nach Verzeihung *ruft*? Wenn man nur bereit wäre zu verzeihen, was verzeihbar scheint, was die Kirche ‹läßliche Sünde› nennt, dann würde sich die Idee der Vergebung verflüchtigen. Wenn es etwas zu verzeihen gibt, dann wäre es das, was in der religiösen Sprache ‹Todsünde› heißt, das Schlimmste, das unverzeihbare Verbrechen oder Unrecht. Daher die Aporie, die man in ihrer trockenen und unerbittlichen, gnadenlosen Formalität folgendermaßen formulieren kann: Das Vergeben verzeiht nur das Unverzeihbare. Man kann oder sollte nur dort vergeben, es gibt nur Vergebung – wenn es sie denn gibt –, wo es Unverzeihbares gibt. Was soviel bedeutet, daß das Vergeben sich als gerade Unmögliches ankündigen muß. Es kann nur möglich werden, wenn es das Un-Mögliche tut. [...] Was wäre das für eine Verzeihung, die nur dem Verzeihbaren verziehe?»[397]

«Übersetzt» kann dies wohl nur bedeuten, daß es Absolution nur im Absoluten gibt – nicht im Relativen menschlicher «Verrechnung». Was verbirgt sich hinter dem Absoluten?

Ähnlich wie anschließend bei Habermas zu sehen, drückt sich Derridas Forderung im Horizont des «Unmöglichen» aus, des nur Erwünschten, nicht Realisierbaren; gleichwohl entspricht sie – bis in die Formulierungen hinein – dem Angebot biblischer Neuwerdung auch des Täters, nicht nur des Opfers, der Ankündigung unausdenklicher Vergebung. Derrida selbst bezieht sich

---

396 Zur Sprachphilosophie vgl. J. Derrida, Über den Namen. Drei Essays, Wien (Passagen) 2000.

397 J. Derrida, Jahrhundert der Vergebung, 11f.

auf die «abrahamitische Tradition», deren sich mittlerweile auch andere Kulturen bedienten, ohne ihren Kern, eben jenes Unverrechenbare, zu gewahren, sondern sie setzten an seine Stelle einen Polittourismus des gegenseitigen Entschuldens. Eine Entschuldung im Horizont zwischenmenschlichen Harmoniebedürfnisses greift nach ihm aber gerade nicht bis zu den Toten zurück, befriedet nur die Nachgeborenen. Es geht aber nicht um den Versöhnungswillen der Politiker, um die Rituale der Selbstbeschwichtigung eines taktisch beschworenen Neuanfangs. Kultur müßte, um Kultur zu bleiben, die Stelle für den mehr als sozialen und politisch zwecklichen Pardon offenhalten.

Derrida widerspricht der Voraussetzung von Jankélévitch: Für ihn ist Vergebung in ihrer reinen Form erst gegeben, wenn die unmittelbare Konfrontation von zweien zwar nicht mehr möglich ist, aber in die klärende Anwesenheit eines Dritten mündet, eines zeitunabhängigen Gebers der Vergebung. Ist das eine Frucht der Lektüre von Kierkegaard?[398] Der Raum des Dritten übersteigt die menschlichen Möglichkeiten, reißt sie aber mit in den Horizont des Unmöglichen – und doch Denkbaren: «Ist die Vergebung eine Sache des Menschen, das dem Menschen Eigene, ein Vermögen des Menschen – oder ist diese Gott vorbehalten? Und bereits die Öffnung der Erfahrung oder der Existenz auf eine Übernatürlichkeit als Übermenschlichkeit: göttlich, jenseitig oder diesseitig, geweiht, heilig oder nicht? Alle Auseinandersetzungen um die Vergebung handeln auch von dieser ‹Grenze› und dem Überschreiten dieser Grenze.»[399]

---

398 Vgl. Tilmann Beyrich, Ist Glauben wiederholbar? Derrida liest Kierkegaard, Berlin (de Gruyter) 2001.
399 J. Derrida, Pardonner, 74f. Übersetzung von Claudius Pobbig.

42. Exkurs: Gerechtigkeit für die Opfer? Jürgen Habermas

Auch in einigen jüngsten Wortmeldungen von Habermas wird deutlich, daß das Sinnpotential von Religion, *a fortiori* aber der jüdisch-christlichen Herkunft und ihres großen Thesaurus, nicht einfach ablösbar ist durch die aufgeklärte Vernunft und ihre Zwecksetzungen, nicht ablösbar durch virtuelle Spiele, nicht ablösbar durch Psychohygiene.

Im Blick auf das in die jüngste Geschichte eingekerbte Datum des 11. September 2001 war bei Habermas einen Monat später die Rede von der Notwendigkeit einer universalen Gerechtigkeit – für die im Vergangensein verschwundenen Opfer. Gerechtigkeit, ein Zentralthema der Philosophie seit Platon, bleibe nämlich leer, wenn sie nur auf die Zukünftigen, also auf einen schmalen und noch irrealen Ausschnitt der Menschheit, bezogen würde. Der je größere Teil der Menschheit bleibt auf diese Weise der Gerechtigkeit entzogen: die Toten. «Auferstehung» *wäre* die Sinnantwort auf irdisch nicht gutzumachende Leiden: «Erst recht beunruhigt uns die Irreversibilität vergangenen Leidens – jenes Unrecht an den unschuldig Mißhandelten, Entwürdigten und Ermordeten, das über jedes Maß menschlicher Wiedergutmachung hinausgeht. Die verlorene *Hoffnung auf Resurrektion* hinterläßt eine spürbare Leere», so – erstaunlicherweise – Habermas' Rede zum Friedenspreis des Deutschen Buchhandels 2001.[400] Mit anderen Worten: Im Sinnlosen bedarf es einer transzendierenden Antwort auf das menschlich nicht zu Lösende und nicht Denkbare. «Auferstehung» ist damit mehr als ein «Anliegen» in theologischer Metasprache. Sie hat – auch wenn sie bei Habermas nur im Konjunktiv formuliert wird – eine «Systemstelle» im menschlichen Verlangen nach Gerechtigkeit. Gerade weil sich Gerechtigkeit auf alle und nicht auf wenige erstrecken soll, geht sie über den schmalen empirischen

---

[400] Jürgen Habermas, Glauben und Wissen. Friedenspreis des deutschen Buchhandels 2001, Frankfurt (Suhrkamp) 2001.

Ausschnitt an Geschichte hinaus, den Menschen aktiv gestalten könnten; der größere «Rest» (der Toten und jetzt Lebenden) bleibt ohne Auferstehung einem solchen gerechten Ausgleich für immer entzogen. Auch in diesem Sinn ist eine Geschichte «mit Finale» einem zyklischen Weltverlauf ohne Finale gedanklich und religiös vorzuziehen.[401]

Damit begann Habermas ein Gespräch, spektakulär auch mit Joseph Ratzinger 2004[402], in welchem er Religion im Verhältnis zur Vernunft gleichsam neu kartographierte. Während er in den 90er Jahren starken Nachdruck auf das «nachmetaphysische Denken» legte[403], gelangt er in einer jüngsten Veröffentlichung zu einer Kritik an dessen scheinbarer Unbefragbarkeit.[404] Zwar beharrt er auf einer «detranszendentalisierten Vernunft», doch nur im Sinne eines unersetzlichen, notwendig eng fokussierten Instruments von Wissenschaft. Keineswegs aber muß Methode zur Mentalität werden, muß der beschränkende Blick zur beschränkten Weltsicht gerinnen; über (zu glaubende oder zu verwerfende) Inhalte einer religiösen Weltdeutung ist damit nichts entschieden und nichts zu entscheiden. In dieser Trennung von (natur)wissenschaftlicher Methode im Teilbereich und religiöser Hermeneutik des Gesamten öffnet sich – entgegen alten Borniertheiten – das Fenster zu neuem Austausch. Die Frage nach dem lange Ausgesparten wird zwingend.

---

401 Vgl. Hanna-Barbara Gerl-Falkovitz, Ante Christum natum – post Christum natum. Anmerkungen zum christlichen Zeitbegriff, in: dies., Eros – Glück – Tod und andere Versuche im christlichen Denken, Gräfelfing (Resch) 2001, 40–65; hier: 62f.
402 Jürgen Habermas/Joseph Ratzinger, Dialektik der Säkularisierung, Freiburg (Herder) 2005.
403 Jürgen Habermas, Nachmetaphysisches Denken, Frankfurt (Suhrkamp) 1992; ders., Politik, Kunst, Religion, Stuttgart (reclam) 1992.
404 Jürgen Habermas, Zwischen Naturalismus und Religion, Frankfurt (Suhrkamp) 2005.

XI
VON DER GABE ZUM GEBER

43. Kontrastbeziehung zwischen Philosophie und Theologie

Gebrochen durch das Prisma schuldhafter Selbsterfahrung läßt sich in der postmodernen Welt – in der Welt des Philosophischen, ausstrahlend auf die Welt des Politischen, des öffentlichen Raumes – auch ein *postsäkulares Denken*[405] verorten; freilich keine Stelle, an der das Heilige (das Heilende) unmittelbar vorkäme. Aber es kommt vor in seiner verschlüsselten Spur, im Widerspruch gegen die pure Autonomie des sich selbst besitzenden, sich selbst verstehenden Subjekts. Philosophisches Denken ist – aufgrund einer als defizitär erkannten Vernunft – zurück in einer Fassungslosigkeit, von der sich die Autonomie-Formel der Aufklärung nichts hat träumen lassen. Analysen der letzten beiden Jahrzehnte sind auch Sprachrohr gesamtkultureller «Erdbeben». Tatsächlich scheint sich darin eine Wende anzubahnen: die unerwartete Wende von Intellektuellen zu Fragen eines neuen (oder alten, gut vergessenen?) Sinnentwurfs: Dasein als grundlose Gabe zu denken.

In der Reformulierung von «es gibt» stellt sich jedoch unabweislich, rein sprachlogisch, die Frage nach einem Geber, nach dem «es»: Was gibt, wer gibt? Die Antwort kann als unmöglich angesehen werden wie bei Derrida, als verlorengegangen wie bei Habermas, aber auch als augenöffnend wie bei Henry. In jedem Fall ist die Frage nach dem Geber nicht sinnlos; sie transzendiert die Selbstbeschränkung philosophischer Vernunft und provoziert den, der sich provozieren lassen will, zum Weiterfragen an eine

---
405 Vgl. Walter Schweidler (Hg.), Die postsäkulare Gesellschaft, Freiburg/München (Alber) 2007.

vorformulierte Überlieferung, die ihrerseits vernunfthaltig ist: den Glauben. Offenbarung und Philosophie stehen seit der jüdischen Spätantike – wie etwa bei Philon von Alexandien – und der christlichen Patristik – von Justin dem Martyrer bis noch zu Anselm von Canterbury – in einer Kontrastbindung, nicht anders als die Spannung von Mythos und Logos bei den Griechen. Gregor der Große verglich die Worte der Schrift «mit einem Stein [...], in dem Feuer verborgen ist. Mit der Hand faßt er sich kalt an, wenn er aber mit einem Stück Eisen geschlagen wird, springen Funken heraus, und was sich zuvor mit der Hand kalt anfassen ließ, bringt sodann sprühendes Feuer hervor.»[406] Wieweit sich aus der Begegnung von Glaube und Vernunft «Feuer schlagen» läßt, sei am Begriff der Vergebung weiter überprüft.

«Vernünftigkeit» der Offenbarung: Pro und Kontra
«Das Denken des Okzidents und sein Wortschatz sind aus den großen theologischen Debatten der ersten Kirche geboren. Unsere Musik, unsere Bildhauerei, unsere Malerei sind im Chor der Kirchen geboren, während unsere Poetik in der Atmosphäre der manichäischen Sekten entstand. Sogar die großen modernen Philosophien: Descartes und Kant, Hegel, Auguste Comte und Marx, sind ursprünglich theologische Stellungnahmen gewesen. Die Theologie ignorieren heißt mit der fruchtbarsten Tradition der abendländischen Kultur brechen. Das heißt also, sich dazu verurteilen, ohne es zu wissen, die seit mehr als 1500 Jahren durch die Kirchenväter und die großen Häretiker in Form gebrachten geistigen Entdeckungen noch einmal zu machen» – so Denis de Rougemont.[407]

Vieles bisher Gesagte führte bereits in das Grenzgebiet zwischen Philosophie und Offenbarung. In der Tat besteht zwischen europäischer Philosophie und monotheistischer Theologie eine

---

406 Homilien zu Ezechiel, übertr. u. eingel. v. Georg Bürke, Einsiedeln (Johannes) 1983, Homilie 446.
407 Denis de Rougemont, Der Anteil des Teufels, München 1999, 21.

Kontrastbeziehung. Sie kann in zweierlei spannungsvoller Hinsicht gelesen werden: als komplementär, was die gemeinsame Denkgeschichte zumindest bis zur Aufklärung betrifft: Vernunft *kann* den Glauben stützen, denn seine positiven Vorgaben aus der Offenbarung können intelligibel oder luzide gemacht werden (wie die Auslegung des *Logos* durch die Patristiker bis hin zu Joseph Ratzinger zeigt). Dies gilt sogar und auch, was die Trinität angeht, die keineswegs irrational für das Denken ist, sondern als Paradigma von Verhältnisbeziehung, genauer: einer in sich unterschiedenen, das andere ihrer selbst einschließenden Einheit erhellt werden kann, wie es Cusanus und noch Hegel vorlegen (freilich ist dies nicht mit einer erschöpfenden Erklärung zu verwechseln). Aber: Der Glaube provoziert auch die Vernunft und führt sie in Aporien, in Trans-Rationales, zuweilen weist er sie sogar ab als «Hure Vernunft», wie die Reihe von Tertullian über Luther zu Kierkegaard und Leo Schestow zeigt. «Was hat Athen mit Jerusalem zu tun?», so Tertullians Schlagwort, welche Frage Schestow 1937 herausfordernd und verstörend wieder aufnimmt.[408] Kierkegaard, seinen Zeitgenossen zum Ärgernis, schreibt in der Einleitung zu *Furcht und Zittern*: «Die Theologie sitzt geschminkt am Fenster und bietet der Philosophie buhlerisch ihre Dienste an» – auf Hegels Aufhebung der Theologie in das absolute Wissen hin gesprochen. Im Blick auf Abraham und Christus gilt keine Versöhnung, kein Sinnvertrauen in die Vernunft, keine Gleichsetzung des menschlichen und göttlichen Geistes.

Die erste Möglichkeit der Kontrastbeziehung, die gegenseitige ideelle Vorlage, bezieht sich vor allem auf die Denkbarkeit, sogar Denknotwendigkeit eines Gottesbegriffs, im Sinne einer Onto-

---

408 Leo Schestow, Athen und Jerusalem. Versuch einer religiösen Philosophie, Berlin 1937. – Vgl. ders., Fatales Erbe. Über die mystische Erfahrung Plotins, übers. v. Hannelore Reyer, hg. von Thomas Unterrainer, Dresden 2006: Schestow sieht in Plotin den späten Vertreter der griechischen Philosophie, der aufgrund seiner mystischen Sicht des Einen «das Vertrauen in die Vernunft verlor».

Theologie: Gott als Sein überhaupt «sichert» die Möglichkeit von Wahrheit, von Sinn, von Güte. Die zweite Möglichkeit aber, der klare Kontrast, fußt auf jenen Aussagen der biblischen Offenbarung, die auch, weil kontingent, querstehen zur allgemeinen Denkbarkeit, zu den regulativen Ideen einer Weltordnung im Bewußtsein. Denn: Die Erschaffung der Welt ist nicht zwingend (und in der antiken Philosophie keineswegs gedacht), die Erwählung gerade Abrahams oder des Volkes Israel als eines spezifischen Heilsträgers ist ebenso wenig zwingend, noch weniger die Inkarnation des Sohnes in der geschichtlichen «Kleinteiligkeit» eines Lebens an unbedeutendem Ort, unter provinziellen Umständen, zudem seine Hinrichtung (die Hinrichtung Gottes!) aufgrund eines ideologischen Prozesses. Schopenhauers Einwand gegen solcherlei Kontingenzen scheint zunächst berechtigt: «Eine Religion, die zu ihrem Fundament eine einzelne Begebenheit hat, ja aus dieser, die sich da und da, dann und dann zugetragen, den Wendepunkt der Welt und allen Daseyns machen will, hat ein so schwaches Fundament, daß sie unmöglich bestehen kann, sobald einiges Nachdenken unter die Leute gekommen.»[409]

Transrationalität des Glaubens
Wie kann man daher Offenbarungsaussagen anders als anstößig im Sinne nicht zu bewahrheitender Behauptungen lesen? Alles hätte anders kommen können, ethisch gesehen sogar kommen müssen, insbesondere wenn man an die abgründige Dramatik des Todes Jesu erinnert, deren schicksalhaftes Schwanken zwischen Zustimmung und Verweigerung von Seiten der religiösen Autorität mit Recht herauszustellen ist – auch «der Sohn» erlitt offenbar Zufälliges und «Menschenmäßiges»[410]. Ein Denken aus Kausalität oder metaphysischer Logik verbietet sich geradezu aus geschicht-

---

[409] Arthur Schopenhauer, Parerga und Paralipomena II: Über Religion, § 182, in: ders., Sämtliche Werke VI, Wiesbaden 1947, 418.
[410] Romano Guardini, Der Herr. Betrachtungen über die Person und das Leben Jesu Christi, Würzburg (Werkbund) 1937, ³1940, 15.

lichem Ernst. Daher: Anstelle eines dem Sein und der Ontologie verhafteten «vernünftigen» Gottesbegriffs tritt *auch* eine Reflexion, die zwischen Vernunft und Glauben einen Punkt setzt. Theologie leistet mehr und anderes als Metaphysik; auch hier ist klare Distanz der Sache des Glaubens dienlicher als eine zu enge Umarmung. Religionsphilosophie, die dem Glauben in seiner Eigengestalt nachdenkt, sollte diesem «anderen» Gehör verschaffen: Nennen wir es mit dem schon geläufigen phänomenologischen Ausdruck «das Ereignis», die «Gegebenheit» der Offenbarung. Auch Offenbarung tritt als ursprüngliche, ungeschuldete Mitteilung in Erscheinung, als unvordenklich, trans-kausal, als «Wunder des Tatsächlichen»: «dessen, von dem kein Grund vorliegt, daß es sein müsse; das aber ist und sich vor der andringenden Möglichkeit behauptet, auch nicht sein zu können. Und noch mußte gesehen werden, wie in solcher dastehenden Wirklichkeit, [...] die ‹Gabe› ist, ‹gegeben› aus der freien Huld des lebendigen Gottes –, wie in ihr das Eigentliche aufstrahlen kann. Nicht über ihr, nicht jenseits ihrer, sondern in ihr selbst. [...] Die Voraussetzung aber dafür ist die Menschwerdung Gottes; und darin, ob das Denken dieses Faktum – wahrhaft *factum*, Getanes, Tat und Wahrheit zugleich – als Maßstab in sich aufnimmt, entscheidet sich seine Christlichkeit.»[411]

Die eine Möglichkeit, denkend mit diesem Ereignis umzugehen, ist die anverwandelnde Aufnahme von Philosophie in den Raum der Offenbarung, die andere ist das immer neue Sich-selbst-Überschreiten des Glaubens in ein Begreifen von Welt.

So können wesentliche Grundzüge der Offenbarung durch eine Phänomenologie der Gabe freigelegt werden: Aber im Erscheinen einer solchen Kund-Gabe kann der Glaube die Selbst-Gabe eines Unbegreiflichen wahrnehmen, die den Philosophen überrascht, wenn nicht überfordert. Mit Jean-Luc Marion kann man vom *Sinnereignis* als jenem Einbruch in das intentionale gegenstandsbezogene Bewußtsein sprechen, der als «Gegen-Richtung»

---

[411] Romano Guardini, Landschaft der Ewigkeit, München (Kösel) 1958, 25.

(«Gegen-Intentionalität») ausgelegt werden kann. Dies bedeutet eine (nicht kausal abzuleitende) Sinnvorgabe, die offenbar nicht einer Sinngebung durch das intentionale Bewußtsein selbst entspringt. Im Gegenteil: Anstelle vorliegender Erwartungen prägt sich unvermutet ein Neues aus, das überraschend oder sogar verstörend in die Phänomenanalyse eindringt.

Mit dem Begriff Sinnereignis wird grundsätzlich Neues denkbar, das sich nicht als immer schon (latent) gegenwärtig erweist. Gott wird dem Denken nicht nur als Transzendenz des rituell Gestalteten, sondern nicht minder des rational Verfügbaren aufgegeben. Tief unter der Schwelle des Bewußtseins wird die Spannung zwischen Intellekt und biblischer Offenbarung spürbar. Der schmerzlich vermißte, brennend entbehrte Fremde, der Lebendige selbst, der Gott, der die Hohlkugel und Tarnkappe des allseitig abgesicherten Bewußtseins stört – wäre diese Bedrohung nicht das wahre Glück (des Denkens)? Auch Jacques Derrida stellt die verschlüsselte Frage: «[...] kann man dann, mit all der gebotenen Präzision, einen nicht-philosophischen Ort ausmachen, einen Ort der Äußerlichkeit oder der Andersheit, von dem aus man noch *über die Philosophie* sprechen kann? [...] Unter welchen Bedingungen könnte man demnach für ein Philosophem im allgemeinen eine *Grenze bezeichnen*, eine Randzone, die es sich nicht ad infinitum wieder aneignet, als die seine *konzipieren* kann, indem es im voraus den Prozeß seiner Entäußerung (wieder, immer wieder Hegel) hervorbringt und in sich zurücknimmt [...] »[412] Es geht um einen Aufprall im Denken, der ein Gegenüber verrät.

---

412 Jacques Derrida, Tympanon (1988), in: Rolf Elberfeld (Hg.), Was ist Philosophie? Programmatische Texte von Platon bis Derrida, Stuttgart (reclam) 2006, 241f.

44. Aufklärung über den Mangel der Aufklärung

Führen wir die Herausforderung mit Hannah Arendt weiter: «Die Moderne hat nicht eine diesseitige Welt für eine jenseitige eingetauscht, und genau genommen hat sie nicht einmal ein irdisches, jetziges Leben für ein jenseitig-künftiges gewonnen; sie ist bestenfalls auf es zurückgeworfen. [...] Was in ihr an die Stelle der Welt getreten ist, ist das nur der Selbstreflexion zugängliche Bewußtsein, in dessen Felde die höchste Tätigkeit das Formelspiel des Verstandes ist. [...] Es ist durchaus denkbar, daß die Neuzeit, die mit einer so unerhörten und unerhört vielversprechenden Aktivierung aller menschlichen Vermögen und Tätigkeiten begonnen hat, schließlich in der tödlichsten, sterilsten Passivität enden wird, die die Geschichte je gekannt hat.»[413]

Auch Botho Strauß hat in seltener Hellsicht die Selbstbezüglichkeiten, die Formelspiele eines späten, an sich selbst leerlaufenden Bewußtseins im Visier. Daraus stammen die Bitterkeit, teils sogar der Zynismus seiner Aphorismen; in einer tieferen Schicht aber geht es ihm wie Saul, der seines Vaters Eselinnen in der Wüste suchen ging und «fand ein Königreich» – eine insgeheim wartende Welt. Nämlich die Welt selbst.

Wie Orpheus steht nach ihm die Philosophie «vor den Grenzen der Schattenwelt, der tödlichen Selbstbezüglichkeit der Bilder [... Orpheus] hat seine ganze Kunst auf die Wiedererweckung des Gegenstands gerichtet.»[414] Die Anstrengung fordert intellektuelle Kraft, aus den wirklichkeitsabwehrenden Tabus des Konstruktivismus in die Welt der Wirklichkeit zurückzukehren. Besser formuliert: sie sich nicht mehr verbieten zu lassen durch Reduktionen und Scheinaufklärungen, zum Beispiel durch jene Blickbeschränkung, die den Menschen als «pharmazeutische oder neurochemische Fabrik» oder eben als Maschinen darstellt. Nein, das Ganze der Wirklich-

---

413 Vita activa oder Vom tätigen Leben, München (Piper) [8]1996, 408 und 411.
414 Botho Strauß, Aufstand gegen die sekundäre Welt, München (Hanser) 1999, 104.

keit muß neu, aufwühlend, unersättlich gelesen und in den Blick genommen werden; kein Abspeisen mit den Thesen des «nichts als» der Konstruktivisten, der Minimalisten der Freiheit, kein freiwilliges Kastriertwerden im Prokrustesbett der Wissenschaften. «Was ist das Blau des Himmels anderes als eine Lichtbrechung, was der Kummer mehr als ein Mangel an Serotin ...?»[415] Irrealität ist der Feind der heutigen Kultur, ihr kaum durchschautes, gleichwohl freiwillig bewohntes Gefängnis. Dinge, Gegenstände gleich Widerstände «gibt es» angeblich nicht mehr. An die Stelle von «es gibt» (wer könnte auch noch geben?) treten subjektlose, dinglose Prozesse: Fortschritte, Diskurse, Konstrukte, Entwicklungen, Meinungen, die sich beweislos und beweisunbedürftig bilden. Die jedoch durch Wiederholung «irgendwie» glaubhaft werden. Auch Unrecht, auch Sinnlosigkeit kann zweifellos rationalisiert werden, von «den Fürsten und den Gelehrten, die da wie Fische mit seitwärts gerichteten Augen wogen im Zwielicht der Wissenschaft»[416].

Zusammenfassend: Aufklärung kann nicht mehr bedeuten «Befreiung der Vernunft aus ihren Täuschungen, sondern Befreiung von der Täuschung, welche die Vernunft selbst ist. Und Vernunft als solche wäre dann Täuschung, wenn sie nur vorgeben könnte, aus sich auf ein Ganzes von Einsicht orientiert zu sein und dann auch durch sich aus dem Inbegriff von Täuschung befreit sein zu können.»[417] Anders: Vernunft ist werkzeuglich, bedarf eines vorgängigen «Ganzen», auf das sie sich richtet, mehr noch: von dem und an dem sie selbst ausgerichtet wird. Das Uneinholbare des Lebens ist ihr Gegen-stand, Offenbarung ihr befruchtender Widerstand. Daß solche Vor-Gaben sich der Subjektivität unerschöpflich erschließen – und auch in der Tiefe entziehen, dies zu denken macht gegenwärtig die notwendige Aufklärung über die Aufklärung aus.

---

415 Ebd., 103.
416 Paul Claudel, Der Ruhetag, dt. von Jakob Hegner, Olten (Hegner) 1949, 113f.
417 Dieter Henrich, Bewußtes Leben. Untersuchungen zum Verhältnis von Subjektivität und Metaphysik, Stuttgart (reclam) 1999, 98.

45. Von der Gabe zum Geber

Daher noch einmal zur bestürzenden Objektivität des Lebens: Die Norm des «reinen» Gebens hängt so lange in der Luft, solange die Urgabe nicht in den Blick gerät – ist sie doch längst schon gegeben und daher sogleich übersehbar: das Dasein selbst. Lange bevor das Tauschen, geschweige denn die Reflexion einsetzt, ist «Überfülle»[418], das Leben selbst, als *datum* vorhanden.

Ob von dieser allem vorgängigen Gabe auf den Geber weitergefragt werden kann, wird vermutlich ein währendes Spannungsfeld zwischen Philosophie und Offenbarung bleiben. Bekanntlich spricht Heidegger in *Sein und Zeit* vom Geworfensein des Daseins und wehrt gleichzeitig die Frage nach dem Werfer ab. Sartre wählte die (nicht einsichtige) Lösung: «Unablässig erschaffe ich mich; ich bin der Geber und die Gabe.» Anders Henry: Das Urleben, das die Gabe des Lebens gibt, ist der Urlebendige selbst. Der hebräische Gottesname Jahwe «Ich bin der ich bin da» wird in den griechischen Selbstaussagen Jesu *ego eimi* ausdrücklich und mehrfach wiederholt: «Ich bin da als der ...»

Vor diesem Hintergrund provoziert sein Logion «Ich bin die Wahrheit und das Leben»[419], indem es beides ursprungshaft zusammensieht. Dieses Logion kann weder über Geschichte noch über einen anderen Sinnzusammenhang «von außen» eingeholt werden, sondern allein aus dem Selbsterweis des Inhalts. Das bedeutet nicht, an den Sprechenden zu glauben, um dann von dorther die Wahrheit seiner Worte zu erschließen. Es ist umgekehrt: Er selbst erschließt die Wahrheit sprechend und bringt damit zum Glauben. Daher ist in Henrys Deutung das Johannes-Evangelium Zeugnis eines radikalen und nicht eines semantischen Wahrheitsbegriffes. Grundsätzlich: Wenn die Bibel

---

418 Paul Ricoeur, Liebe und Gerechtigkeit, hg. v. Oswald Bayer, Tübingen 1990, baut seine Überlegungen auf der «Logik der Überfülle» auf.
419 Joh 14, 6.

vom «lebendigen Gott» spricht, so bezieht sie sich nicht auf ein von der Welt oder anderem Leben her ausweisbares Leben, sondern der Lebendige bedarf keiner Affirmation von außerhalb, er ist selbst Zugang zu sich selbst. Über dieses Urleben zu sprechen meint nach Henry, den unvordenklichen, normalerweise «nicht erinnerten» (*immémorial*) Ursprung allen Lebens und zugleich die Selbstaffektion allen Lebens zu thematisieren. «Ich bin die Wahrheit» zeigt so den phänomenalen Selbstausdruck des Lebens. Wahrheit ist nichts Abstraktes, Worthaftes, sondern ist offenbare Performation des Lebens und nicht: Information über das Leben. Wahrheit ist Ursprung des Lebens.

Solche Freilegungen des Daseins als wahre Gabe eines wahren Gebers tragen einem Urlebendigen Rechnung, ohne ihn begrifflich einzuholen. Vielmehr werden sie umgekehrt von ihm her in Gang gesetzt. Noch einmal genauer: *Das* Uneinholbare des Lebens ist Gegen-Stand des Denkens. *Der* uneinholbar Lebendige ist befruchtender Wider-Stand des Denkens. Am Leben läßt sich diese Grammatik von Gabe und Geber in vorzüglicher Weise buchstabieren: Der Geber selbst ist Person, nicht eine Naturenergie, ein überquellendes apersonales Etwas, sondern Wille, Gestalt, großmütige Selbstmitteilung, selbst «Inkraft» des Lebens, das er freisetzt. Der Ursprung kann nur personal formuliert werden: Leben stammt von einem «Urheber», nicht aber von einer neutralen Ursachenverkettung biologisch-chemischer Art. «Wie ein Weber hast Du mein Leben [...] gewoben.»[420]

Das Johannes-Evangelium geht über diese allgemeine Struktur noch hinaus, nimmt es doch Maß an einer personalen Mitte. Es hatte den «Sohn» als Wahrheit in Person erfaßt und ihn so dem Leben und Nach-Denken aufgetragen. Es hat ihn zugleich als den sich selbst Verschwendenden, als Lamm, als Wehrlosen gezeigt: frei in seiner Unterwerfung. Hier liegt die Quelle für eine mögliche reflexive Öffnung nicht nur auf *das* Wahre, sondern auf

---

420 Jes 38, 12.

den Wahren, nicht nur auf *das* Freie, sondern auf *den* Freien (sich Verschwendenden).

So kann als Wahrheit des Lebens formuliert werden: Die Gabe des Daseins entbindet von der Sterilität der Selbstsicherung zur Fruchtbarkeit des Sichverschwendens. «Die Wahrheit wird euch freimachen»[421] läßt sich auf der menschlichen Ebene lesen als: Die Wahrheit eigener Lebendigkeit (wie sie gegeben und angenommen wurde) wird freimachen zum Geben und Sich-Nehmen-Lassen von anderer Lebendigkeit.

Martin Buber befürchtet freilich, daß der Geber gerade deswegen nicht erfaßt wird, da er wirklich *immémorial* sei: «So steht es vor den Nachgeborenen, sie zu lehren, nicht was ist und nicht was sein soll, sondern wie im Geist, im Angesicht des Du, gelebt wird. Und das heißt: es steht bereit, ihnen allzeit selbst zum Du zu werden und die Duwelt aufzutun; nein, es steht nicht bereit, es kommt immerdar auf sie zu und rührt sie an. [...] O einsames Angesicht sternhaft im Dunkel, o lebendiger Finger auf einer unempfindlichen Stirn, o verhallender Schritt!»[422]

46. Auch Nehmen ist Geben: Meister Eckhart

Einheit von Armut und Reichtum
Was bei Kierkegaard von der Seite der Freisetzung, bei Henry von der Seite des Lebens her beschrieben ist, wird bei Meister Eckhart von der Seite des Reichtums her gezeigt: Gott ist zwar unendlich uneinholbarer Geber, aber in bestimmter Weise dennoch des Menschen bedürftig. Denn der Geber bedarf des Nehmenden, der Reichtum der Armut – wer also gibt, wer nimmt?

---

[421] Joh 8, 32.
[422] Martin Buber, Ich und Du, Leipzig 1923; ND in: ders., Schriften über das dialogische Prinzip, Heidelberg 1954, 44f. Vgl. auch ders., Zwiesprache (1930), ebd.

«Meine Demut gibt Gott seine Gottheit.»[423] Es sind solche Sätze, die Eckhart als schwierig und am Rande der Heterodoxie erscheinen lassen. Dennoch liegt gerade in dieser Herausforderung ein weiterer entscheidender Durchbruch zum «Erkennen» Gottes. Denn im Verhältnis von Geben und Nehmen zeichnet sich nicht ein vordergründig einfaches Verhältnis von Mensch und Gott ab, vielmehr stellt Eckhart das Alltagsverständnis von oben und unten, von aktiv und passiv, von schöpferischem Ursprung und abgeleitetem Geschöpf um; er dynamisiert den Vorgang, indem er das Geben als einen Vollzug von Nehmen durchsichtig macht. Zunächst sei das «Selbstverständliche» aufgerufen: «Wer von oben her empfangen will, der muß notwendig unten sein in rechter Demut. Und wisset in Wahrheit: Wer nicht völlig unten ist, dem wird auch nichts zuteil, und er empfängt auch nichts.»[424] Gerade dieses Unten-Sein ist aber nicht einseitig, vielmehr ermöglicht es das Geben von oben, und zwar nicht konsekutiv, im zeitlichen Nacheinander, sondern zeitfrei. Denn schon im Empfangen liegt ein Wiedergeben: In diesem Fall nämlich das «In-Kraft-Setzen» der Gottheit Gottes, deren Wesen ja das Geben schlechthin ist: «Wer aber Gott dies (Geben) rauben wollte, der raubte ihm sein eigenes Sein und sein eigenes Leben.»[425] Auf die Spitze getrieben: «Der wahrhaft demütige Mensch braucht Gott nicht zu bitten, er kann Gott gebieten, denn die Höhe der Gottheit hat es auf nichts anderes abgesehen als auf die Tiefe der Demut.»[426]

So empfängt der Gebende sein Geben, der Nehmende gibt sein Nehmen – in dieser Freilegung des Austauschs zwischen Gott und Mensch läßt sich nicht mehr von oben und unten im hierarchischen

---

[423] Meister Eckhart, Predigt 14, 171, 31, in: ders., Deutsche Werke I, hg. v. Niklaus Largier, Frankfurt am Main (Insel) 1993. – Vgl. Donata Schöller Reisch, Enthöhter Gott – vertiefter Mensch. Zur Bedeutung der Demut, ausgehend von Meister Eckhart und Jakob Böhme, Freiburg (Alber) 1999.
[424] Predigt 4, ebd., 55, 33f.
[425] Predigt 26, ebd., 303, 7f.
[426] Predigt 14, ebd., 169, 6f.

Sinne oder im Herr-Knecht-Verhältnis sprechen, sondern nur noch von oben und innen: Es geht um ein gegenseitiges Auf-sich-Zustürzen, eine «Abhängigkeit» des gegenseitigen Bedürfens, das nichts mit platter Erfüllung von Leere zu tun hat, sondern zwischen Leere und Fülle nicht mehr unterscheidet (wie es empirisch auch die Liebe tut). Im anderen Fall wäre die Gabe, die Gott selbst ist, wohl in der Tat religionskritisch als eine Demütigung zu denken, beweist sie doch dem Armen seine Armut, dem Nichts sein Nichts, ohne daß der Geber von seinem Reichtum verlöre: Immer bliebe er der Überlegene, der gleichsam Dank erzwingt. In diesem Spiel des gegenseitigen Bedürfens aber verstummt der Vorwurf, den später Marx erhob, daß der Herr nichts abgebe, sondern der sich «in den Sklaven austobende Reichtum» die Sklavenhaltung nur vertiefe. Eckhart kennt «Begegnung» nicht in der Unterscheidung des einen vom anderen, sondern beide werden einander zum beseligenden «anderen», der ohne Entselbstung, ohne Entfremdung, ohne Verausgabung geben und nehmen in einem kann: Beide «arm», beide «reich», in nichts einander «voraus». Eher ist sogar Gott der «Arme», denn es gehört zur «Armut» der göttlichen Kraft, daß sie sich eben ihr eigenes Gabesein geben lassen muß und es gegen die Freiheit des Menschen nicht von ihm erzwingen kann. Im selben Sinne ist die Liebe «arm», da sie zum Wiederlieben nicht verpflichten kann – von ihrem eigenen Wesen her. Daher ist der Gebende nach Eckhart ohnmächtig ohne den Empfangenden, dem in dem gesamten Vorgang eine geheimnisvolle Macht der Entbindung des Reichtums Gottes eignet.

Wechsel von Mein zu Dein
Dennoch kann diese Macht, Gott in sein Eigentum, nämlich in sein eigenes Gebenkönnen zu setzen, keineswegs mißverstanden werden als eine Selbstdurchsetzung oder Selbstsetzung des Menschen – diese Umdrehung wäre eine Perversion. Vielmehr ist es nur die Demut, das Unten-Bleiben (*hypomene*) des Menschen, das wiederum das Unten-Bleiben Gottes auslöst. Eben die Demut ist

die aufgetragene, durch «Abgeschiedenheit» (*abegescheidenheit*)[427] zu erringende Überwindung eines selbstsüchtigen Fokus, der im Menschen empirisch angelegt ist. Die Folge des Sündenfalls ist eine falsche Ausrichtung auf Dinge, Menschen, Welt, im Sinne eines ichzentrierten Habens und Wollens – im Einbezug des Äußeren in den eigenen Machtbereich. Das bedeutet keineswegs einfachhin etwas ethisch Verwerfliches, gelingt doch der Selbstgewinn zunächst nur über ein Zuspiel von außen, ein Sichzusprechen-Lassen des eigenen Ich durch die anderen. Damit setzt das Selbst allerdings außen-zentriert an oder begreift sich nur in der Reflexion durch Fremdes. Dieser Vorgang ist so normal und bestimmt das menschliche Verhalten so durchgängig, daß die Umkehr oder Bekehrung in der Tat eine Anstrengung voraussetzt. Eckhart nennt sie Abgeschiedenheit; im wörtlichen Sinne ein Scheiden vom Außer-Sich, ein Scheiden vom «Vielen», Entäußerten, ein «Nichten» der eigenen Zerstreutheit nach außen. Eben dieses fremdbestimmte Selbst muß abgeschieden werden, dann erst erfolgt ein Vorgang der Bergung, ein In-Sein: «Ein Meister sagt: Wäre jedes Mittel weg zwischen mir und der Mauer, so wäre ich an der Mauer, gleichviel wäre ich nicht in der Mauer. So ist es nicht bei geistigen Dingen, denn bei ihnen ist immer das eine in dem andern; was da empfängt, das ist (dasselbe), was da empfangen wird, denn es empfängt nichts als sich selbst. Dies ist schwierig.»[428]

Gründen kann der Mensch allein auf dem Grund, der selbst ungeschieden ist, dem unterschiedslosen Ursprung von allem. «Wer sind die, die in solcher Weise gleich sind? Die nichts gleich sind, die allein sind Gott gleich. Göttliches Wesen ist nichts gleich, in ihm gibt es weder Bild noch Form. Die Seelen, die in solcher Weise (Gott) gleich sind, denen gibt der Vater gleich und enthält ihnen nichts vor.»[429] Dieser Gedanke führt von einer zweiten

---

427 Vgl. Eckharts Traktat «Von Abgeschiedenheit», in: Deutsche Werke.
428 Predigt 16a, ebd., 183, 1f.
429 Predigt 6, ebd., 83, 10f.

Seite zu der bereits getroffenen Folgerung, daß in der Tiefe des Geschöpfs der Schöpfer selbst «unterschiedslos» gegenwärtig ist, daß gleichsam ein Hin- und Hergehen zwischen beiden, die wortlose, bildlose Weise des Austauschs des einen Lebens stattfindet. «Du sollst ganz deinem ‹Deinsein› entsinken und in sein ‹Seinsein› zerfließen, und es soll dein ‹Dein› und sein ‹Sein› so gänzlich ein ‹Mein› werden, daß du mit ihm ewig erkennest seine ungewordene ‹Seinsheit› und seine unnennbare ‹Nichtigkeit›.»[430]

Einheit von Handeln und Erleiden
Ein letzter Gedanke mag dieses «Dunkel der Abgeschiedenheit» noch vertiefen: Selbstlosigkeit ist nur um den Preis des Leidens zu gewinnen, allerdings wiederum nicht einfachhin im herkömmlichen Sinn. Vor allem kann und darf es kein erzwungenes, sondern muß ein freiwilliges, besser: ein notwendig eingesehenes und daher *gewünschtes* Leiden sein: «Alles, was der gute Mensch leiden möchte und zu leiden bereit ist und begehrt um Gottes willen, das leidet er tatsächlich vor Gottes Angesicht und um Gottes willen in Gott.»[431] Leiden meint nämlich jenen nicht widerstandslosen Vorgang der Umkehr von der Außenbindung an die Dinge, denn jene naturhafte Verklammerung mit dem gegenständlichen Leben benötigt das Selbst ja gerade, um sich – auf dem Umweg über die Dinge – auf sich richten zu können. Es kennt ja zunächst keine andere Weise, um zu sich selbst zu gelangen – eben dies ist aber Täuschung, die leidvoll rückgängig zu machen ist. Die Trennung von diesem zentrifugalen, zutiefst in den Menschen eingeschriebenen Vorgang kommt ja fast einem Sterben gleich, und es ist die Frage, ob sie – ohne besondere Zusatzbestimmungen – überhaupt gelingen kann.[432] Tatsächlich muß auch hier ein schöpferischer Anstoß von Seiten des schöpferischen Grundes, Gottes, erfolgen – aber

---

430 Predigt 83, ebd., 193, 11f.
431 Das Buch der göttlichen Tröstung, ebd., 303, 85.
432 Schöller Reisch, a. a. O. 99–110, widmet der «Aussichtslosigkeit, von selbst selbstlos zu werden» eine eigene Reflexion.

in der Eckhart immer eigentümlichen Weise, daß auch hier der Handelnde und der Erleidende in einer untrennbaren Weise aufeinander bezogen bleiben.

Denn Leiden erhält in diesem Kontext die im Deutschen so bemerkenswerte Bedeutung von Lieben als «jemanden leiden können». Der Mensch erleidet das Aus-sich-Herausgezogen-Werden nur dann, wenn er es auch will und als Form des göttlichen Wirkens einsieht und sich damit einig macht. Umgekehrt kann Gott die Ablösung des Menschen vom Eigenwillen nur einleiten, indem er seine eigene «Willenlosigkeit» an dessen Stelle setzt – so daß im letzten immer noch beide einander Raum geben: Gott gibt seine Willenlosigkeit, damit der Mensch seinen Willen hineinverfügt – und dies zuvor auch will. Im Maße sie einander Liebe gönnen = sich leiden können, greift die Frage nach einem Vorrang eines auslösenden oder nachfolgenden Handelns und Gewährenlassens nicht mehr.

Wo aber die Unterscheidung von Ursache und Folge schwindet, ist dem diskursiven Denken ein Dunkelwerden zugemutet. Eckharts Mystik ist deswegen als «intellektuelle Mystik» bezeichnet worden, weil sie nicht auf Überwältigung und Ekstase der Empfindung beruht, sondern auf Einsicht: nämlich einführt in die Tiefen der biblisch eröffneten Verbindung von Schöpfer und Geschöpf, von Urbild und Ebenbild. Nach Eckharts Formel trägt das Geschöpf im Zeichen des Ebenbildes ein «unerschaffenes Seelenfünklein» in sich und ist darin selbst ebenso «Sohn» wie der Ur-Sohn. Solche Einsicht aber ist nicht mehr verständig, sondern weit mehr: «vernünftig»: Sie vernimmt «empfangend» und unausdenkbar, unerschöpflich eine Auszeichnung, die das Geschöpf seinem Schöpfer einig macht.

XII
Nur im Absoluten gibt es Absolution

Ne reminiscaris, Domine.
Gedenke nicht, o Herr![433]

Daß es – wie Kierkegaard und nach ihm Derrida entwickelt – des «Dritten» außer Opfer und Täter, nämlich Gottes bedarf, sowohl glaubend wie denkend, um das Geschehene in einem bestimmten Sinn «ungeschehen», oder: geschehen, aber unwirklich, nicht mehr wirksam und damit nicht mehr verletzend zu machen, ist der Provokation der Offenbarung entnommen. Demnach wird Gott die Sünden «vergessen», «hinter sich werfen», so weit wie der Morgen vom Abend entfernt ist – eine Behauptung des Psalmisten.[434] Wie läßt sich die Kühnheit der Behauptung gedanklich einholen: «Verworfenen hat er die Verherrlichung versprochen»[435]? Die Verheißung möglichen Leichtwerdens der Schuld ist also ausdrücklich für die Henker gegeben. Kann eine solche Dimension der Vergebung aufgehellt werden? Sie theoretisch, aufgrund des Postulates unverzichtbarer Rache, überhaupt auszuschließen wie Jankélévitch, ist demnach fragwürdig, oder anders: Rache kennzeichnet jemanden, dem jener «Dritte» im Verhältnis von Täter und Opfer nicht zugänglich ist.

---

433 Liturgische Einleitung zu jedem der sieben Bußpsalme.
434 Ps 103, 3; 10–13: «Der dir all deine Schuld vergibt und all deine Gebrechen heilt, der dein Leben vor dem Untergang rettet und dich mit Huld und Erbarmen krönt […] Er handelt an uns nicht nach unsern Sünden und vergilt uns nicht nach unsrer Schuld. Denn so hoch der Himmel über der Erde ist, so hoch ist seine Huld über denen, die ihn fürchten. So weit der Aufgang entfernt ist vom Untergang, so weit entfernt er die Schuld von uns. Wie ein Vater sich seiner Kinder erbarmt, so erbarmt sich der Herr über alle, die ihn fürchten.»
435 Aurelius Augustinus, Enarratio in Psalmos, 110, 1–3.

Dennoch: Wie kann Vergebung gegen die Zeit, also diachron, in jenem «Dritten» vollzogen werden? Setzt Gott etwa die Zeit außer Kraft, so wie er bei Abraham, wie Kierkegaard ihn versteht, das Unmögliche möglich werden läßt und Isaak, obwohl zum Tod ausersehen, dennoch leben soll?

47. Ungültigkeit der Geschichte?

Eine höchst eigenwillige These vertritt der russisch-jüdische, zur Orthodoxie konvertierte Religionsphilosoph Leo Schestow (1866–1939). In seinem bekanntesten Werk *Athen und Jerusalem* (1937) baut er eine unüberwindliche Scheidelinie auf zwischen griechischer Philosophie und christlichem Glauben, in der Absicht, eine Hellenisierung des Christentums anzuprangern, wie es Tertullian vorformuliert; aber auch Luther, Pascal und Kierkegaard gehören zu Schestows Gewährsleuten. Soviel kritisierbare Radikalität in dieser These steckt[436], so richtet sie doch das Augenmerk auf das Unvermögen der «reinen» Philosophie – die als Eule der Minerva im nachhinein fliegt –, am Faktischen etwas zu ändern oder in der (persönlichen) Geschichte neuen Anfang zu setzen, ohne das Zerstörte mitzuschleppen. Die Kraft des völligen Neuanfangs aber – als Forderung der Offenbarung – liegt nach Schestow im Geheimnis der Löschung von Geschichte. Wörtlich: «Die ‹Tatsache›, das ‹Gegebene›, das ‹Wirkliche› dominieren uns nicht, determinieren unser Schicksal nicht, weder in der Gegenwart noch in der Zukunft noch in der Vergangenheit. Was gewesen ist,

---

436 Nicht zuletzt Joseph Ratzinger hat der periodisch geforderten Enthellenisierung des Christentums widersprochen, vielmehr die griechische Sprache schon der Evangelien und die Logos-Theologie des Johannes hervorgehoben; zuletzt in der aufsehenerregenden Rede in Regensburg am 12. September 2006. – Vgl. Sonja Koroliov, Lev Sestovs Apotheose des Irrationalen. Mit Nietzsche gegen die Medusa, Frankfurt (Peter Lang) 2007.

ist nicht gewesen [...] Die religiöse Philosophie heißt sich abwenden von dem Wissen und, mit Hilfe des Glaubens, in einer maßlosen Anspannung aller seiner Kräfte die trügerische Angst vor dem Willen des Schöpfers, den nichts begrenzt, überwinden.»[437]

Den Tatsachen nach ist Geschichte unumkehrbar – und dennoch plädiert Schestow für die Vernichtung des Verhaßten. Schon das empirische Nicht-Begreifen des Entsetzlichen verweigert auf unbewußte Weise seine Wirklichkeit; es wird weder erkannt noch anerkannt, es bleibt irreal; Augenblicke des tiefsten Erschreckens tragen den Stempel der Unwirklichkeit an sich. «Und wenn wir, anstatt uns mit der Verurteilung des Sokrates abzufinden und sie auf diese Weise in ewige Wahrheit zu verwandeln, unser Entsetzen und unsere Verweigerung herausschreien würden, dann könnte das also das große ‹Nein› des Menschen, wie der spitze Schrei sein, der die Albträume beendet – mit dem lebendigen und freien Sokrates bei unserem Erwachen.»[438]

Für Schestow ist der lineare Ablauf der Zeit eine Täuschung über Gottes zeitfreies Wirken; diese falsche Sicht stützt die Versuchung, an Gottes Allmacht zu zweifeln. In solcher Selbsttäuschung wiederholt der Mensch die Ursünde in einer Abwandlung: Gott gegenüber der Geschichte zu entmächtigen. An die Stelle schöpferischer Allmacht tritt im menschlich fixierten Blick die erstarrte und Erstarren machende Allmacht des Faktischen, der man sich nun nicht mehr entziehen kann. «Der Mensch ist es, der diese schweren Ketten der Endlichkeit und des Todes, die wir tragen, geschaffen hat. Er hat an Gott gezweifelt, der ihm Freiheit und Ruhm gesichert hatte, und so hat er sich alsbald wie von sich selbst amputiert – aber es genügt umgekehrt, daß er von neuem Vertrauen faßt, damit sich der Schrecken verflüchtigt.»[439]

---

[437] Leo Schestow, Weisheit und Offenbarung, zit. nach Yves Bonnefoy, Der Eigensinn Chestovs, in: ders, Das Unwahrscheinliche oder die Kunst, München (Wilhelm Fink) 1994, 200–210; hier: 208.
[438] Ebd., 202.
[439] Ebd.

Der eigentliche Götze, dem der Mensch anstelle des wirklichen Schöpfers huldigt, ist die Vernunft in ihrer aufgeklärten Form, die die Notwendigkeit nur noch in Form kausaler und unumkehrbarer Abläufe denken kann, also in Zeitform. Vernunft begnügt sich mit Ersatz durch ein Zweitrangiges (die Notwendigkeit), wo das Erstrangige (der schöpferisch-freie Gott) verloren ist. Aber wieso gibt man ihn verloren?

Das schmerzende Gestern wird ja nicht durch ein besseres Heute vergessen oder aufgewogen – sonst wäre das Vergangene, vor allem in Gestalt verlorener geliebter Menschen, entwürdigt zum Gespenst des Gewesenen. Schestow spielt hier ein ähnliches Spiel wie Kierkegaard in *Furcht und Zittern*, wo der Glaube das Unmögliche fordert: Trotz Isaaks geplanter Opferung hält Abraham an dem Gedanken fest, gerade in diesem Sohn sei der Segen für alle Generationen zugesagt, gerade ihn werde er nicht verlieren. Schestow besteht gleicherweise hartnäckig auf der Selbigkeit des Verlorenen und Wiedergefundenen.

«Ebenso bleibt es dabei, daß, wenn Jesus Lazarus wieder zum Leben erweckt hat, der auferstandene Lazarus derjenige bleibt, der vorher tot war. Und Hiob, das große Beispiel, läßt nichts anderes erkennen. Ebenso viele Söhne und Töchter wie vor der Prüfung, aber nicht dieselben, und der Tod der ersteren wurde also nicht ausgelöscht, sie sind nicht heil wieder erschienen, als ob Hiob aus einem Traum erwacht wäre. Man sieht es: Das Unglück wurde «wieder gut gemacht», aber das Ereignis des Unglücks wurde nicht aufgehoben. Wenn auch die Vergangenheit nur noch in der Erinnerung existiert, so wird doch deutlich, daß seine Wirklichkeit in sich so unausrottbar wie die eisernen Gesetze der natürlichen Notwendigkeit sind, und wenige Geister haben sich vorgestellt, daß das, was stattgefunden hat, Eckstein des Bewußtseins, plötzlich nicht gewesen sein könnte.»[440] Denkt Schestow unterschwellig – wie auch bei dem erneut lebendigen Sokrates – an jene mögliche Umkehrung des Todes, die mit der Auferstehung Jesu bezeugt wird?

---

440 Ebd., 204.

«Und Schestow hatte [...] kaum einen Nachbarn außer Luther, nur, daß sie, wenn das Wesentliche auf dem Spiel steht, in entgegengesetzten Richtungen ihre Wahl treffen. [...] bei ihm hat er den Mut gefunden, die Notwendigkeit zu verweigern, die Vernunft, *lex et ratio*, wie Luther in einer Passage sagt, die Schestow zitiert, *bellua qua non occisa homo non potest vivere*. Das Recht und die Vernunft sind das Tier, das man töten muß, um leben zu können. Auch Luther begreift das Unglück, das Gott uns zuteil werden läßt, als Versuch, in uns das Interesse an dieser Welt zu wecken. Aber er folgert nicht, daß man sogar wachend das Tier töten kann: man verharrt in einer unheilvollen Umarmung gelähmt, und nur in der Gnade Gottes besteht die Hoffnung auf eine Befreiung. Die Freiheit ist jenseits dieser Welt, von der man nichts retten kann. – Im Gegensatz zu Luther spielt Schestow, dessen Hoffnung vermessener ist, auf glückliche Weise die Rolle eines Partisanen der Wirklichkeit. Er bekämpft ihre ‹Schrecken›, aber es geschieht im Namen ihrer Freuden.»[441]

Und als eindringliche Spitze: «Wenn nichts diese Tränen aufheben soll, nun, dann sollen sie nicht gewesen sein, und dies möge Gott vollbringen.»[442]

Ein Widerhall solcher undenkbarer Gedanken, über deren «mögliche Unmöglichkeit» noch argumentiert werden soll, findet sich überraschenderweise bei Werner Bergengruen (der als Balte und Übersetzer die russische Literatur ausgezeichnet kannte). Auch er kommt auf die Erweckung des toten Lazarus zurück, nämlich auf die Frage, «welchen Zweck sie haben sollte. [...] Um der Maria und Martha willen? Aber warum ihnen diese Bevorzugung, da doch auch andere und gleich gottesfürchtige Frauen ihre Brüder verlieren mußten? Oder damit wir hieran Christi Kraft der Totenerweckung erkennen? Aber diese erkennen wir ja bereits an der Tochter des Jairus und an dem Jüngling von Naim. Und so bin ich

---

441 Ebd., 205.
442 Ebd., 207.

auf den Gedanken gekommen, es sollte uns durch diesen Vorgang etwas ganz anderes gelehrt werden, nämlich die Ungültigkeit der Zeit. [...] Er bewirkt, daß Lazarus nicht gestorben und daß er selber nicht abwesend war. Der Herr also hat die Macht des Widerrufs auch gegenüber jenem, das wir für unwiderruflich halten; und für unwiderruflich gilt uns das bereits Geschehene, das Vergangene. Zu keinem anderen Ende ist die Auferweckung des Lazarus geschehen, als uns dies Geheimnis zu lehren.»[443]

Handelt es sich bei solchen Aussagen um überanstrengte Glaubensakte, um intellektuelle Spitzfindigkeiten, oder läßt sich tatsächlich ein Verhältnis zur Geschichte anschaulich machen, das sie revidiert?

48. Die Rücksendung der Schuld

Gerade die Radikalität dieser Aussagen – beide aus dem Raum der östlichen Christenheit stammend – muß das Denken anregen. Läßt sich Geschehenes ungeschehen machen?

Zu den intellektuellen Anschüben der Bibel gehört zweifellos das Geschichtsbewußtsein als solches – unstrittig kennt Israel zum erstenmal eine real fortlaufende Geschichte und nicht zyklisch wiederkehrende Abläufe des Immer-Gleichen.[444] Insofern kann die Löschung von Geschichte nicht die Lösung des *mysterium iniquitatis*[445] sein. Dennoch liegt ein Fingerzeig in der Bemerkung Schestows, daß Sünde nie eine Wirklichkeit war oder vielmehr eine erlogene Wirklichkeit aufbaute. Die Lüge, *pseudos*, liegt in der eigentümlichen Aufblähung des Bösen, das nach Augustinus noch in seinem Zuwiderwirken gegen das Gute von dessen Kraft,

---

443 Werner Bergengruen, Der Großtyrann und das Gericht. Roman (1936), München (Nymphenburger) 1957, 266f.
444 Vgl. Eric Voegelin, Ordnung und Geschichte. Bd. II und III: Die Geburt der Geschichte. Israel und die Offenbarung, München (Fink) 2005.
445 2 Thess 2, 7.

und nur davon, zehrt. Damit ist die grausame Realität von Schuld, das Unwiederbringliche auch des Verschleuderten, Vernichteten keineswegs geleugnet oder verkleinert, wie gegen die «Beraubung des Guten durch das Böse» *(privatio boni)* eingewendet wird. Es trifft vielmehr den Kern des Bösen, daß es seine Macht nur unter «geliehener Maske», unter dem Vorwand des Guten ausüben kann. «Das Böse allein erfordert in Wahrheit Bemühung, weil es gegen die Wirklichkeit geht, sich diesen großen, beständigen Kräften zu versagen, die rings uns anfordern und verpflichten»[446], so Claudel. Solche «Enttarnung» des Vorgespiegelten kann existentiell versucht werden, indem man das Nichts des Bösen einfach durchschaut und verzichtend bricht: «auf daß vor mir zurückweichen oder vielmehr in das Nichts übergehen die Leidenschaften, die mich jetzt zu beherrschen und zu knechten suchen.»[447]

Soll das Nichtigsein des Bösen also offenbar werden – wenn man Schestows eigentümliche «Löschung der Geschichte» aus guten Gründen nicht teilt –, so ist zu sagen: Vergebung bedeutet weder ein Ungeschehenmachen noch ein Kleinreden des Verbrechens. Angesichts des Absoluten geschieht anderes: die Entlarvung des Unnützen, Nichtigen, Unsinnigen, sogar Kläglichen des Bösen – zusammen mit seinem «Zurücksenden» *(remissio)* in das Nichts,

---

446 Paul Claudel, Der seidene Schuh.
447 Gregor von Nyssa, De oratione dominica 1, PG 44, 1157A. – Dem Nichts des Bösen entspricht der klassische geistliche Rat seiner Nichtbeachtung; vgl. Margarete Dach (1878–1946), Widerstand und Erlösung. Tagebücher und Briefe der «Dachmutter» 1930–1946, hg. v. H.-B. Gerl-Falkovitz, Vallendar (patris) ²2005, 8: «Das Schiefe, das Verrückte, selbst das Böse ist der eingehenden Betrachtung nicht wert. Wert ist allein der Blick in das Licht [...] Außer Ihm ist nichts wirklich.» Ebd., 134, Ostern 1945: «In Noahs Arche war ein einziges Fenster, das nach oben und nicht auf die Sintflut ging.» Ebd., 138, 4. 5. 1945: «Einfach ausgelöscht, die Lüge mit der Lüge verschwunden, und all das maßlose Leid, das über uns gebracht ist, hat keinen Grund und Boden. Ein Narrenseil, an dem das ganze Volk geführt wurde, und nun ist es eingezogen. Der Narr löst sich selbst in Nichts auf.»

aus dem es sich aufgeblasen hat. Für «Nichts» steht das Bild der Finsternis, die selbst nicht mehr wahrgenommen werden kann. Das Böse verschwindet, im Nichts seiner usurpierten Gewalt, in seinem Anspruch gelöscht, «etwas» zu sein.

Daher muß die Erläuterung dessen, was in der Vergebung geschieht, nicht über die mittelbare Anerkennung und Aufwertung des Bösen, sondern über seine Entmachtung erfolgen. Die Präzision des Lateinischen unterscheidet zwischen *absolutio* und *remissio*, was im Deutschen mit Ablösung (Lossprechung, Vergebung) und Verzeihung übersetzt wird.[448] Verzeihung ist jedoch etwas anderes als *remissio*: Wie etymologisch gezeigt, enthält Verzeihung einen Verzicht, betont den subjektiven Preis der Vergebung für den Vergebenden («der Herr zahlt für die Knechte»). *Remissio* aber meint wörtlich ein Zurückschicken, Zurückweisen[449] und betont damit den objektiven Charakter des Vorgangs: das Rücksenden eines Bösen in seine Nichtswürdigkeit, die Rückführung des Scheins auf sein Gar-Nichts.

Was meint das für den Begriff der Zeit und der Vergangenheit?

Sofern Dasein verhaftet in der unumkehrbaren Zeit, sich selbst vorauslaufend in den Tod gesehen wird, kann die Zeitachse nur in einer Richtung abschüssig sein: auf Zukunft hin, mit einer dahin drängenden, stoßenden Vergangenheit, die vom Gewicht der Schuld noch vermehrt wird. Wiederum ist es Derrida, der auf der Spur einer Entgrenzung des Zeitverstehens denkt.[450] Wie das Präsent (die Gabe) auf die Präsenz (das Gebende: die Gegenwart) hinlenkt, so lenkt die Vergebung auf die Vergangenheit –

---

448 *Indulgentiam, absolutionem et remissionem peccatorum nostrorum*, «Nachlaß, Vergebung und Verzeihung unserer Sünden» erbittet der Meß-Kanon der römischen Liturgie.

449 Das Verbum *dimittere* steht an prominenter Stelle im lateinischen *Paternoster*: «*et dimitte nobis debita nostra, sicut et nos dimittimus debitoribus nostris*».

450 Vor allem in: Falschgeld. Zeit geben, München 1993.

aber wortwörtlich: um sie vergangen sein zu lassen. Sie nimmt ihr die Macht der Gegenwart, das furchtbare «ewige Jetzt» von Jankélévitch[451]. Vergebung befreit Gegenwart und Zukunft von der Leiche des Gewesenen. Sie verfügt über den Zeitenlauf, indem sie seine Dynamik nutzt und umkehrt. Man könnte sagen, sie läßt die Vergangenheit in ihr selbst verschwinden. Wenn Augustinus formuliert: «Die Gegenwart des Vergangenen ist die Erinnerung, die Gegenwart des Gegenwärtigen ist die Anschauung, und die Gegenwart des Zukünftigen ist die Erwartung»[452], so erinnert die Vergebung nicht einfach das Vergangene und hält es damit ewig gegenwärtig, sondern sie vergißt ein im «Zurückschicken» entschwundenes und aufgelöstes Vergangenes. Dafür bleibt ein anderes: «Daß du vergessen und vergeben hast, will ich dir ewig gedenken.»[453]

Vergebung wird so zur gesteigerten Gabe: zur Rückgabe (*remissio*) der abläufigen Zeit an die Zeit, des Tödlichen an seinen eigenen Tod.

---

451 Vladimir Jankélévitch, Schuld und Vergebung, in: Sinn und Form. Beiträge zur Literatur 50, 3 (1998), 375–389; hier: 378.
452 Confessiones XI, 20, 26.
453 Kierkegaard, Die Liebe deckt der Sünden Menge.

XIII
LANDSCHAFTEN DER VERGEBUNG:
GROSSE ERZÄHLUNGEN

Allerdings ist noch nicht deutlich, aus welcher Quelle Vergebung die Kraft der Rückgabe bezieht. Was meint Verschwindenlassen der Zeit in ihrem eigenen Vergangensein? Von solcher Kund-Gabe erzählen wiederum Geschichten und die selbst noch der Auslegung bedürftige Geschichte einer Ur-Lösung. Die weitergehende Hermeneutik der Vergebung geschieht nochmals im Rückgriff auf diese Schlüsselgeschichten, denn «die uralten Wunder leuchten noch in unseren Tagen»[454].

Die alttestamentlichen Erzählungen der Grund-Schuld berichten von der Zerstörung ursprünglicher Beziehung: von der versuchten Erschleichung göttlicher Macht schon «im Anfang» der Menschheit, vom Brudermord, von der technizistischen Erstürmung des «Himmels» beim Turmbau von Babel – als anfangshafte Irrwege sind sie konstitutive Mitgift des Menschen. (Zur Erinnerung: «Anfang» ist hier zu lesen als *principium*, nicht als *initium*.[455]) Diese mehrfachen Zielverfehlungen (*hamartiai*) werden aber, so die Botschaft Israels, schrittweise durch Zusage neuer göttlicher Zuwendung beantwortet: Ihre Löschung und Lösung geschieht durch den Bund, *berit*, die im Letzten unkündbar gewordene Beziehung.

Zunächst macht sie Irrwege «durchsichtig». Der Psalmist weiß vom göttlichen Durchdringen des scheinbar Undurchdringlichen und Abseitigen: «Spreche ich aber: ‹So soll die Finsternis mich überdecken, Nacht mich umgeben an Stelle des Lichts› – noch die Finsternis wird Dir nicht dunkel sein; wie der Tag wird die Nacht

---
454 Gebet nach der ersten Lesung (aus Gen 1) in der Osternacht.
455 Siehe oben I, 1.

Dir erstrahlen, und die Finsternis ist Dir wie Licht.»[456] In diesem Licht wird das Finstere unmittelbar schwinden, ihr Furchtbares rückgängig gemacht durch eine andere, wahre Furcht: «So weit der Aufgang entfernt ist vom Untergang, so weit entfernt er die Schuld von uns. Wie ein Vater sich seiner Kinder erbarmt, so erbarmt sich der Herr über alle, die ihn fürchten.»[457]

Davon handeln Erzählungen des Konkreten. Vergebung kündigt sich an in der Aufforderung zu gemeinsamer ritueller Umkehr, und daß die Zusage des Erbarmens schon Wirklichkeit ist, zeigt sich bereits naturhaft in den Gütern der Schöpfung. Sie gipfelt in den eschatologischen Bildern der für alle wiedergewonnenen Stadt. Andere Vergebung geschieht persönlich, in lösender Begegnung mit dem «Licht».

49. Wüste: Von der Landschaft des Abfalls zur Landschaft der Verwandlung

Vergebung kann nur im erneuten Zusammenspiel von Gott und Mensch erwirkt werden. Im antiken Judentum mußte die Entschuldung – analog zur Verschuldung – ritualisiert erfolgen: erstrangig und jahreszeitlich wiederkehrend im Kollektiv. Diese vor-individuelle Umkehr, *teschuwah*, vollzog sich im Versöhnungsfest *Jom Kippur*, dem Herbstfest, acht Tage nach dem Neubeginn des Jahres. Allerdings haben sich im Diaspora-Judentum zwei bemerkenswert widersprüchliche Deutungen der *teschuwah* durch die Rabbinen entwickelt: nämlich rituelle Versöhnung auch ohne individuelle Buße, im Gesamt des Volkes, und sinnvolle Versöhnung nur durch individuelle Buße.[458]

---

456 Ps 138, 11f; Vers 12 wird im *Exsultet* der Osternacht zitiert. Vgl. die mittelalterliche Kircheninschrift: *nox mea obscurum non habet*, «Meine Nacht hat nichts Finsteres.»
457 Ps 103, 12f.
458 Vgl. HWPh 8, Sp. (Anm. 5).

Um die erste, «prämoderne» Lösung verständlich zu machen, sei religionswissenschaftlich verwiesen auf jene rituellen Entschuldungen, die von vielen Religionen anthropologisch wirksam «verwaltet» werden. Sie wirken konkret, wörtlich über das «Zusammenwachsen» des Außen mit dem Innen, denn was die ganze Kultgemeinde «außen» leibhaft vollzieht, entfaltet «innen» in der Seele seine Wandlungskraft.[459] Wenn also der Sündenbock vom Hohenpriester alljährlich beladen mit der angesammelten Last von Israels kollektiver Schuld in die Wüste geschickt wurde, um darin umzukommen, so erfuhr das Volk im Austreiben des Bösen die innere Schuldentlastung. Nach der zeichenhaften, wirksam erlebten Ritual-Projektion kann der Neuaufbau, wiederum in anschaulichen Zeichen, erfolgen.

Nicht minder helfen die indischen Religionen, so der Indologe Heinrich Zimmer, über sakramentale Formen «ihren Kindern zu den notwendigen Verwandlungen, die aus sich zu vollziehen den Menschen schwer fällt [...] Beleihung mit Kleid und Gerät, ein Siegelring, ein Kronreif schaffen wirklich eine neue höhere Person; Umstellung der Nahrung, ein völlig verändertes Zeremoniell der Umwelt geben dies und verbieten jenes an Tun und Fühlen [...] Eine lückenlose Spiegelwelt sakraler Greifbarkeiten fängt die Ausstrahlungen der Seelentiefe auf, macht sie als ein Äußeres greifbar, das sich behandeln läßt – diese beiden ‹Halbkugeln› entsprechen einander ganz. [...] und das unbewußte Innere wird sich unwillkürlich aus seiner ihm selbstverständlich und zwanghaft gewordenen Haltung in eine andere herumwerfen.»[460]

---

459 Auch im christlichen Raum sind die Sakramente nach katholischem und orthodoxem Verständnis, wie die Patristik formuliert, «sichtbare Zeichen einer unsichtbaren Gnade»: das sakramentale Zeichen «ist, was es bedeutet». Wegen der dennoch bleibenden Symbolik (Zusammenfügung, nicht Zusammenfall) von leibhaftem Zeichen und gnadenhafter Bedeutung ist aber die Differenz der Sakramente zur magischen Welt des Religiösen explizit.
460 Heinrich Zimmer, Abenteuer und Fahrten der Seele, Köln 1977, 30f.

Entschuldet ist der Mensch im antiken Judentum freilich keineswegs allein durch Schuldübertragung – als gebe es eine magische Eigenwirkung der Rituale. Denn neben der älteren «Spur» kollektiven Abladens wird das rabbinische Judentum auf die Dauer die Bewußtwerdung persönlich zu verantwortender und zu entlastender Schuld entwickeln. Der einzelne trägt durch Bußübungen wie Fasten, Almosengeben, intensiviertes Gebet dieser Verantwortung Rechnung. Und die schon alttestamentliche Erwartung eines Messias oder eines Gottesknechts spricht von einem Künftigen, der Israel wiederherstellen und «von seinen Sünden erlösen wird». Dieser Messias führt nicht mehr nur für das auserwählte Volk, sondern potentiell «für die vielen» durch seinen Tod zugleich eine verschärfte Bewußtheit von Sünde und damit eine Lösung der anthropologischen Urschuld wie der persönlichen Schuld herbei. Seit der Bergpredigt, die in die spätantike Kultur einsickerte, um sie binnen weniger Jahrhunderte von Grund auf umzuwälzen, rückt «Menschheit» in den Blick – als Adressat einer gemeinsamen Ethik und Träger einer gemeinsamen Heilsgeschichte, an deren Horizont grundsätzlich Vergebung steht. Dies drückt sich aus in der Konzeption einer überregionalen, übervolklichen Erlösung, die gleichermaßen «für Juden und Heiden» gilt.

Was die Urerzählung als Abfall schildert, wird im Sündenbock handgreiflich zum «Abfall» verdichtet – Wüste wird zur realen Landschaft des Entsorgens. In unheimlicher Einlösung des Symbols wird auch der angekündigte Gottesknecht aus der Stadt getrieben und unter der aufgehäuften Last zusammenbrechen.

Aber: Gibt es wirklich ein Beispiel aus der Welt der Menschen, wie «Kies zu Gold» wurde? Läßt sich im Tod der Schuld die lebendige Wahrheit anschaulich machen, daß der Mensch unglaublicher Wandlungen fähig ist? Tatsächlich wird von einem Leben erzählt, gleichsam einem Grundmuster für die Allmacht der Buße, das in der Ferne der frühen, zwischen Ost und West noch ungeteilten Christenheit zu finden ist: von der geheimnisvollen, legendenumwobenen Maria von Ägypten aus dem 6. Jahrhundert. Bei ihr wurde die Reue zum Elixier der Wandlung. Dostojewskij sagte, ihre Lebensgeschichte könne «man kaum ohne Tränen anhören, und zwar nicht so sehr vor Rührung als aus einer ganz eigenartigen Begeisterung» – Begeisterung wegen der unglaublichen Neuschöpfung, die an dieser Frau stattfand. Siebzehn Jahre lang, so berichtet die Legende, sei sie eine Dirne in der Weltstadt Alexandria in Ägypten gewesen, nicht des Geldes, sondern ihrer unbezähmbaren Wollust wegen. Plötzlich erfährt sie eine eigenartige Berührung Gottes, die alles von unten nach oben umstürzt. So flieht sie (vor sich) über den Jordan, lebt weitere siebzehn Jahre in der Wüste – geht also die Dirnenzeit Schritt für Schritt zurück, löscht jeden verdorbenen Tag einzeln aus. Die Wüste wird ihr zur Stelle, wo sich Erde und Himmel berühren. So wird sie zur Freundin des Allerhöchsten, die «alle Heere der Engel in Staunen versetzt», formuliert der Hymnus der Ostkirche. Am Ende gräbt ihr ein Löwe das Grab: Die überwundene, befreite Vitalität dient ihr, das Tierische ist aus dem Gewalthaber zum Freund geworden. Goethe – am Ende des *Faust* –, Brentano, Emil Nolde, Rilke sind von dieser Gestalt betroffen: von der glühenden Sehnsucht, anders zu werden.

Maria Aegyptiaca wird zum Fenster in die leuchtende Wirklichkeit der Vergebung. Ihre Reue tötet nicht eigentlich die Triebwelt – sie schmilzt sie um in Energie. Der «Löwe» zerstört nicht mehr, er dient. Nichts wird verdrängt, es wird nur endlich in seiner Motorik auf ein erfüllendes Ziel ausgerichtet. «Der Mensch ist ein Tier, aufgefordert, Gott zu werden.»[461] Die Dramaturgie der Vergebung nutzt die Wüste als Eintritt in die neue Schöpfung, sie wandelt ihren endlosen, fruchtlosen Sand in einen blühenden Garten.

Große Erzählungen? Es ist entscheidend, ob am Horizont einer Kultur solche Visionen denkbar sind, um vorschnelle Einschränkungen des Menschlichen auf ein unhintergehbares Fixiertsein in der eigenen Schuldgeschichte aufzubrechen. Philosophisch ließ sich die Frage dahin wenden, welchen lösenden

---

461 Griechische Patristik.

Umgang mit Geschichte, welche Möglichkeit, sich gegen die Zeitachse in das Vergangene zurückzubeugen, es gibt: Ist Geschichte ein *Faktum*, als solches unumkehrbar, steinern? Oder ein *Datum*, das nochmals beantwortet werden kann, unabgeschlossen, offen? Ein Außer-Kraft-Setzen des Geschehenen, ein Aufbrechen des *factum brutum*: An dieser gedanklichen Möglichkeit hängt grundsätzlich die Wirklichkeit von Vergebung.

50. Entsühnung des Kosmos und Antwort auf Babel: Vom Garten zur Stadt

Zu den Zeichen in der Schöpfung, die vom «Reichtum» der Vergebung sprechen, gehört, daß ihr die Fruchtbarkeit nicht einfach entzogen ist – das bezeugt die immer erneut in den Psalmen gepriesene augenscheinliche Wiederkehr von Blüte und Frucht. Die Entsühnung des Ackers, umfassender verstanden: die Entsühnung des gesamten Kosmos ist biblisch gesehen bereits eingeleitet. Denn die Verfluchung des Feldes voll Dornen und Disteln wird immer wieder konterkariert, hält doch die Schöpfung auf Geheiß des Schöpfers auch ganz anderes bereit: «Du läßt Gras wachsen für das Vieh, auch Pflanzen für den Menschen, die er anbaut, damit er Brot gewinnt von der Erde und Wein, der das Herz des Menschen erfreut, damit sein Gesicht von Öl erglänzt und Brot das Menschenherz stärkt.»[462]

Tiefer noch gehen Wunsch und Ausblick auf kosmische Entsühnung bei Paulus, der sie ursächlich an die menschliche Erlösung knüpft. «Die ganze Schöpfung seufzt und liegt in Wehen und wartet auf das Offenbarwerden der Kinder Gottes, in der Hoffnung, daß auch sie vom Frondienst der Vergänglichkeit befreit wird zur Freiheit der Herrlichkeit der Kinder Gottes.»[463]

---

462 Ps 104, 14–15; 30.
463 Röm 8, 20f.

Tatsächlich skizziert das Neue Testament eine Metamorphose des Kosmos, vor allem in den paulinischen Briefen an die Kolosser und Epheser; die Kirchenväter lesen die Verklärung Jesu auf dem Tabor und seine Auferstehung bereits als vorgreifende Signaturen einer kosmischen Umwandlung. «Das verborgene und unter der Asche dieser Welt gleichsam erstickte Feuer wird neu entbrennen und die ‹Schale› des Todes auf göttliche Weise versengen», so Gregor von Nyssa. Welt wird auf ihren Schöpfer durchsichtig; das erweitert sich zur Transparenz allen Fleisches; Endlichkeit wird gelöst zur Vollendung. An die Stelle von Epiphanie, dem Sich-Zeigen Gottes in der Welt (dem wieder ein Verbergen folgt), tritt Diaphanie, die bleibende Durchsicht der Welt auf Gott.[464] Zwingend wird von da aus auch die Auferstehung des Fleisches thematisiert: Der Leib, Ort des Daseins und Mitseins, muß selbst mitverwandelt werden. Wenn die Zeugen des Auferstandenen ihn an den leibhaften Wunden der Folterung erkennen, wie die Evangelien berichten, so ist das ein Zeichen für die Bewahrung und Transparenz alles irdisch Gebrochenen, Verletzten und Zukurzgekommenen. Gott ist nicht der Vernichter, sondern der Vollender von Welt, einschließlich einer (nicht auszumalenden) Umwandlung ihrer materialen Wirklichkeit. Erlösung ist Steigerung von Identität, Herausholen aus der jetzigen Brechung.

In der endzeitlichen goldenen Stadt der Apokalypse wird das tiefste Gottesverständnis an lauter Attributen der Schönheit festgemacht: Huld, rein Geschenktes, Gnade, Müheloses. Diese Signatur der Schöpfung ist zugleich ein Gottesattribut letzter und herrlichster Art. «Schönheit ist die Weise, wie das Sein für das Herz Angesicht gewinnt und redend wird. In ihr wird das Sein liebesgewaltig, und dadurch, daß es Herz und Blut berührt, berührt es den Geist. Darum ist die Schönheit so stark. Sie thront

---

[464] Ein (häufig mißverstandener) Zeuge dieser Diaphanie ist Pierre Teilhard de Chardin; vgl.: Die Messe über die Welt, in: ders., Lobgesang des Alls, Einsiedeln (Johannes) ⁶1980, 24–27.

und herrscht, mühelos und erschütternd.»[465] Selbst der Glanz der gefallenen Schöpfung irritiert nur, weil er den Abglanz des Göttlichen ins Gleißende verkehrt, was also Vollendung ausdrückt, herunterzieht – eine um so stärkere Verführung, als Schöpfung die Spur[466] Gottes noch an sich trägt. Das Böse muß sich gewissermaßen mit dem Schönen tarnen. Dennoch bleibt das Schöne Hinweis auf seinen Ursprung; die eschatologische Schönheit alles Erlösten spricht von der Wiederherstellung, *apokatastasis*, des reinen Anfangs. Zweck, Funktion gehört der Welt des menschlichen Handelns an, das Zweckfreie, Absichtslose der Welt Gottes: ihr bezwingendes Zeugnis ist die Schönheit.

Anstelle des «Großen Babylon», das sich im Turmbau mühevoll nach oben, in ein «schlechtes Unendliches» vorschiebt, entwirft die Apokalypse Bilder von durchdringender Herrlichkeit: die Braut, die leichtfüßig herabsteigt.[467] Sie folgt auf Bilder der Verwüstung des «Alten», aber dieses Abräumen hat zum Ziel ein Neues. Anstelle von Babylon erhebt sich Unvorstellbares: Mächtigkeit und Schimmer einer anderen Stadt; nur Perlen, Gold, Edelsteine, Licht sind die Bausteine ihres reinen Kubus. Sie sind aber mehr noch als Materialien, nämlich Abstrahlungen, *doxa*, der Herrlichkeit des Lichtes, das das Lamm ist. Nichts ist nur es selbst, es ist Glanz vom Glanz, Durchbruch des Lebendigen selbst im Unbelebten, ja geradezu ein anderer Ausbruch jener Vitalität, die zuvor todbringend alles Scheinbare zerschmettert, im Feuermeer ertränkt hat. Bilder also höchsten Lebens, hoch-zeitlichen Lebens, das selbst den «nicht mehr toten» Stoff zu beziehungsreichem Leben erweckt, denn die Stadt wird ja als «Braut» vor den Augen ausgemalt, mit Fluß und Baum, mit Straßen und Abmessungen. Eine

---

465 Romano Guardini, Religiöse Gestalten in Dostojewskijs Werk (Leipzig 1932), München ³1947, 256.
466 *vestigium*, Spur des «Vorübergegangenen», liefert Denkvorgaben von Augustinus über Thomas von Aquin bis zu Derrida.
467 Nietzsche, Zarathustra, spricht übrigens von den «Taubenfüßen», auf denen das Große kommt.

Ästhetik der Vollendung[468] steigert die Materie zur Verleiblichung des Lichts, zur personalen Durchsichtigkeit, zum Ort der Braut-Menschheit, zum Ort des endlich erschienenen Bräutigams.

Wenn die ersten Seiten des Alten Testaments mit dem Garten und seinem furchtbaren Verlorengehen beginnen, so endet das Neue Testament mit Bildern der Stadt und ihrem alles erschütternden und umwerfenden (revolutionierenden) Kommen. Anfang wird neu; der erste Tag wird vom achten Tag bestätigt, aber in anderen, tieferen Farben wiederholt: in den Farben einer durchlebten, erlittenen, bestandenen Geschichte, auch und gerade von Blut und Tränen verdunkelt.

51. Der Fluß:
Das Abwaschen der Schuld am Schuldlosen

Bereits in der Taufe Jesu durchdringen sich Tod und Schuldlöschung zeichenhaft. Johannes der Täufer, zwischen Altem und Neuem Bund vermittelnd, steht für das Geraderichten des Krummen, das Abwaschen des Schmutzes, nicht nur für das gelegentliche Ausbessern, sondern den bedingungslosen Neuanfang. Er steht für Schuld, die zur Unschuld wird, für das vollkommene Wegwerfen der alten Flicken und das Anlegen des hochzeitlichen Gewandes. All das verdichtet sich in der Taufe: als Symbol von Neuwerden, aus der Empfindung widerwärtiger alter Schuld heraus.

Weshalb hätte der Täufer also nicht selbst schon der erwartete Gottesknecht sein können? Was vermag Jesus, was der Täufer nicht schon vermag? Im Alten Testament gibt es den immer wieder auftauchenden Vorrang des Zweiten vor dem Ersten, die merkwürdige Umdrehung des sonst gültigen Erstgeborenenprinzips. Ismael ist Abrahams erster Sohn, aber Isaak wird Träger der Verheißung;

---

468 Vgl. Hans Urs von Balthasar, Herrlichkeit. Eine theologische Ästhetik, 7 Bde., Einsiedeln (Johannes) 1961–1969.

beim Zwillingspaar Esau und Jakob verkauft der Ältere sein Erstgeburtsrecht an Jakob; Juda ist in der Reihe der zwölf Söhne Jakobs sogar der vierte, die Potenz von zwei, und doch wird er, nicht Ruben, zum «Löwen Juda», dem die Messiaslinie entspringt. Ähnlich ist Johannes ein «Vorläufer», nach dem erst der Eigentliche kommen soll. Was aber kann der Zweite anstelle des Ersten?

Der Erstgeborene steht für die Kraft der Natur, der Zweitgeborene steht für die Zeugung aus Gott, *contra naturam*. Die Kinder, die Israel aus der Verheißung empfing, sind späte, letzte, von Unfruchtbaren geborene, sie entspringen nicht dem Blut und dem Willen des Mannes. Über ihnen steht die Wahl Gottes; sie sind dem Geheimnis der Paradieseszeugung nahe. Auch Johannes selbst gehört zu den späten, natürlicherweise nicht mehr erwartbaren Kindern; auch hier schon ganz nahegerücktes Bild des Urbildes. Und doch war seine größte Freude[469], von einem Zweiten, noch Späteren abgelöst zu werden, einem, der überhaupt *contra naturam*, aus der Jungfrau geboren worden war.

Es ist, merkwürdigerweise, nur der vollständig Sündelose, der sich mit der Sünde bepackt. Johannes fand dafür das Wort vom Lamm, das die Sünde wegschleppte, und das war die Aufgabe des Zweiten. Das äußere Zeichen dafür war die Taufe, denn wo getauft wird, wird Unreines abgewaschen, und der Sündelose unterwarf sich zeichenhaft der Reinigung. Der Täufer selbst stand ja nicht außerhalb der Schuld, als Mensch, der er war. Es bedurfte der absoluten Unschuld, um sich mit der Schuld gänzlich zu solidarisieren. «Ehedem hat das auf Anordnung des Mose geschlachtete Lamm den Würger ferngehalten; aber tut das Lamm Gottes nicht viel mehr?»[470]

Die Übernahme von Schuld gelingt wirklich nur dem Lamm. Mit schmutzigem Wasser läßt sich der Schmutz nicht abwaschen. Um einen Preis, der furchtbar ist: Wasser, das andere wäscht, wird selber

---

469 Kierkegaard schreibt über Johannes den Täufer, in: Religiöse Reden.
470 Kyrill von Jerusalem (+386), Katechese.

trübe. Und das ist das Drama Jesu und der Gerechtigkeit Gottes: das restlose Vertilgen des Häßlichen um den Preis, daß Gott selbst häßlich wird. *Peccatum factum pro nobis,* «zur Sünde geworden für uns», so faßt Paulus diesen unausdenklichen Vorgang zusammen.[471] «Für uns wurde er zum Fluch.»[472] Das Lamm wird selbst zum Bock, läßt sich durchsäuern vom Hassenswerten, Abscheulichen. Es wird nicht selbst zum Sünder, es wird viel mehr: überhaupt zur Sünde. Das heißt aber, daß es sich nicht siegreich abdichtet gegen seine stinkende Last, sondern ununterscheidbar wird von ihr.

Die Taufe Jesu ist der Eintritt in die Welt des Unrats, der gemeinen Laster. Dieses Eintauchen meint nicht eine oberflächliche Waschung, sie meint das Schultern der Last, die Übernahme des fressenden Aussatzes. Sie ist das erste Untergehen in der Flut zusammen mit der ersten, noch symbolischen Reinigung in einem; die zweite, ernsthafte Reinigung wird später mit Blut vollzogen[473] und mit dem Tod enden: Wenn das Lamm endgültig hinausgestoßen ist und als Verbrecher außerhalb der Stadt mit anderen Kriminellen gerichtet wird. Die alte Liturgie hatte den Täufling im geweihten Wasser des Beckens gleichsam ertränkt und dann zu neuem Leben herausgezogen. Auch Jesus ertrinkt in den Wassern der Ungerechtigkeit, und Johannes sieht, begreift das Drama und stimmt ihm – scharfblickend – zu. Petrus wird später, weniger scharfblickend, den Meister hindern wollen zu sterben. Johannes nicht: Er läßt ihn sich unter das Gesetz der Reinigung beugen, weil sonst die Unreinheit auf keine Weise zu bezwingen ist. Sie wird nicht von außen niedergekämpft, sondern von innen her, in einer letzten Solidarität übernommen, und das Opfertier schleppt sich selbst durch die Straßen Jerusalems zum Platz der Verworfenen, um dort mit seiner Last zu sterben.

In solchen Dimensionen wird Vergebung gedacht.

---

471 2 Kor 5, 21.
472 Gal 3, 13.
473 Responsorium am Fest der Taufe Jesu: *Hic est qui venit per aquam et sanguinem;* «das ist der, der kommt durch Wasser und Blut» (vgl. 1 Joh 5, 6).

52. Nochmals der Garten: Ostermorgen

Reue kehrt in die Stunde der Tat zurück – ebenso wie die Vergebung. Aber Vergebung ist biblisch so vollständig gedacht, daß der Vorgang des Verzeihens sogar die Reue auslöscht. Die ergänzende und zugleich gegenläufige «große Erzählung» ist jene des endgültigen Schwindens aller Bitterkeit über sich selbst im Morgenlicht der Vergebung. Dazu eine sprachlich glänzende und in ihrer Kühnheit bezwingende Darstellung bei Hans Urs von Balthasar, der die Frucht der Auferstehung in einer Ich-Du-Rede ins Persönliche hebt. Rückgreifend auf das Evangelium spricht er visionär in der unmittelbaren Nachkriegsschrift *Das Herz der Welt* von jenem «Tröster, in dessen Zärtlichkeit das Wort der Reue ungesagt verstummt, wie aufgesogen als ein Tropfen Tau im Sonnenlicht. Ein großer, seidenleichter weißer Mantel legt sich um deinen Leib, und unter ihm zergehen wie von selbst die klebenden Gewänder der Verzweiflung.»

«Nicht nur den Tod hab ich besiegt, und nicht nur die Sünde, sondern nicht minder ihre Schmach, die rote Schande, die bittre Hefe deiner Schuld und deine Reue und dein schlechtes Gewissen: sieh, all das ist spurloser verschwunden als der Schnee vor der Ostersonne zergeht. [...] Das ist mein Ostergeschenk an dich, dein gutes Gewissen, und du sollst es mit gutem Gewissen empfangen, dieses Geschenk, denn ich will am Tag meines Sieges kein grämliches Herz sehn. Was soll denn noch diese überholte Zerknirschung, dieser verunglückte Versuch, unglücklich zu scheinen? Laßt den Pharisäern diese genauen und gerechten Bemessungen zwischen der Schuld und der Reue, zwischen dem Gewicht eurer Sünde und der Dauer und Heftigkeit eures Schuldgefühls; das alles gehört dem Alten Bund. Ich habe Schuld und Schande und schlechtes Gewissen getragen, nun ist der Neue Bund geboren in der Unschuld des Paradieses und in der Wiedergeburt aus dem Wasser und dem Heiligen Geiste.»[474]

---

[474] Hans Urs von Balthasar, Das Herz der Welt, 117 und 120.

Nicht anders formuliert Michelangelos große Freundin Vittoria Colonna in einem Sonett mit den Anfangsworten *Quando del lume*:

«Und wie ein sanftes Licht die Strahlen um mich breitet,
löst langsam sich von meinen Schultern nun der trübe
und schwere Mantel Schuld, und wie er niedergleitet,
steh ich im Weiß der ersten Unschuld und der Liebe.»

Diese Wandlung spiegelt sich nochmals in der Landschaft. Aus der Begräbnisstätte unfern des Hinrichtungsplatzes, die im Orient grundsätzlich etwas zu Scheuendes, «Unreines» an sich trägt, wird im nachfolgenden Ereignis ein Garten – die Frau mit dem Salböl für den Leichnam meint den Gärtner zu treffen; mit dieser unbegreiflichen Veränderung beginnt die Metamorphose des Ganzen. Mit dem Gärtner wird die Urerzählung gegenwärtig von jenem ursprünglich gottnahen, geschützten Raum, der ins Enge, Angstvolle, von Schuld Bedrückte verkleinert wurde. Diese Last ist nun in ihrer Tödlichkeit gelöscht. «Nicht einmal Asche bleibt von meiner Schuld aus jenem Blitz der Liebe, der alles verzehrt.»[475]

---

475 Thérèse de Lisieux, Poésies. Édition integrale I, Paris 1988, 17.

XIV
Vergebung: Grösser als die Schöpfung

53. Vom ersten zum achten Tag

«Du hast uns geschaffen und noch wunderbarer erneuert», heißt es – meist überhört – im Kanon der Messe.

Ist man einmal aufmerksam auf diese kühne, im Ausmaß ihrer Kühnheit schwer faßliche Aussage, dann fällt noch mehr «eigentlich» Gewußtes, aber kaum Wahrgenommenes ins Auge: daß nämlich der Sonntag als erster Tag der Woche auch der «Tag» des Schöpfungsanfangs ist. Die Auferstehung «wiederholt» also den Zeitablauf nochmals – im Sinn der «Wiederholung» Kierkegaards: der niemals verblassenden Erinnerung. Im Garten vor der Stadt, wo das Grab gesprengt wurde, wird der Garten des Anfangs wiederhergestellt. Ein syrischer Osterhymnus zieht die Analogie durch: «Wenn wir, o Christus, über die Wunder nachsinnen, die an diesem Sonntag deiner heiligen Auferstehung sich ereigneten, sagen wir: ‹Gesegnet ist der Sonntag, denn an ihm geschah der Beginn der Schöpfung [...], das Heil der Welt [...], die Erneuerung des Menschengeschlechts [...] An ihm freuten sich der Himmel und die Erde und wurde das ganze Weltall von Licht erfüllt. Gesegnet ist der Sonntag, denn an ihm wurden die Pforten des Paradieses geöffnet, damit Adam und alle Verbannten ohne Bangen darin eintreten.»[476] «Derjenige, der in den verborgenen Sinn der Auferstehung eingeweiht ist, versteht, wozu von Anfang an Gott alles erschaffen hat.»[477]

Der Sonntag kann aber auch als achter Tag gelesen werden. Am siebten Tag ruhte Gott in der Vollendung seines Werkes; am achten Tag beginnt mit der Auferstehung die Neuschöpfung,

---

476 Fanqith, Syrisches Offizium von Antiochien, Bd. 6, Sommerteil, 193b.
477 Maximus Confessor, Ambigua, PG 91, 1360 AB.

welche die erste an Glanz übertrifft. Zwischen Schöpfung und Neuschöpfung aber liegt der «Tod Gottes», die ganze aufgehäufte randvolle Qual der Folterung und des Verrats aller Jünger, die Lästerung schlechthin. Neuschaffen stammt aus der Vergebung; Vergeben ist schwerer als Schaffen.

«Schaffen kann nur Gott, gewiß. Vergeben aber kann [...] nur der Gott, der ‹über Gott› ist. Das Wort ist töricht, aber in seiner Torheit sagt es etwas Richtiges. Christus ist ja tatsächlich gekommen, um den ‹Gott über Gott› zu verkünden! Nicht ‹das höchste Wesen›, sondern den Vater, der in unzugänglichem Licht verborgen ist, und von dem niemand wußte, wirklich niemand, bevor der Sohn Ihn nicht verkündet hatte. [...] Denn was sie früher von Vergebung sprachen, war noch kein wahres Vergeben, sondern ein Zudecken, ein Wegsehen, ein gnädiges Aufsichberuhen-lassen, ein Nicht-mehr-zürnen und -strafen.

Wirkliches Vergeben steht so weit über dem Schaffen, wie die Liebe über der Gerechtigkeit. Und wenn schon das Schaffen, welches macht, daß das Nichtseiende werde, ein undurchdringliches Geheimnis ist, so ist allem Menschenblick und Menschenmaß vollends entrückt, was das heißt, daß Gott aus dem Sünder einen Menschen macht, der ohne Schuld dasteht. Es ist ein Schöpfertum aus der einen Freiheit der Liebe. Ein Tod liegt dazwischen, eine Vernichtung [... Diese] Unbegreiflichkeit trifft das Herz. Wenn aber der Mensch den Mut zu sich selber hat, so wie Gott ihn geschaffen, dann kann er nicht anders, als mit Selbstverständlichkeit jenes Ungeheuerliche wollen. Die Widersprüche fangen erst an, wenn der Mensch von den eigentlichen Maßstäben abfällt. Nicht das Hohe ist verwickelt, sondern das Abgefallene.»[478]

Solche Zusammenhänge werden in den biblischen Texten eröffnet – nur für den Glauben, nicht aber für das Denken? Um sie aus dem Charakter des bloß Behaupteten zu holen, sei noch einmal nachgelegt.

---

478 Guardini, Der Herr, 147–149.

54. Schuld gibt es nur, wo es Vergebung gibt,
oder: *Felix culpa*

Vergebung erscheint zwar, wie gezeigt, durchaus am Horizont philosophischer (nicht nur theologischer) Rede. Dennoch ist sie ein Phänomen «am Horizont», denn sie kann die Frage nach dem Urheber der Vergebung abweisen, auch wenn der Übergang dahin (fast) unabweislich scheint. Absolution führt zum Absoluten – (fast) notwendig, nicht nur als etymologische Wortspielerei. Kann aber das Absolute, gar der Absolute einfach ins philosophische «Spiel» gebracht werden?

Rückgreifend auf die bisherige Bestimmung von Schuld wurde das Subjekt gekennzeichnet in seiner Freiheit, seiner Selbstgegebenheit und seiner bedrohlichen Nähe zum Nichts: Aus all dem ergeben sich die Möglichkeiten des Abgleitens in Schuld. Reue wendet den Täter auf seine vertanen Optionen; sie setzt wirksame Freiheit voraus, die sich endgültig ins Gute werfen will. Reue erfaßt die offenbar falschen Alternativen, erfaßt das Handeln gegen die eigene Bestimmung. Reue ist Ausdruck der lebendigen Spannung des Menschen zwischen sich selbst und seinem verletzten Du.

Anders: Schuld wurde als verfehlte, vorenthaltene Relation gesehen, begründet in der Verderbnis der Ur-Gabe: des Lebens. Sein Leben als Habe statt als Gabe zu leben bedeutet Leben, das sich um die Achse «ich für mich» dreht. Es bedeutet Selbstermächtigung – auf der Grundlage realer Ohnmacht – statt Gegebensein, Verdanktsein, Mitsein. Es bedeutet Rückwendung zum Nichts, aus dem das Leben – seiner selbst noch nicht mächtig – ins Offene gestellt wurde.

Die blaß gewordene «Erlösung» gewinnt als Lösung vom Autismus eine griffige Kontur. Sie ist mehr als ein Denken unter dem Gesetz, denn: «auch das Gesetz enthüllt die Sünde des Menschen, [...] doch anstatt den Menschen davon zu befreien, läßt es ihn seine Ohnmacht ermessen.»[479] Erlösung aber, wenn sie

---

[479] Jean-Marie Lustiger, Die Verheißung. Vom Alten zum Neuen Bund, Augsburg 2003, 102f.

denn wieder auf ihren Grund gedacht wird, ist Vergebung: Wieder-Gabe des Lebens. Sie ist Annullierung der Ohnmacht, auch der trotzigen Verliebtheit in die Ohnmacht der Existenz, Rückführung in die Relation, in das Zugehören und Zuhören, in das Erkennen und Anerkennen des anderen, in das Sehen und Ansehen.

Erst damit wird es einleuchtend, von einer neutralen Vergebung auf eine personale Mitte der Vergebung zu schließen. Ein Stein vergibt nicht einem anderen Stein, und dieser bereut nichts, obwohl sie einander «in der Ordnung der Zeit zurückzahlen», wie Anaximander sagt.[480] Bereuen und Vergeben sind aber kein mechanisches Ableisten. Plausibel werden sie erst als personale Vollzüge.

Kierkegaard hatte gezeigt, daß im Vergeben ein Trialog stattfindet: nicht ein gegenseitiges Abgleichen, sondern der Bezug auf einen Dritten, den Guten selbst, vor dem ein nur menschliches Rechthaben verstummt oder an dem es sich selbst immer wieder erst richten, aufrichten muß. Mit Augustinus lautet Lebendigsein, wenn man bis auf seinen Grund geht: *videntem videre* – den ansehen, der mich immer schon ansieht. «Dein Sehen ist Lebendigmachen. Dein Sehen bedeutet Wirken.»[481] Und solches Sehen und unersättliches Zurückschauen ist anders wirksam und wirklich als der abstrakte Bezug auf ein neutrales «Es» der Gerechtigkeit oder des Abgleichs in einer anonymen Vergebung (die ortlos bleibt). Sehen und sich ansehen lassen ist größeres Glück als das Verschmelzen und damit Untergehen in

---

480 Vgl. oben.
481 Nicolaus Cusanus, De visione Dei / Die Gottesschau, in: Philosophisch-theologische Schriften, hg. u. eingel. v. Leo Gabriel, übers. v. Dietlind u. Wilhelm Dupré, Wien 1967, III, 105ff; im Kontext heißt es weiter: «Und weil das Auge dort ist, wo die Liebe weilt, erfahre ich, daß Du mich liebst [...] Dein Sehen, Herr, ist Lieben [...] Indem du mich ansiehst, läßt Du, der verborgene Gott, Dich von mir erblicken.» Ähnlich Irenäus von Lyon, Adversus haereses IV, 20, 7: «Das Leben des Menschen ist es, Gott zu sehen.»

einem gedachten anonymen Eins und Alles oder Eins und Nichts eines umfassenden «Urgrundes». Vergebung ist gerade nicht Versinkenlassen in den unbeteiligten Urgrund; sie ist aktive Wandlung, aber zum Eigenen; sie wahrt die konkrete Gestalt des Entschuldeten, bindet sie aber in eine beglückende Beziehung, die «auf ewig» heißt. Obwohl man dieses gegenseitige Ansehen in seiner Dichte kaum erträgt, wäre davon wegzuschauen endgültig Vernichtung. Dante faßt es in eine erstaunliche Wendung:

«Ich glaube, an der Schärfe des lebendigen
Strahls, den ich erlitt, wär ich vergangen,
hätt' ich die Augen von ihm abgewendet.»[482]

So wird es einleuchtend, den entscheidenden Satz zu sagen: *Schuld gibt es nur, wo es Vergebung gibt.* Dieser Zusammenhang stellt etwas ins Licht, was normalerweise in anderer Reihenfolge gedacht wird: erst Schuld, folglich Vergebung. Wie aber, wenn der Vergebende, der zeitfrei die Zeit Überblickende, der Gute schlechthin, längst vor aller Schuld den Raum geöffnet hat, worin begangene Schuld sich äußern und eingestanden werden *darf* – und das Eingestehen damit schon die erste Frucht der Vergebung ist? Wenn der «verzeihende Blick» erst den reuevollen Schmerz anstößt, mit dem Schuld ins Rollen kommt? «Und der Herr wandte sich um und sah Petrus an [...] und er ging hinaus und weinte bitterlich.»[483] Ein paradoxer Vorgang ist dem Denken aufgegeben: das «Voraus» absoluter Vergebung, worin das Bitterkraut der Scham über sich selbst aufschießt. Es sind jene Bitterkräuter, die in der Pessach-Erzählung[484] den Auszug aus Ägypten würzen; sie stehen für endgültige Abkehr und Reinigung, für Schutz vor

---

482 Dante Alighieri, Die Göttliche Komödie, Par 33, 76ff. Jörg Splett sei für den Hinweis darauf bedankt!
483 Lk 22, 61f.
484 Ex 12, 8.

der seelischen Verwesung in der eigenen Schuld, für Wiedergewinn des Selbst[485].

Im *Exsultet* der Osternacht wird alljährlich mit anhaltendem Jubel eine Formulierung des Augustinus gesungen: «Er hat für uns beim ewigen Vater Adams Schuld gelöscht mit seinem Blut, das er aus Liebe vergossen hat. [...] Dies ist die Nacht, in der die leuchtende Säule das Dunkel der Sünde vertrieben hat. Dies ist die Nacht, die auf der ganzen Erde alle, die an Christus glauben, scheidet von den Lastern der Welt, dem Elend der Sünde entreißt [...], in der Christus die Ketten des Todes zerbrach und aus der Tiefe als Sieger emporstieg. Wahrhaftig, umsonst wären wir geboren, hätte uns nicht der Erlöser errettet. [...] O wahrhaft heilbringende Sünde des Adam, du wurdest uns zum Segen, da Christi Tod dich vernichtet hat. O glückliche Schuld (*felix culpa*), welch großen Erlöser hast du gefunden. [...] Der Glanz dieser heiligen Nacht nimmt den Frevel hinweg, reinigt von Schuld, gibt den Sündern die Unschuld, den Trauernden Freude.»

Mit der «glücklichen Schuld» wird ein Gedanke auf die Spitze getrieben, der nur im Rahmen einer umfassenden Lösung des Bösen überhaupt zu denken ist. C. S. Lewis formulierte, Petrus würde wohl nachträglich jedem erzählen, er sei es gewesen, der den Herrn verraten habe – mit strahlendem Gesicht, weil er gerade von seinem Verrat «gelöst», in eine ihm unvorstellbare Tiefe der Liebe hineingezogen wurde. Bei der Reflexion über die Reue blieb, den Anspruch der Gerechtigkeit zusammenfassend, die Frage offen, ob Reue denn doch die ausdrückliche, rechtmäßige «Bedingung» für Vergebung bilde. Das Fazit hieß zunächst:

---

485 Fénelon (o. Nachweis): «Je heller uns das Licht scheint, desto ärger sehen wir uns selbst, ärger, als wir je gedacht haben. Wir staunen über unsere frühere Blindheit, dieweil wir nun wahrnehmen, wie unserm Herzen gleich scheußlichen Reptilien aus einem unterirdischen Gelaß ein ganzer Schwarm schamloser Gefühle entquillt. Aber das darf uns weder verwundern noch verstören. Wir sind nicht schlechter, als wir waren, im Gegenteil, wir sind besser.»

Bereute Schuld wird vergeben, unbereute Schuld bleibt bestehen. Wie könnte auch Vergebung gegen den Willen des Schuldigen «aufgezwungen» werden? Oder, was dasselbe meint, «zu billig» abgegeben werden? Damit verband sich das Unbehagen, daß im Spannungsbogen von Gerechtigkeit und Reue, Freiheit zur (bösen) Tat und Vergebung die gegenseitigen Bezüge nicht genau einsichtig sind.

Der Gedanke der «glücklichen Schuld» wirft auf diese verknäuelte Frage ein Licht. Freiheit ist nicht nur jene zum bösen Tun, sondern auch Freiheit zur Anerkennung der notwendigen Gerechtigkeit: Sie drängt zur Buße, was meint Besserung und Ausgleich. Darin treffen sich Reue und Gerechtigkeit: Reue erstattet – soweit möglich – der Gerechtigkeit ihren Anteil wenigstens willensmäßig zurück. Reue ist in der Tat ein einzufordernder Ausdruck der Freiheit des Menschen: Freiheit zur Selbsterkenntnis, Freiheit zur Kehre, Freiheit zur Bitte um Wiedergutmachen-Dürfen.

Wird damit aber Reue doch wieder zur «Bedingung» der «reinen Vergebung»? Bringt sie damit nicht ein Unreines, den abgelisteten Tausch zurück?

Die «glückliche Schuld» löst diese Entsprechung nicht nur auf, sie stellt die reuevolle Einsicht in Schuld auf eine überhaupt andere Grundlage. Wenn, wie Kierkegaard entwickelt, die göttliche Güte selbst Grund der Umkehr des Bösen ist, dann führt Güte zu dem Paradox: daß die Schuld im Eingeständnis bereits am Schwinden ist, *weil* sie nur *angesichts der Vergebung* wirklich eingestanden werden kann. Noch grundsätzlicher: Nur im Radius des Vergebens und damit einsetzenden Vergessens wird Schuld überhaupt sichtbar; an der Entlastung wird die Last in ihrem Gewicht gespürt und abgeworfen.

Daher «überholt» Vergebung die Reue unbedingt. Sie wird nicht durch Reue hervorgelockt; sie lockt umgekehrt Reue hervor – nicht aber als *Voraussetzung*, sondern als *Folge* erfahrener Befreiung. Das ist der Augenblick, wo «der Fall wichtiger ist als eine Vision»[486], in diesem Augenblick wird Schuld glücklich: hat sie doch den Löser gefunden. «Flut um Flut drängt sich aus Dir unversieglich, für immer, Fluten von Wasser und Blut, [...] wälzend sich über die Wüsten der Schuld, überreichlich bereichernd, jeden Empfang überbordend, jedem Begehren übergenug.»[487]

Kann das Denken von Schuld und Vergebung auf solches Genüge leichthin oder «entschlossen» verzichten? Vieles von dem Gesagten läßt sich bestreiten, wenn man die Vorgaben des biblischen Denkens nicht teilt, nicht in ihrer Vernunfthaltigkeit auswerten will. Doch ist damit noch nicht zum Verstummen gebracht Nietzsches Ruf, wo er denn bleibe, «der große Löser, o meine Seele, der Namenlose».

---

486 Therese von Lisieux.
487 Hans Urs von Balthasar, Das Herz der Welt, 113.